2020年度合肥工业大学图书出版专项基金项目

大学生心理健康教程

（课程思政版）

主　编　陈发祥

副主编　汪媛媛　章翠娟　程玉风

刘江芹　谢　宇

合肥工业大学出版社

课程思政版前言

落实立德树人是高校的根本任务。为此，高校必须深入贯彻落实习近平新时代中国特色社会主义思想，特别是关于教育的重要论述，全面贯彻党的教育方针，解决好培养什么人、怎样培养人、为谁培养人这个根本问题。

2017年9月，中共中央办公厅、国务院办公厅印发的《关于深化教育体制机制改革的意见》（以下简称《意见》）中指出："健全全员育人、全过程育人、全方位育人的体制机制，充分发掘各门课程中的德育内涵，加强德育课程、思政课程。"这是第一次将"课程思政"写入中央文件。2020年5月，《教育部关于印发〈高等学校课程思政建设指导纲要〉的通知》指出："落实立德树人根本任务，必须将价值塑造、知识传授和能力培养三者融为一体、不可割裂。全面推进课程思政建设，就是要寓价值观引导于知识传授和能力培养之中，帮助学生塑造正确的世界观、人生观、价值观，这是人才培养的应有之义，更是必备内容。"鼓励高校大力推动以"课程思政"为目标的课堂教学改革，优化课程设置，修订专业教材，完善教学设计，加强教学管理，梳理各门专业课程所蕴含的思想政治教育元素和所承载的思想政治教育功能，融入课堂教学各环节，实现思想政治教育与知识体系教育的有机统一。

《大学生心理健康》"课程思政"教学改革以《意见》和《高等学校课程思政建设指导纲要》为遵循，落实《普通高等学校学生心理健康教育课程教学基本要求》和《高等学校学生心理健康教育指导纲要》等文件要求，将"育德"与"育心"相结合，使心理健康教育专业知识与思政教育元素同向同行，将价值引领与知识传授融会贯通，切实实现了立德树人，努力做到了润物无声。课程培养大学生正确的人生观、价值观、世界观，培养学生独立自主、勇于自我探索的生活态度；传播优秀传统文化、红色文化和社会主义先进文化，帮助学生学以致用，明确探索自身的特点，主动发现问题，解决问题，提高学生运用已有范式解决实际问题的能力；践行社会主义核心价值观，开展大学生心理健康课的铸“魂”工程；培养学生养成自尊自信、理性平和、积极向上的良好心态，努力成为德、智、体、美、劳全面发展的社会主义建设者和接班人。

为了积极配合《大学生心理健康》“课程思政”教学改革，我们结合这两年的“课程思政”改革实践成果，组织力量编撰这本《大学生心理健康教程（课程思政版）》。本教材深入挖掘中国优秀传统文化、红色文化和社会主义先进文化中有关心理健康的教育理念和调适方法，将其有机融入课程教育体系当中，引导学生了解世情、国情、党情、民情，增强对党的创新理论的政治认同、思想认同、情感认同，坚定中国特色社会主义道路自信、理论自信、制度自信、文化自信。

本书体现了大学生心理健康教育和思想政治教育的相关性，在内容上循序渐进，贴合学生身心发展特点和认知接受水平，紧紧围绕政治认同、家国情怀、文化素养、宪法法治意识、道德修养等重点，优化“课程思政”元素内容供给，并在心理健康教育教学过程中进行有效融合，充分发挥了大学生心理健康教育教材思政育人和心理育人的双重教育功效。

本书由陈发祥教授担任主编，汪媛媛、章翠娟、程玉风、刘江芹、谢宇担任副主编。本书编撰过程中得到了唐桂兰教授、祁高飞、何恩情等老师的帮助，在此表示感谢！本书的出版得到了合肥工业大学图书出版专项基金的资助。

限于作者水平，本书在内容取舍、编撰方面难免存在不妥之处，恳请读者批评指正。

编　者

2023年5月15日于宣城

第 1 版前言

当今中国社会正处于政治经济变革的关键时期，各种矛盾犬牙交错，对人的心理产生多维度的冲击。中国要从发展中国家成长为发达国家，必定要将人口劣势转化为人力资源优势，即由人口大国向人才强国转变。“钱学森之问”掀起了高等教育人才培养的大讨论。高等院校是人才培养的摇篮，全面提高高等教育质量、提高人才素质成为高等院校当务之急。大学生心理素质培养是大学生素质提升的基础。全面提升大学生心理素质是高校人才培养的一个重要环节，也是大学生在大学阶段完成自我成长的重要使命。

2011 年教育部颁发了《普通高等学校学生心理健康教育课程教学基本要求》，明确各高校要开设心理健康必修课，并对课程教学提出明确要求。这对我国大学生心理健康教育工作的发展具有里程碑式的意义。本书的编写遵循将学术理论传播与实践行为操作相结合，集知识传授、心理体验与行为训练为一体，增强学生自我心理保健意识，掌握并应用心理健康知识，培养自我认知能力、人际沟通能力、自我调适能力，提高心理危机预防、干预的意识和技能。

本书编写前，我们组织了有针对性的社会调查，对在校大学生关心的问题进行摸底，确立了九个大学生普遍关心或遭遇困惑的重要心理问题，分别是心理适应、学习心理、人际交往心理、职业生涯心理、情绪心理调节、恋爱与性心理、自我心理、网络心理、心理危机干预等。本书就上述问题进行了阐述和分析，力争能够契合大学生群体的特点，提高内容的可读性、可模仿性，增强教育教学效果。

本书编写的初衷决定了它既不是一本学术理论著作，系统阐述心理学的原理；也不是一本纯趣味性的读本。我们在编写内容安排上，设置了“身边故事”“故事点评”“中外对比”“心理导航”“素质提升”等板块，力求让读者能够产生心理共鸣，通过学习对自己的心理健康状况有清楚的了解，并参照他人的经验对自身进行调适。“身边故事”是引子，引发读者对身边人物的关注，并与自身产生联系；“故事点评”是对事件发生的理解和判断，使读者对事例有清醒的认识；“中外对比”是编者的一个创新设计，试图借鉴一些国外成熟的经验，对我国大学生心理健康教育有所启示；“心理导航”是从心理学理论视角，对相关话题进行理论阐述，找出心理学理论依据；“素质提升”则是从行为训练的实际操作方面入手，引导读者在生活实践中提升自我心理素质，实现个体心理的健康发展。

本书编者均在高校担任学生心理健康教育教学工作，具有良好的心理学理论基础和丰富的大学生心理健康教育教学经验，注意将理论和实践相结合，紧扣时代发展脉搏，能够很好地把握当下大学生成长规律。本书共分为十章，具体分工如下：陈发祥编写第一章，汪媛媛编写第二章，谢宇编写第三章，陈绪新编写第四章，黄明永、陈发祥、汪媛媛、王晓静编写第五章，朱浩编写第六章，詹先明编写第七章，潘莉编写第八章，崔健编写第九章，王晓静编写第十章。本书由陈发祥、汪媛媛、王晓静、崔健共同审阅并提出修改意见，二次统稿工作由陈绪新主持完成，王晓静在本书编写过程中承担了大量的联络、组织工作。本书编写提纲、书稿由陈发祥最后审定。

衷心希望本书能够得到您的支持和认可，能够成为您学习和实践的好助手。由于时间紧迫、水平限制，本书在有些方面难免存在不足，真心希望得到您的谅解，并提出宝贵的修改意见，我们将在未来的工作中不断完善。

编　者

2014 年 10 月 9 日于敬亭山下

第2版前言

在第1版基础上，《大学生心理健康教程（第2版）》融入近年来学生成长发展需求及编者多年的教学经验，结合贯彻落实2016年全国高校思想政治工作会议精神，对部分内容进行了重新编排，增加了大学生心理咨询、大学生异常心理、大学生压力管理与挫折应对等内容，更加符合教育部2011年颁布的《普通高等学校学生心理健康教育课程教学基本要求》，有助于培养学生成为德才兼备、全面发展的人才。

此次修订，我们在编写内容安排上，保留了“身边故事”“故事点评”“心理导航”“素质提升”等板块，考虑到“中外对比”板块的特殊性，不再作为固定板块，而是根据教学内容需要进行裁定。“身边故事”是用大学生中的典型案例作为切入点，引发读者对自身心理健康的关注；“故事点评”分心理分析和故事的启发两部分，心理分析主要是从心理学视角对案例做简单分析，故事的启发是结合大学生实际谈现实意义；“中外对比”是编者的一个创新设计，试图借鉴一些国外成熟的经验，对我国大学生心理健康教育有所启示；“心理导航”分为两部分，即主题聚焦和心理理论阐释，前者是引出本节相关理论概念，后者则从心理学视角进行理论阐述与诠释；“素质提升”部分是从体验式教学方法入手，注重行为训练的实际操作，引导读者在生活实践中提升自我心理素质。另外，每章的开头部分均列出了若干学习目标，指出学生应该掌握、识别、讨论、分析的核心概念以及学会的各种调节心理状态的重要方法；每章结尾有推荐书籍和电影，结合章节内容推荐，有助于学生加深理解所学内容。

本书编者均在高校担任学生心理健康教育教学工作，具有良好的心理学理论基础和丰富的大学生心理健康教育教学经验，注重将理论和实践相结合，紧扣时代发展脉搏，能够很好地把握当下大学生成长规律。本书共分为十二章，具体分工如下：陈发祥编写第一章，程玉风编写第二章，邝春霞编写第三章，张贤、潘莉编写第四章，李童童编写第五章，黄凤、黄明永、陈发祥、汪媛媛、王晓静编写第六章，谢宇编写第七章，朱蓉蓉、朱浩编写第八章，李艳、陈绪新编写第九章，章翠娟、詹先明编写第十章，郭峰编写第十一章，刘江芹、王晓静编写第十二章。

本书提纲和统稿工作由陈发祥负责，二次统稿工作由陈发祥、武国剑、李艳完成，李艳、程玉风在本书编写过程中承担了大量的联络工作。本书编写提纲、书稿由陈发祥最后审定。本书在编写过程中得到合肥工业大学学工部和出版社的大力支持，在此表示衷心的感谢！

限于编者水平，本书在内容取舍、编写方面难免存在不妥之处，恳请读者批评指正。

编　者

2017 年 8 月 24 日于合肥

目录
CONTENTS

第一部分　心理健康基础知识

第二部分　了解自我，悦纳自我，发展自我

第三部分　提高自我心理调适能力

第一部分　心理健康基础知识

第一章　大学生心理健康导论

学习目标：

1.1　什么是心理？心理活动包含哪些内容？

1.2　什么是心理健康？什么是大学生心理健康？

1.3　埃里克森的心理发展八阶段理论指的是什么？

1.4　大学生的心理发展特点主要有哪些？

1.5　大学生心理健康的标准是什么？

1.6　我国大学生常见的心理困扰有哪些？

1.7　大学生心理健康的主要影响因素有哪些？

1.8　大学生心理调适的主要方法有哪些？

1.9　我国大学生心理健康工作三级网络是指什么？

1.10　大学生维护心理健康的方式有哪些？

大学生正处于人生发展的关键时期，处于人生观、价值观、世界观形成时期。在这一时期他们将面临一系列困扰，如人际关系困扰，四面八方汇聚来的文化冲突；学业困扰，千军万马闯过独木桥的骄子们却发现自己不会学习了；情感困扰，友谊与爱情不知如何界定和把握；家庭困扰，自己的想法与父母的期望相差甚远；等等。这些常常引发大学生的心理问题。宋代诗人邵雍的《心安吟》中的“心安身自安，身安室自宽。心与身俱安，何事能相干。谁谓一身小，其安若泰山。谁谓一室小，宽如天地间”，描述了个体心与身、身心与天地之间的关系，体现了个体良好身心状态的重要性。高等院校只有从注重培养大学生良好的心理品质入手，培养他们自尊自信、理性平和、积极向上等优良品格，增强大学生克服困难、经受考验、应对挫折的心理承受能力，才能为社会培养出有用的栋梁之材。

第一节　大学生心理健康概述

心理健康是人们幸福和快乐的源泉，是人生梦想成真的关键。当今社会竞争更加激烈，变化更加迅速，快节奏的学习和繁重的学业给大学生带来巨大的心理压力，这必然要求大学生具备更强的心理应变能力和自我调控能力。大学生要实现个人理想，成就一番事业，寻求健康发展之路便成为人生的重要命题。心理健康是健康发展的前提，提升心理素质、实现心理健康是大学阶段的重要任务。

一、心理健康的概念

☞ 身边故事

武同学是某大学一名女生，来自一个偏远乡村，母亲患绝症，父亲打工在外，家徒四壁，但她不向命运低头，凭借超常毅力，利用课余时间勤工助学。做家教，发传单，做促销；做网管，做收银员，做服务员；卖奶茶，卖特产，做代理。她年年春节不回家，打工挣钱供自己读完本科和硕士。在同学中她有两个称呼——“学霸”和“打工帝”，她也因此获评“中国大学生自强之星标兵”。她在颁奖典礼上的人生感悟，使全场为之洒泪，并成为团中央“奋斗的青春最美丽”分享团的全国唯一硕士生代表。《中国共青团》《解放军报》《新京报》《中国青年报》持续报道她的优秀事迹。

☞ 故事点评

1. 心理分析

现实中，来自经济困难家庭的在校大学生容易出现一些心理问题，特别是自卑心理，直接导致有些同学不能正常进行大学生活。表现出来的形式有：①不愿与同学交往，往往选择沉默寡言；②不愿公开表达自己的观点，怕被同学笑话；③不愿参与集体活动，怕被瞧不起；④委曲求全，遇到困难挫折，常常自责，把责任都归罪于自己身上。这样长期得不到释放的压力易引发心理困扰。

2. 故事的启发

家庭经济困难真的是那么不可逾越的吗？武同学已经走出了一条令人敬佩的成长道路。初入大学，她怀揣万元借条，过早担负生活重压，这让她频繁失眠。“经历越多，成长越多。总有一天，这些经历都将成为珍贵的人生财富。”生活对她不再是负担，而是对未来的无限憧憬。进入大学后，她克服困难，一边刻苦读书，认真完成学业；一边寻找兼职。她6年未回家，利用假期，用勤劳的双手辛苦挣来酬劳，供自己读完本科并保送研究生。她说道："千金难买少年贫，希望学弟、学妹们好好学习，不断充实自己，以自信的姿态迎接未来的挑战。"

☞ 心理导航

1. 主题聚焦

心理健康是指一种持续且积极发展的心理状态，在这种状态下，主体能作出良好的适应，并且充分发挥其身心潜能。对于大学生来说，学习心理学知识能够保持积极乐观的心理状态，有效调节和控制自己的情绪；可以提高对大学生活的适应能力，提升学习效率；有利于保持健康的体魄，增强在学校学习生活的幸福感。

2. 心理理论阐释

(1) 心理和心理素质

心理是指人们在社会实践中与周围环境、事物相互作用而产生的主观意识和行为表现，也称人的心理活动。心理活动包括心理过程和个性心理两个基本形式。心理过程就其性质与功能的不同，分为认知过程、情绪情感过程和意志过程，个性心理主要包含个性倾向性与个性心理特征两方面的内容。人的心理活动示意图如图1-1所示。

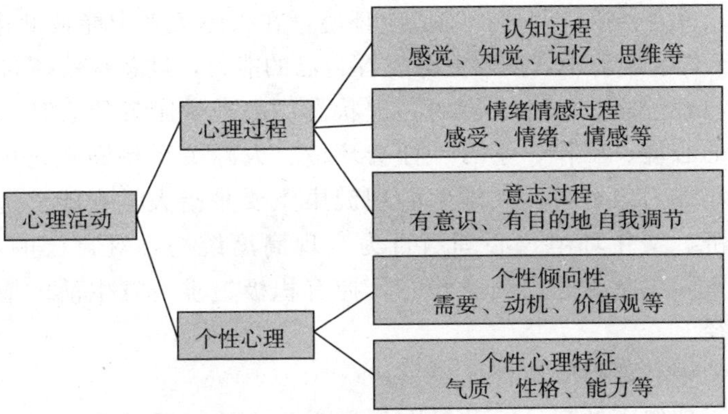

图1-1 人的心理活动示意图

心理素质是心理过程和个性心理所体现的心理品质的总和。大学生素质主要包括思想道德素质、科学文化素质、专业能力素质、心理素质四个方面。心理素质是其中的一个重要组成部分，是大学生整体素质的基础和核心，是其他素质形成与发展的内因。

心理素质的内容从心理活动的角度看，可分为心理过程、心理状态、个性心理三类。心理过程类的心理素质包括感觉、知觉、记忆、思维、想象、注意、情绪、情感、意志等，即人们常说的知、情、意；心理状态类的心理素质包括激情、心境、心情、心态等；个性心理类的心理素质则包括气质、性格、能力、需要、动机、兴趣、态度、理想、信仰、观念等。有学者从智力和非智力来归纳人的心理素质。智力类的心理素质包括注意力、观察力、记忆力、思维力、想象力等一般能力，也包括表现在方方面面的特殊能力，如表达能力、社交能力、组织能力等；非智力类的心理素质包括需要、动机、兴趣、情绪、情感、意志、态度、理想、信念等。

（2）心理健康

中国古代就有重视心理健康的论述。西汉的刘安《淮南子·原道训》中有云："夫形者，生之舍也；气者，生之充也；神者，生之制也。一失位则三者伤矣"，即形体，是生命的寓所；气，是人生命充实的物质；精神，是生命的关键。三者一旦偏离了位置，就会受到损伤。这里将人体的健康归纳为三个方面的内容，强调一个人要保持身体健康，就要调整心态，做到心理健康。

《心理学大词典》中对心理健康的解释如下：心理健康也称"心理卫生"，个体的各种心理状态（如一般适应能力、人格和健全状况等）保持正常或良好水平，且自我内部（如自我认识、自我调控、自我体验等）以及自我与环境之间保持和谐一致的良好状态。联合国世界卫生组织的定义是："心理健康不仅指没有心理疾病或变态，不仅指个体社会适应良好，还指人格的完善和心理潜能的充分发挥，亦指在一定的客观条件下将个人心境发挥到最佳状态。"其提出心理健康的标志是：①身体、智力、情绪调和；②适应环境，在人际关系中能彼此谦让；③有幸福感；④在工作和职业中，能够充分发挥自己的能力，过着有效率的生活。

可见，心理健康是一种平衡的心理状态。心理健康者的心理与行为高度统一，对自己的心境、工作、学习、社会环境、人际关系持满意态度，有追求美好生活的意愿并为之努力。大学生心理健康主要是指大学生能够适应当前的社会政治、经济、文化环境，心理与行为实现高度统一，对自己的心境、学习、社会环境、人际关系等达到满意状态，拥有积极追求美好生活的愿望及较为可行的实现路径。

（3）大学生心理健康教育

大学生心理健康教育是一种旨在促进学生个体心理健康，提高学生心理素质的特定的教育活动。它是帮助学生化解心理矛盾，减少心理冲突，缓解心理压力，提高心理素质和生活质量的过程，最终帮助大学生在大学阶段完善人格，适应社会。大学生心理健康教育是一项高度复杂的基础工程、系统工程和创新工程，关注的是学科知识的内化和各种调控技能的培养，受到生理、心理、社会等诸多因素的影响。大学生心理健康教育的目标是：使学生明确心理健康的标准及意义，增强自我心理保健意识和心理危机预防意识，掌握并应用心理健康知识，培养自我认知能力、人际沟通能力、自我调节能力，切实提高心理素质，促进学生全面发展。

青年大学生处于人生从青春期向成年期转变的阶段，心理、生理都经历着诸多的变化，尤其是心理的发展至关重要，为今后人生道路奠定基础。

☞素质提升

拓展阅读：心理健康素养

一个健康的人，不仅身体是健康的，而且心理是健康的。心理健康事关个体的幸福、家庭的和睦、社会的和谐。2018 年，国家卫健委发布了《心理健康素养十条（2018 年版）》，内容如下：

第一条　心理健康是健康的重要组成部分，身心健康密切关联、相互影响。

第二条　适量运动有益于情绪健康，可预防、缓解焦虑抑郁。

第三条　出现心理问题积极求助，是负责任、有智慧的表现。

第四条　睡不好，别忽视，可能是心身健康问题。

第五条　抑郁焦虑可有效防治，需及早评估，积极治疗。

第六条　服用精神类药物需遵医嘱，不滥用，不自行减停。

第七条　儿童心理发展有规律，要多了解，多尊重，科学引导。

第八条　预防老年痴呆，要多运动，多用脑，多接触社会。

第九条　要理解和关怀精神心理疾病患者，不歧视，不排斥。

第十条　用科学的方法缓解压力，不逃避，不消极。

二、大学生心理发展的特点

☞身边故事

吴同学是某大学一名大二男生，性格腼腆，平时沉默寡言，不善人际交往。他在大一时加入学生社团，认识一位女生，心里非常喜欢她，经常在背后默默地关注她，可是始终没有勇气向她表白。后来在几个好朋友的鼓励下，他终于向女孩提出交往的请求，可是被对方明确拒绝。吴同学心情沮丧，情绪低落，认为自己一无是处，没有哪个女生会喜欢自己，非常苦恼。结果他无心学习，生活过得一团糟，成绩明显下降。

☞故事点评

1. 心理分析

青年学生的情绪往往带有极端化倾向的特点，当事情进展顺利时，产生过度自信，藐视一切，总觉得世上没有自己做不成的事；而一旦事情没能如愿，遭遇挫折，就容易否定一切，如认为世界不公平，没给自己一个好条件；周围人都不够朋友，不愿意帮自己；自己很无能，将会一事无成；等等。

2. 故事的启发

大学生正处于人生的黄金阶段，需要在各个方面获得经验，经受锻炼，特别是在遭遇挫折时，如何正确对待挫折，合理分析事情经过，科学判断因果关系，是获得成长经验的关键。大学生如果能够克服这一阶段心理发展方面的不利因素，在顺境时不骄傲、逆境时不气馁，拥有健康的心理状态，那么在大学期间的学习、生活和工作将有望顺利发展，实现自己的理想目标。

☞心理导航

1. 主题聚焦

心理发展是指个体在从胚胎发育、出生、成熟、衰老直至死亡的整个生命过程中发生一系列生理和心理变化的过程。人在不同年龄阶段表现出的心理发展特点不同，体现在认知、情感、能力和社会性等方面。人就是在顺利完成每一个阶段心理发展任务的过程中，不断地走向成熟和完善，度过自己完美的生命历程。埃里克森的心理发展八阶段理论内容见表 1 - 1 所列。

表 1 - 1　埃里克森的心理发展八阶段理论

期别	年龄	发展危机	发展顺利者的心理特征	发展障碍者的心理特征
1	0～1 岁	信任对不信任	对人信任，有安全感	面对新环境时会焦虑不安
2	1～3 岁	自主行动对羞怯怀疑	能按社会要求表现目的性行为	缺乏信心，行动畏首畏尾
3	3～6 岁	自动自发对退缩愧疚	主动好奇，行动有方向，开始有责任感	畏惧退缩，缺少自我价值感
4	6 岁至青春期	勤奋进取对自贬自卑	具有求学、做事、做人的基本能力	缺乏生活基本能力，充满失败感
5	青春期	自我统合对角色混乱	有明确的自我观念和自我追寻的方向	生活无目的、无方向，时而感到彷徨迷失
6	成年期（20～40 岁）	友爱亲密对孤独疏离	与人相处有亲密感	与社会疏离，时感寂寞孤独
7	中年期（40～60 岁）	精力充沛对颓废迟滞	热爱家庭、关爱社会，有责任心、有义务感	不关心别人与社会，缺少生活意义
8	老年期（60 岁以上）	完美无缺对悲观绝望	随心所欲，安享晚年	悔恨旧事，消极失望

（资料来源：Erikson，E. H. Childhood and Society. New York：Norton，1963：166.）

大学生处于青年后期和成年早期阶段，正处于人生发展的关键期。在这一时期，大学生生理发展已经基本趋于成熟，心理上则处于自我统合、社会角色确认、人生目标定位阶段，是一个承上启下的关键时期。在这个时期大学生的主要任务是确立一个正确的自我概念，即能够独立地做决断，并能够承担起社会责任；能够与别人建立良好的关系，并在其中获得相互的认同。

2. 心理理论阐释

大学生的心理发展特点主要表现在以下方面：

（1）认知发展特点

认知上，大学生正处于智力和创造力的高峰期。这个时期的大学生，无论其感觉、知觉、记忆力，还是逻辑思维能力，都已经成熟和完善。他们能够通过分析、综合、抽象、概括、推理和判断来反映事物的关系和内在联系。其思维特点正从一般的逻辑思维向辩证思维过渡，思维的独立性、创造性和批判性显著提高。认知上的这些发展与特点，有利于系统知识的掌握和世界观的形成。但是，由于没有足够的社会阅历和知识储备，加上这个阶段特有的丰富、敏感而强烈的情感特点，大学生在看待问题时常常陷入非黑即白的二元思维，批判性有余而全面性和建设性不足，有时显得不够成熟和理性。

（2）情绪发展特点

相对于中学生而言，大学生情绪内容开始趋向深刻和丰富，情绪的表达趋于隐蔽，情绪的变化也逐渐趋向稳定，表现为：

① 波动性和两极性。由于大学生的情绪尚未完全成熟和稳定，其对情绪的管理和控制能力还相对较弱。和成年人相比，大学生的情绪带有明显的起伏波动性，容易从一个极端走向另一个极端，情绪有时会表现出大喜大怒、大起大落的两极性。

② 冲动性与爆发性。大学生在情绪体验上常常特别强烈，富有激情。他们对事情比较敏感，一旦情绪爆发，则缺乏控制能力，容易表现出狂热和冲动，容易走向极端。

③ 情绪的心境化。心境是某件事所带来的微弱而持久的情绪状态。大学生正处于情绪丰富的阶段，一件事给情绪带来的影响可能更加持久，情绪趋于心境化。但和心境微弱的情绪体验不同，大学生的情绪往往强烈而持久，因此可能带来更大的心理负担。

④ 情绪的掩饰性。在情绪表达上，大学生开始尝试根据自我形象来调整、管理和控制自我情绪，情绪的外在表现和内心体验常常不一致，表现出一定的掩饰性。由于对情绪调节和控制的能力尚未成熟，其对情绪的掩饰有时仍显幼稚。

（3）意志发展特点

大学生的意志品质已经基本形成并逐渐趋向成熟，但尚未达到成熟，表现为：

① 自觉性和惰性并存。随着自我意识的发展，大学生行为的目的性、自觉性有了明显提高，很多大学生都能够确立自己的学习和生活目标，并根据目标制订计划。但由于大学管理相对宽松，缺乏足够的指导和监督，大学生制订的目标和计划过于理想化，一些学生并不能很好地执行自己的计划和目标；另一些学生则因此放弃了这些目标和计划，表现出一定的惰性。

② 独立性和依赖性并存。一方面，大学生的独立意识迅速增强，他们迫切希望能够自立自强，把握自己的命运，和父母、老师进行平等交流。另一方面，由于经济上尚未自立，心理上不够成熟，社会地位尚未确定，在一些重大决策（如考研、就业）中，很多大学生还是表现出依赖性，希望家长、老师能够为其做决定。

③ 理智和冲动性并存。一方面，由于独立性提高，能力增长，多数大学生都表现得更加自信、理性。他们希望自己做选择，并愿意为自己的选择负责。另一方面，这种果断常常有轻率、冲动的特点，情绪色彩较重，容易事后后悔。

（4）自我意识发展特点

大学生正处于从青春期向成年期转变的重要时期，他们常常更关注自己的内心世界，渴望能够认识自我、肯定自我、发展并完善自我。大学生的自我意识迅速发展，但并不成熟，呈现以下特点：

① 强烈关注自我形象。为了形成稳定的自我认同，大学生常常积极、主动地探索自我，对自我形象有强烈的关注。外形上，一些人开始注重穿着打扮，追求时尚个性，期待他人的关注和赞赏。对自我形象的关注更多体现在心理上，这个时期的大学生注重自己的内心感受，对他人的评价极其敏感，经常反省自己。

② 自我体验丰富而强烈。大学生处于人生最“多愁善感”的年龄阶段，其自我体验既丰富又强烈，既细腻又敏感。当体验到自尊时，容易志得意满，情绪高昂；而当自尊受挫时，则容易自卑退缩、忧郁沮丧。由自我体验引起的情绪，呈现两极分化的特点。

③ 理想自我与现实自我的矛盾性。理想自我是个人要达到的完美形象，是个人追求的目标，而现实自我是个人对现实中各种自我特征的认识。大学生有很强烈的成就动机，常常为自己树立各种理想和目标。当理想自我与现实自我距离适中时，可以激励大学生奋发图强、积极努力。但是很多时候，大学生的理想自我过于完美，离现实自我差距过大，不仅起不到激励的作用，甚至可能因为这种差距而产生巨大的挫折感，从而自暴自弃，失去进步的动力。

☞ 素质提升

发展是人生面临的主要课题。心理学家张大均等人认为，大学生心理素质的发展主要表现为个体的智能发展、个性发展、社会性发展和创造性发展等方面，并据此构建了大学生心理素质发展的目标系统，详见表 1－2 所列。

表 1－2　大学生心理素质发展的目标系统

“发展”目标	二级子目标	三级子目标
着眼于学生的主体意识，引导学生主动参与、亲身实践、合作探究，在自由、愉悦的氛围中开发心智潜能，发展个性特长，促进心理素质各成分及其整体结构的健全健康发展	健全发展的个性	1. 具有不怕困难、追求成功的倾向（抱负水平） 2. 能独立思考，有独立见解，不依赖他人（独立性） 3. 能持之以恒，坚持到底（坚持性） 4. 具有主动积极探求知识的欲望（求知欲） 5. 能控制、调节和支配自己的思想、情绪和行为（自制力） 6. 能确信自己的能力（自信心） 7. 能对自己的行为负责（责任感）
着眼于学生的主体意识，引导学生主动参与、亲身实践、合作探究，在自由、愉悦的氛围中开发心智潜能，发展个性特长，促进心理素质各成分及其整体结构的健全健康发展	积极的动机	1. 培养高尚的远景性和社会责任感的学习动机 2. 培养学生的专业兴趣，增强大学生的内在学习动机
	合理的自我发展	1. 正确认识自我，全面评价自我 2. 欣然接受自我，恰当评价自我 3. 有效控制自我，不断超越自我
	有效的应对方式	1. 用主动的态度和积极的行为来对待各种压力 2. 面对各种压力，能主动寻求社会支持 3. 学会调节情绪、控制情绪 4. 用积极的认知方式对待压力，辩证地看待压力 5. 适应挫折，并能战胜挫折
	科学归因	1. 成功时尽量归因于努力和能力强，失败时尽量归因于努力不够和策略不当等因素 2. 采取信任、合作、鼓励等积极态度，增强其自尊心和自信心 3. 通过讲解、讨论、诱导、个别咨询等多种手段促进学生积极正确地归因

（资料来源：张大均，陈旭．中国大学生心理健康素质调查．北京：北京师范大学出版社，2009：245－246.）

第二节　大学生心理健康的标准及其影响因素

心理健康的标准从不同维度考察得到的结论可能不同，但一些共性的东西是存在的，比如积极的生活态度、宽广的胸怀、善良的心灵、真心真情等。大学生拥有了这些，就能创造美好生活。元朝的朱丹溪《丹溪心法·不治已病治未病》中有云："与其救疗于有疾之后，不若摄养于无疾之先"，即与其在有病之后才救治，不如在无病之前先养生。了解掌握大学生心理健康的标准及其影响因素，有利于做到积极预防、提升心理健康水平。

一、大学生心理健康的标准

☞ 身边故事

贾同学是一名大二的工科学生，大一入学后第一次意识到想象中的大学生活和现实生活的差距。曾经幻想着大学里轻松的生活，然而真正面对才发现大学也存在各种挑战，比如第一次远离父母，开始学习如何独立；第一次住集体宿舍，开始学习与室友和谐相处；第一次不再全天上课，开始锻炼自己管理时间的能力；全新的课程，全新的进度，需要尝试新的学习方法……面对诸多从未面对过的问题，面对挑战和困难，贾同学迷茫、纠结。他说自己就是一个目标并不明确的人，没有远大的理想和明确的方向，对很多方面的事情并不了解，也不知道自己的特长在哪里、兴趣在哪里，没有认清自己。但是他坚持脚踏实地走好每一步，充实度过每一天，做好自己的每一件事。他认真学习，踊跃参加感兴趣的比赛，锻炼自己的能力，挖掘自身的潜能，促进同学友谊。一年过去了，他荣获了校"三好学生"、一等奖学金和国家励志奖学金。

☞ 故事点评

1. 心理分析

大学生活是每个学子向往和追求的，他们根据各方面收集的信息，想象和规划自己的大学生活，而现实是很多同学没有做好上大学的心理准备。多数同学把大学生活设想得比较轻松和浪漫，对繁重学习任务估计不足。大学新生对于大学的认识常常直接影响到他们大学的新生活，如：理想与现实的差距，自身各方面相对优势的丧失，各种新的关系变化，生活环境的改变，等等。很多同学入学前对自己的大学目标、人生理想都没有仔细想过，或者虽然想过，但也没有明确的答案。于是，到了大学，他们便失去了奋斗的动力和努力的方向。

2. 故事的启发

大学校园中像贾同学这样刻苦奋斗、努力进取的身影成为校园最美丽的风景，然而还有很多同学却有着不同的感受。他们的体验是：大学生活为什么这么无聊啊？为什么要受到这么多约束啊？怎么总是觉得整天无所事事呢？大学生活为什么不像在中学时听说的那么令人向往呀？他们失去了努力目标，没有了奋斗动力，摒弃了做事节奏。贾同学的案例告诉我们，调整好自己的心态，认真对待自己面临的每一件事情，保持一个健康的体魄，拥有一个积极的人生态度，是大学生实现人生梦想应具备的基本条件。

☞ 心理导航

1. 主题聚焦

正确理解大学生心理健康的标准是进行大学生心理健康教育的基础。心理健康的标准是一种理想尺度，它一方面为人们提供了衡量心理是否健康的标准，另一方面为人们指出了提高心理健康水平的努力方向。

2. 心理理论阐述

（1）大学生心理健康的标准

① 思维方式正确，保持对学习的兴趣和求知欲望。

② 客观评价自己，保持正确的自我意识。

③ 达到自身和谐，协调与控制情绪。

④ 注意各方面协调发展，保持完整统一的人格品质。

⑤ 拥有健康的心态，保持良好的环境适应能力。

⑥ 保持人际关系和谐，具有良好的沟通能力。

⑦ 心理行为符合年龄特征，言行举止符合年龄特点和身份特征。

（2）准确运用大学生心理健康标准应遵循的原则

① 连续性原则。心理健康与不健康不是泾渭分明的对立面，而是一种连续状态。从良好的心理健康状态到严重的心理疾病之间有一个广阔的过渡带。在许多情况下，异常心理与正常心理、变态心理与常态心理之间没有绝对的界限，只是程度的差异，是一个连续变化的过程。

② 持续性原则。把握心理健康的标准，应以心理活动为本来考察内外关系的整体协调性。心理不健康与有不健康的心理和行为表现不能画等号。偶尔出现一些不健康的心理和行为并不等于心理不健康，更不等于已患心理疾病。因此，不能仅从一时一事简单地给自己或他人下心理不健康的结论。

③ 发展性原则。心理健康的状态不是固定不变的，而是动态的变化过程。随着人的成长、经验的积累、社会的变迁、环境的改变，心理健康状况会有所改变。事实上，不健康的心理可能是人在发展中不可避免的发展性问题，随着个体的心理成长逐渐调整而趋于健康。《管子》中有云：“所贤美于圣人者，以其与变随化也”，即圣人之所以被誉为贤美，是因为允许和任随事物的发展变

化。因为变化是永恒的，不变是相对的，我们看待大学生心理健康的标准也应该带着发展的眼光。

心理健康是健康的重要组成部分，心理健康的标准也有多个维度。为了推动世界人口健康工作，世界卫生组织给出了人类健康的 10 条标准：

① 有充沛的精力，能从容不迫地担负日常繁重的工作；

② 处事乐观，态度积极，乐于承担责任，事无巨细不挑剔；

③ 善于休息，睡眠良好；

④ 应变能力强，能适应环境的各种变化；

⑤ 能抵抗一般的感冒和传染病；

⑥ 体重适中，身体匀称，站立时头、肩、臂位置协调；

⑦ 眼睛明亮，反应敏捷，眼和眼睑不发炎；

⑧ 牙齿清洁，无龋齿，不疼痛，牙龈颜色正常，无出血现象；

⑨ 头发有光泽，无头屑；

⑩ 肌肉丰满，皮肤有弹性，走路轻松有力。

大学生正值人生成长期，思维活跃，对新生事物有敏锐的洞察力，然而，受其心理发展阶段的局限，他们更易遭到干扰，影响到心理健康。

☞ 素质提升

课堂活动

请同学们结合上述所学内容，为自己设定 3 个在大学阶段主要的心理成长目标，并完成下面表格的内容。

表 1-3 心理成长目标

心理成长目标	目前完成情况	遇到的阻力	你将如何打破阻力实现目标

二、大学生心理问题的表现

☞ 身边故事

王同学是一名大二学生，从小家人对他寄予厚望。他在幼儿时就开始接受家长安排的各类培训，有书法、象棋、音乐、奥数等。而且，只要有机会父母就会要求他表演给他们的朋友看，在父母的虚荣心得到满足的同时，他内心却感觉自己就像他们的玩偶，没有自己的意志。王同学也想过反抗，可又担心那样父母会伤心，对不起他们。进入大学以后，家长每次只关心他的学习成绩，希望他考研，找个体面工作，出类拔萃。他觉得自己从小到现在就是为满足父母的愿望而活着，没有自己的意愿，面对那么多比自己强的同学，他缺乏自信。想到将来复杂的社会，他不知道该怎么办，所以很痛苦。

☞故事点评

1. 心理分析

大学生已经进入青年发育期的晚期阶段，从生理角度来讲，大多已基本发育完全，但其心理发展却由于成长环境和社会经历等，很大程度上滞后于生理发展。大学生作为当代青年中文化层次较高的社会群体，其特点和行为特征是：年轻，风华正茂，朝气蓬勃，充满好奇心，遇事考虑不周全，有时只顾行动，不考虑事情后果，想法转换快，情绪不够稳定等。大学生作为青年人中的特殊群体，他们智商较高，在同龄人中有一定的优越感，自负，自尊心强。大学生正处于青春晚期向成年期转变阶段，由于客观环境的改变，种种不适应的感受纷至沓来，诸如学习问题、人际交往问题、恋爱与择业问题等均呈现在这些心理上还欠成熟的大学生面前，这些经常会造成他们心理上的困扰。

2. 故事的启发

大学阶段，很多同学远离父母、离开原来熟悉的学习和生活环境，这时存在一个心理断乳期。大学生对自身的知识结构、综合能力素质、性格爱好、个人兴趣、气质等个性心理素质的培养均提出了较高的要求，确立了较高的目标。但大学生群体中人才济济，可谓是山外有山、天外有天，他们当中的许多人都有一种自豪感与自卑感交织的复杂心理，有部分遭受挫折的大学生还出现了自我评价否定的现象。还有些同学以前专注于学习，与父母的交流基本上是围绕学业进行，现在上大学了，家长在其学业上的要求也随之提高，往往忽视学生其他方面的需求，造成学生与父母之间的相互不理解，学生会在孝心和理想之间反复纠结，形成心理困扰。

☞心理导航

1. 主题聚焦

心理困扰是心理因情感、工作、家庭等问题造成的困扰。

无论在生理上还是在心理上，大学生都处于一个迅速变化的过程中。虽然生理上逐渐成熟，但是由于社会阅历浅，实践经验缺乏，独立生活意愿超越实际能力，大学生对自己的认识存在两极分化倾向，辨别能力弱，容易受到社会上各种思潮的冲击和影响，因此很容易产生各种各样的心理困扰。这些问题如果解决不好，不仅会影响其学业，还可能会影响他们的人生发展。

2. 心理理论阐释

学者把我国大学生常见的心理困扰总结为以下几个主要方面：

（1）与环境有关的心理困扰

环境改变是大学生入学后面临的第一个问题。环境应激问题主要在新生中表现得比较突出。进入大学后，由于环境发生了改变，多数学生离开了长期依赖的家长和老师，许多问题需要自己独立处理，对新的集体、新的生活方式、新的学习特点还不习惯，出现适应困难，如失眠、食欲不振，甚至神经衰弱。

（2）与学习有关的心理困扰

学习是学生的首要任务，学习成绩的好坏对个人的前途会有重要的影响。有些大学生不适应大学的学习方法而倍感压力，表现在考试焦虑、成绩波动过大、学习缺乏动力、专业不满意、学习负担过重等方面。专业学习和竞争压力越来越大，由此引发的心理困扰也越来越多。

（3）与人际关系有关的心理困扰

在大学阶段，大学生开始尝试更广泛的人际交往，发展与人交往沟通的能力，为将来进入社会做准备。然而，一些学生常常发出“大学知音难觅”的感叹。大学生交往问题主要表现为沟通不良、交往恐怖、人际关系失调、人际冲突、孤独无援、缺乏社交的基本态度及技能等。良好的交往愿望和人际关系不协调的矛盾常常导致大学生内心冲突而引发心理失调。

（4）与恋爱和性有关的心理困扰

大学生生理发育基本成熟，部分学生的性知识了解得不多，或者性心理的成熟还没有达到与其年龄相适应的程度，因此，常常会出现性心理方面的问题。其表现为与异性交往困难、陷入多角关系不能自拔、单相思的苦恋、失恋的痛苦、对性冲动的不良心理反应等。

（5）与择业求职有关的心理困扰

大学生社会经验缺乏，对社会认知较少，对求职择业既向往又恐惧，表现为缺乏选择的主动性、不了解与自己个性能力相匹配的职业领域、对面试缺乏自信、过于追求功利、缺乏走上社会的心理准备、不适应工作环境等。

（6）其他领域的心理困扰

其他领域的心理困扰有在家庭关系、经济问题、出国留学、休闲生活、个性发展、人生态度等方面出现的困惑或苦恼。

☞ 素质提升

关爱与温暖

训练目的：采用问答的方法，学会关注他人，体会被别人关注的感觉。

训练方法：5个人一组，自由提问。一次只能对一个人提一个问题，提问和回答的时间不要过长。每个人都要问到其余4人，想了解的对方的情况都可以问。答者要尽量回答，如果别人问的问题自己实在不想回答，可以明确表示出来。问题尽量不要重复。提问者会关注别人的信息，回答者因被别人提问而感受被关注的感觉。如果还有问题或者想回答问题的人不便公开回答，可以留到自由交谈时再进行问答。

心理分析：拥有健康心理的人能够真诚地赞美别人，不虚伪地恭维别人；能够善意地批评别人，不会迁就别人的缺点，而是以合适的方式加以指出并帮助其改善，使别人受到关注而增加信心。

三、大学生心理问题的主要影响因素

☞ 身边故事

方同学是一所重点大学的学生，由于高考发挥不好，未能如愿考上自己心仪的大学，这也是他一直不愿说的痛。入学后，别的同学怀着兴奋的心情，一边刻苦学习，一边积极参加各类活动，收获着成功者的喜悦，而他却整日愁眉不展，闷闷不乐。一学期很快结束了，他人生第一次有了不及格，这对他简直是巨大的侮辱，心情糟糕到了极点。于是他不顾家长的反对，坚决选择了退学。

☞ 故事点评

1. 心理分析

大学生思维活跃，渴望接受新鲜事物，有较强的抽象思维能力，但同时易于情绪化，自制力较弱，社交能力不足，遇到困难与挫折时心理承受能力不强。正是基于大学生的特殊心理，他们在应对社会压力时，理想与现实的矛盾显得更为突出，心理健康受到的影响也更为严重。《中国国民心理健康发展报告(2019—2020)》中的调研结果显示，大学生心理健康状况总体良好，但一定比例的抑郁、焦虑等问题不容忽视。大学生中18.5%有抑郁倾向，4.2%有抑郁高风险倾向，8.4%有焦虑倾向；睡眠不足的问题在大学生中比较普遍。

2. 故事的启发

像方同学这样的学生不胜枚举，然而处理方式不同，结果会截然不同。如果能够及时转换心态，与其为没有考取自己理想中的大学而闷闷不乐，不如坦然地接受现实，把自己的目标重新调整成做某个专业的高材生，积极迎接大学学习的挑战，其结果一定是逐步接近自己的人生梦想。

☞中外对比

1. 中外现状

美国不断发生的校园枪击案，折射出美国大学生心理问题的严重性。美国大学生心理问题的成因主要有：①缺乏良好的人文校园环境。美国大学没有班级建制，没有党团组织，没有集体住宿（大部分学生），没有太多校方组织的学生共同的活动，没有共同的修课计划，学生缺乏成长的集体文化氛围和环境。心理咨询工作的任务之一就是从多个角度支持营造良好的人文校园环境，促进学生健康成长和发展的人文校园环境的形成。②缺乏良好的沟通。由于心理健康教育在中学的普及性以及宗教对大学生世界观的影响根深蒂固，美国大学生生活独立性及心理成熟水平比较高。然而，由于发达经济社会的生活节奏比较快，大学生交往沟通的需要常被忽视。③预防机制不够健全。美国大学以个别心理咨询服务为主，符合美国大学行政和学生心理特点。虽然每年接受咨询的人数占学生数的5％～10％，但这主要是学生自己主动求助。一些有心理问题但本人未能主动求助的学生，尚无很好的预防机制。④家庭因素。美国社会高离婚率也是诱发很多大学生心理问题的一个重要原因。近年来，美国家庭婚姻能维持10年以上的不足50％，破裂的夫妻关系给子女心理健康带来伤害。

中国大学生心理障碍的成因一般来说有以下几种：①环境变迁。生活环境的变迁要求学生自己独立生活，应付一切生活琐事。如协调室友彼此的生活习惯、作息安排以及性格爱好等。②人际关系。大学生往往对重构人际关系有很大压力。一方面，他们对良好的人际关系抱有极大的期望，希望能建立和谐、友好、真诚的同学关系；另一方面，这种期望又往往过于理想化，即对别人要求或期望太高，而造成对人际关系状况的不满，这种不满又会反过来给他们的人际关系带来消极的影响。③重要因素的丧失。在大学生中经常出现的丧失主要是重要的人际关系的丧失、荣誉的丧失以及自尊的丧失等。④冲突与选择。大学生要面临专业学习与社会兼职的冲突，所学专业与自己兴趣的冲突，一般交往与恋爱之间的冲突，考研与就业之间的冲突等。⑤家庭环境。家庭是人生的奠基石，家庭的影响主要包括家庭的情绪氛围、父母的教养态度、家庭结构以及家庭经济状况4个方面。

2. 对比的启示

不同的文化背景、教育模式对学生心理的影响是不同的，大学生心理问题有其特殊性。我国大学生心理健康工作体系与国外有所不同，特别是我国高校拥有一支辅导员专职队伍和学生集体住宿，这些都要求我们具体分析大学生心理健康问题，结合实际，选取工作方案，找准研究方向，这样才能有效解决大学生心理健康问题。

☞心理导航

1. 主题聚焦

心理问题也称心理失衡，是正常心理活动中的局部异常状态，引起心理问题的诱因存在差异。对大学生心理健康问题产生原因的讨论分析，可以让大学生对自身心理问题有一个相对清晰的认识，有助于他们找到合适的方法，积极应对和解决面临的困难。

2. 心理理论阐释

大学生心理问题是一个复杂的动态发展过程，影响心理健康的因素也是复杂多样的，既有个体自身心理特质的影响，也有外界环境因素的影响。归纳起来是生理因素、心理因素和环境因素三方面综合起作用的结果。

(1) 生理因素

一般来说，人的心理活动是不能遗传的，但心理活动的生理基础是受个人遗传因素制约的。人的体形、气质、神经结构、能力与性格的某些成分受遗传因素的影响明显。统计调查和临床观察都表明，在精神疾病患者的家族中，其他的成员患有精神疾病或某些异常的心理行为表现的概率显著高于无家族史的人。脑外伤、中毒或病毒感染等都可能造成脑损伤而导致器质性心理障碍或精神失常。比如，脑额叶受损伤可能造成患者人格改变，智能降低，行为退化等；酒精中毒、煤气中毒、某些药物中毒可以对中枢神经系统造成伤害，出现心理障碍。此外，严重的躯体疾病或生理机能障碍也可能成为心理障碍的一个原因，比如，甲状腺机能低下可出现感觉迟钝、思维迟滞、情绪低落等心理异常表现。

(2) 心理因素

影响心理健康的心理因素很多也很复杂，其中影响较大的因素有人格特点、情绪和认知因素、心理冲突等。①人格特点。每个人独特的人格特征对心理健康有非常明显的影响，常常成为导致某种心理障碍的内在因素之一。②情绪和认知因素。《新唐书·陆象先传》有云："天下本无事，庸人扰之为烦耳。"一般来讲，稳定而积极的正面情绪状态，使人心情愉快、安定、精力充沛、身体舒适；相反，经常波动而消极的负面情绪状态，则往往使人心情压抑、焦虑、精力涣散、身体衰弱。认知因素中对心理健康的影响在很大意义上是一个人的信念或思维方式。不合理的信念或错误的思维方式，可能导致错误的决定和行为，还可能导致不良的情绪反应。③心理冲突。心理冲突是人们面对难以抉择的处境而产生的心理矛盾状态。心理冲突带来心理压力，这种冲突如果长期得不到缓解，便会产生紧张和焦虑的情绪，严重的还可能导致心理疾病。

(3) 环境因素

《论语·阳货》中的“性相近也，习相远也”和《与善人居》中的“与善人居，如入芝兰之室，久而不闻其香，即与之化矣；与不善人居，如入鲍鱼之肆，久而不闻其臭，亦与之化矣。丹之所藏者赤，漆之所藏者黑，是以君子必慎其所处者焉”都描述了外界环境对人的影响。影响大学生心理健康的环境因素包括家庭因素、学校因素和社会因素。①家庭因素。早期教育和家庭环境是影响心理健康的重要因素之一，如儿童与父母的关系、父母的教养态度、父母本身的心理行为、家庭氛围等都会对个体的心理健康产生影响。②学校因素。很多刚入学的大学生，尤其是来自农村和边远地区的学生，由于入学前后生活和学习环境的巨大变化，在适应新环境时容易出现各种困难。③社会因素。社会因素主要包括政治、经济、文化教育、社会关系等，这些因素对大学生的生存和发展起着决定作用，其中社会生活中种种不健康的思想、情感和行为，会严重地影响大学生的心理健康。

☞ 素质提升

坦言：我错了

训练目的：体验挫折的感受，端正挫折后的态度。

训练方法：全体同学起立，老师发出口令“一”，同学们就集体向左转；老师发出口令“二”，同学们就集体向右转；老师发出口令“三”，同学们就集体向后转。在老师发出口令以后，谁做错了，就得蹲下，大声说：“我错了！”开始时，节奏比较慢，然后越做越快。有人错得不明显，想蒙混过关，大家可以一起重复说：“有人做错了，请承认。”直到那人承认错误蹲下为止。而此时要承认的，除了转错方向的错误，还有掩饰过错的行为，所以要比别人蹲的时间长一些。然后请一直没有转错的同学谈感受：一直不错也是很累的。

心理分析：在人的一生中，谁都会遇到不如意的地方，都会犯这样或那样的错误，大家无须掩饰，坦言“我错了”也没有什么，反而会使自己轻松坦荡。关键是我们犯了错、遇到了挫折后态度怎么样，如何去改正和克服。

第三节　大学生维护心理健康的方式

大学生心理问题得到及时有效的疏导，能够维护其心理健康环境，帮助大学生正确认识自己、他人和社会，正确对待成功和荣誉、困难和挫折，不仅有利于大学生顺利完成学业，更有利于他们树立正确的世界观、人生观和价值观，使他们拥有健全的人格、健康的生理和心理以及良好的社会适应能力，顺利地成长成才。

一、大学生心理问题调适

☞身边故事

渠同学来自一个经济较发达的城市，同宿舍的其他三个同学来自不同地区。其中王同学来自农村，有些自卑倾向，喜欢独来独往。渠同学从入学就对王同学特别关照，做事带着他，俨然以保护人身份出现，而这份热情并没有得到相应的回报，很快就出现了矛盾。王同学逐渐认为渠同学看不起他，甚至有意欺负他，而渠同学认为王同学不知好歹，自己好心被当了驴肝肺。于是两人的矛盾逐步激烈，从小摩擦到动手，渠同学坚决要把王同学从宿舍中赶走，或者自己调整宿舍。双方情绪一度异常激动，后来经过说服教育，缓解了矛盾。

☞故事点评

1. 心理分析

社会调查发现，具有下面五种不良心理和行为特征的大学生往往是不受社会欢迎的：①行为被动，没有创新精神和主动性，缺乏思考能力，缺乏个性，不愿进取，怕吃苦，怕困难；②以自我为中心，傲慢自负，刚愎自用，目无他人，听不进别人的意见，或者习惯于把自己的意志强加于人；③人际关系紧张，不善于社会交往，对于团体活动通常采取拒绝态度，感情淡漠，不懂关心他人和体谅他人；④高分低能，知识面狭窄，兴趣不多，热情不高，分析问题和实际动手能力不强；⑤情绪反复无常，不能自制和不能适当地表现情绪，或不懂得在适当的时候适度地宣泄自己的情绪。

2. 故事的启发

故事中，渠同学的出发点是好的，想帮助王同学，但他并不了解王同学是怎么想的，两人没有建立起“共情”，结果渐行渐远，最终导致关系破裂。表达自己的善意时，我们也应该问一问自己，对方是否能够接受。大学生要能掌握一些心理学方面的知识，对自己一些不受欢迎的行为习惯和思想意识进行调适，学会理解他人、争取被他人理解的技能，不断提升自己的实践能力，这样有利于自己未来事业的发展。

☞心理导航

1. 主题聚焦

在遇到心理紧张，感觉到痛苦和困扰的时候，要学会心理状态的自我调适。

所谓心理自我调适，是指个体为维护持续的心理平衡所付出努力的过程。调适并不是一种静止状态，而是不断调整认识和行为的过程，其目的是保持内心平衡，使人能快乐积极地学习、工作和生活。

2. 心理理论阐释

大学生个体在遭受挫折、压力时，进行心理调适的方法主要有以下两种。

（1）自我保护法

这是个体维护心理平衡的一种自发性行为，即通过压抑、补偿、文饰和升华等手段改变对心理紧张的主观感受，掩饰不能接受的内在冲动或虚化现实环境的危险，以减少痛苦或对痛苦的意识，达到心理平衡的行为反应。

（2）直接控制法

这是个体遭到挫折、冲突和内心感受到压力时，通过直接控制生理、心理状态来缓和冲击的方法。虽然在现实中可以用刺激性饮料来缓和与化解精神紧张，但更重要的是通过运动（如跑步、跳韵律健身操、打球等）以及听音乐来转移注意力，缓解心理紧张。此外，还有肌肉放松法和善用资源法两种直接控制的方法可以减轻焦虑并改善心态。

☞ 素质提升

笑对小错

活动目的：活跃课堂气氛，并让同学们从中悟出一些道理；让同学们体会一下自己适应环境的能力。

活动内容：

① 小组站成半圆形，按顺序报数，以便每个参与者都有一个数字代号。

② 第一个人（队列中的 1 号）叫另一个人的数字代号，如叫“12 号”，被叫的同学立即叫另一个人的代号，比如 12 号同学被叫，12 号接着很快叫出“8 号”。如果被叫的同学有点儿犹豫，或者叫错了号（他自己的号，或者是一个不存在的号），就得放弃自己原来的位置，走到队尾。此时队伍重新编号，活动重新开始。

③ 活动继续进行，总会有人不断地“犯错误”，不得不移到队尾。

④ 大约 5 分钟后叫停。

分享与思考：

① 对小错误等闲视之会有什么感觉？看他人犯错误有什么感觉？

② 为什么当我们失败时，即使是在一个不起眼的、对我们的现实生活并没有什么影响的小活动中，我们往往也不能容忍？

③ 在现实生活中，你会经常犯些什么小错误？

二、大学生维护心理健康的方式

☞身边故事

薛同学是一名工科大学的女生，她入学后认真学习，大一时以学业第一名的成绩摘取特等奖学金，让很多同学羡慕不已。然而，从二年级开始，薛同学感觉周围同学发生了变化，认为同学都在议论她，还到处设计要害她，于是她不再和同学交往，总是独来独往，就连晚上睡觉，也是熬到其他室友都睡了，自己才睡。她半夜经常惊醒，怀疑有人用开水烫自己。后来情况更加严重，她被诊断为精神分裂症，休学回家接受治疗，一年后情况好转才重新回校学习。针对她的情况，辅导员为她安排了一个团结友好的宿舍，并进行周密安排，让她逐步融入集体生活，老师定期与她谈心。很快，她就对新的集体产生信任，药物用量也逐渐削减，半年后学习也逐渐恢复，复学后第二年还拿了一等奖学金，毕业后顺利到一家国营研究所工作，现在已成为该所骨干。

☞故事点评

1. 心理分析

大学生维持一个健康的心理状态可以从以下几方面着手：①拥有开阔的视野。全方位、多角度的思维方式是大学生应该具备的品质，能够灵活应用辩证的思维，能不断更新观察、认识世界的参照系。②保持持续的追求。保持对未知领域永远充满探求的欲望。只要保持这份不悔的执着，就能抓住机遇，变消极因素为积极因素，从而让成功垂顾自己。③建立良好的沟通。沟通是争取支持和理解的利器。④调动旺盛的热情。大学生对自己热爱的事物全身心投入，能以乐观自信的态度面对挑战和挫折，在人生的旅途中较少出现沮丧、意志消沉等消极状态。⑤维持平和的心态。人生旅途不可能一帆风顺，常会遭遇各种挫折，也会受到功名利禄的诱惑，一颗平常心有利于大学生健康成长。诚实求学、辛勤耕耘和淡泊虚名更能成就自己。

2. 故事的启发

当代大学生很容易出现像薛同学这样短暂的不适应，体验到焦虑、紧张、恐慌和不安。当遭遇这样心理体验时，根据不同的情况，可以采用不同的促进心理健康的策略。如果不能及时采用适当的策略进行有效调适，学生就可能完不成学习任务。建立和保持一个健康的心理状态是应对各种挑战的基础。

☞心理导航

1. 主题聚焦

心理健康教育是根据学生生理、心理发展的规律和特点，运用心理学的教育方法和手段，培养学生良好的心理素质，促进学生整体素质全面提高的教育。大学生心理健康教育是一项复杂的系统工程，需要从我国高校实际出发，做到机构、人员、场所和经费四个落实。在建有机构、配有专业人员、设立活动场地、设有专项预算经费的基础上，引导学生养成心理健康的自觉，把预防和服务相结合，从根本上提升大学生心理素质，促进大学生心理健康。

2. 心理理论阐释

内因是事物变化发展的根本原因，外因是事物变化发展的条件，外因通过内因起作用。从根本上讲，大学生维护心理健康还是要依靠自己，懂得相关心理学知识，主动维护自己的心理健康。大学生维护心理健康可以简要归纳为四个字："自助"和"求助"。

（1）自助

自助包含两个方面：①增强心理健康意识。首先，大学生应努力学习心理健康知识，认识到心理健康的重要性，懂得维护心理健康的途径和方法，从而更重视并自觉地维护心理健康。其次，大学生应努力拓展自我认识和自我体验，通过一些体验式学习来增强心理健康的意识。②实施自我调节。大学生应努力掌握一些心理调节的方法，有助于更好地维护自己的心理健康。增强自我调节能力的方法有：第一，积极参加心理健康教育活动。这些活动既包括课程、讲座，也包括成长小组、体验式培训等心理活动。第二，发展成熟的应对方式。成熟的应对方式通过求助来解决问题，不成熟的应对方式则表现为退缩、逃避、自责和幻想等。只有发展成熟的应对方式以用于面对问题，才真正有利于压力的化解和问题的解决。第三，学会管理和控制自己的情绪。良好的情绪有助于潜能的发挥、学习和工作效率的提高。准确识别自己的情绪，管理和控制好自己的情绪，能够让我们更加积极地面对生活、憧憬未来。

（2）求助

求助是心理健康维护的积极途径，一般有四个求助路径：①向家人或亲属求助。当面临压力和挫折时，来自家庭的支持和理解，能够减轻我们的压力，缓解焦虑，帮助我们重塑信心、面向未来。②向同学、朋友求助。同学、朋友就在我们身边，一起学习、活动，朝夕相处，能够分享我们的喜悦，分担忧愁。③向辅导员、班主任和任课教师求助。当遇到问题或挫折向老师求助，往往能得到热情帮助，他们给出的建议也会很有价值。④向心理咨询师求助。心理咨询师是受过心理咨询训练的专业人员，运用心理学的知识、理论和技术，通过协商、交谈、启发和指导等方式，帮助来访者自立自强、增进心理健康水平和提高社会适应能力。心理咨询的途径包括个体咨询、团体咨询、电话咨询和网络咨询等。除了求助于学校心理咨询中心，精神疾病应该到医院进行相关的心理治疗。

近年来，我国许多高校逐步建立了三级心理健康预防和维护网，为大学生提供维护心理健康的保障。①班级网。由学校心理中心组织，在学生班级培训一批心理骨干，如宿舍心理联络员、班级心理委员和心理健康社团骨干。他们宣传心理健康知识，及时发现同学中出现的心理问题，掌握相关信息，协助老师开展相关工作。②院系网。对院、系与学生关系密切的人员，如辅导员、班主任和相关工作人员进行心理健康知识专题培训，有解决一般心理问题的能力，使学生能够得到及时的帮助。③校级网。以学校心理健康教育机构为主，如学生心理咨询中心、学生工作部等，培训专业人员，进行学生心理健康普测，开展心理健康状况调查，有针对性、有计划地开展心理健康教育，同时，接受那些有比较严重的心理困扰学生的求助。

☞ 素质提升

当前我国经济社会快速发展，社会竞争更加激烈，大学生也因此常常处于精神紧张状态。掌握一些心理调节的方法，能够提高自我的幸福感。下面介绍一种“三三三自我放松术”。

1. 学会做三件事

① 学会过好今天：也许昨天的事情让人很烦，明天的事情又那么不确定，最重要的是做好今天的事情。每一个今天能过得好，一辈子就过得好了。

② 学会计算：学会计算自己的幸福，计算自己做对的事情。计算幸福会使自己发现幸福越来越多，计算做对的事情会使自己对自己越来越有信心。

③ 学会放弃：人世间总是有“舍”才有“得”，而患得患失，“一点都不肯舍”或“样样都想得到”必将事与愿违。

2. 学会说三句话

①“算了!”对于一个无法改变的事实，最好的办法就是接受它。

②“沉着!”不管发生什么事情，哪怕是天大的事情，也要告诫自己说：“沉着!”积极乐观的态度是解决任何问题和战胜任何困难的第一步。

③“会过去的!”乌云挡不住太阳，阳光总在风雨后。别烦恼，别忧愁，事情再糟糕也会过去的。

3. 学会保持“三乐”

① 助人为乐：予人玫瑰，留有余香。幸福、快乐时常在帮助他人过程中自然而然产生。

② 知足常乐：看到别人取得成功，能够由衷地祝福；对自己能够做到知足常乐。

③ 自得其乐：当身处逆境时，要学会自得其乐。

第二章 大学生心理咨询

学习目标：

2.1 什么是心理咨询？

2.2 心理咨询与心理治疗的差别主要体现在哪些方面？

2.3 心理咨询的功能有哪些？

2.4 大学生心理咨询的意义是什么？

2.5 心理咨询的基本原则有哪些？

2.6 大学生心理咨询的内容中，发展性咨询包括哪些方面？

2.7 心理咨询按照不同标准可以分为不同类型，以咨询途径为标准划分的心理咨询有哪些？

2.8 朋辈心理咨询的特点是什么？

2.9 心理咨询的基本步骤包括哪些？

2.10 如何正确理解心理咨询中的保密性原则？

在学习生活中，如果个体感到问题难于应付或倍感焦虑等，可以求助心理咨询师。现实生活中，人们对于心理咨询仍然存在很大的误解。本章将重点介绍心理咨询的概念和功能、心理咨询的内容与类型，帮助个体树立正确的心理咨询观念和求助意识。

第一节 心理咨询的概念和功能

大学生心理咨询活动的开展，有利于大学生开发心理潜能，优化心理素质，提高心理健康水平，促进德、智、体、美、劳全面发展。在当今世界，心理咨询与心理健康工作已成为学校教育的重要内容。

一、心理咨询概述

☞ 身边故事

小红，女，19岁，是一名大学一年级学生，来自农村，家庭经济困难。高中阶段，她住在亲戚家里，因为成绩优异，比较听家长的话，亲戚们也就特别宠爱她。她很少与班上同学交流，独来独往，性格内向。进入大学，她刚开始感觉还可以，但时间长了，由于寝室同学之间存在很大的性格差异，相处中出现了不和谐。面对复杂的人际关系，她感觉十分困惑，不知道怎样才能处理好这些关系，每天感觉很烦，学习也受到影响。她想起新生宣传手册上介绍学校有心理咨询中心，就悄悄翻出宣传手册，找到心理咨询中心的联系方式和地址，但是又有很大顾虑：听说只有心理不正常的人才会去做心理咨询，万一被班上的同学知道了，会不会以为自己有精神病啊？自己去做心理咨询，中心的老师会不会批评自己不会处理人际关系？会不会把自己做心理咨询的事情向辅导员通报？

☞ 故事点评

1. 心理分析

故事中的小红既想寻求心理咨询帮助，又对心理咨询有着诸多的误解和困惑。现实生活中可能很多学生都有类似的经历，对心理咨询了解不多，经常有各种误解：心理老师能够一眼看穿我内心的真实想法！心理咨询一点用也没有，都是骗人的！心理咨询是无所不能的，可以解决所有的问题……这些是常见的对心理咨询的误解。大学生有必要了解心理咨询的一些基本知识，从而更好地运用心理咨询求助，提升自我心理健康水平。

2. 故事的启发

“停杯投箸不能食，拔剑四顾心茫然”“此情无计可消除，才下眉头，却上心头”“寻寻觅觅，冷冷清清，凄凄惨惨戚戚”描述了古人压力状态下的愁苦心理。快速的生活节奏、婚恋、工作、人际关系等纷至沓来的压力，常使人处于迷乱、紧张的环境中，情绪障碍和心理疾病逐渐滋生、蔓延。凡此种种，导致人们对心理保健、心理咨询的需求与日俱增。大学生也面临各种压力和挑战，对于心理咨询有很大需求。然而，心理咨询对大学生来说还比较陌生，许多同学也像小红一样存在顾虑，影响到心理困扰的解决。

☞ 心理导航

1. 主题聚焦

心理咨询是维护心理健康的有力手段，也是高校中最为常见的心理健康活动开展方式。我们都应该善于运用心理咨询，帮助自己维护心理健康，认识到其与普通谈话、思想政治教育工作、心理治疗等的区别和联系，消除对于心理咨询的误解，让心理咨询成为我们维护心理健康道路上的好伙伴。中国传统文化中就有能体现心理咨询思想的描述，如道家倡导的“顺其自然，清静无为”就和森田疗法的基本原则有相似之处。

2. 心理理论阐释

（1）心理咨询的含义

心理咨询是经过专业训练的咨询师，在一种建设性的人际关系中，通过连续性的接触和商谈，对在心理适应上出现困难和问题而又有求助意愿者，提供心理上的帮助，使其能澄清自己对生活的看法，增强解决问题的能力，克服成长道路上的障碍，并能充分实现自我潜能的过程。

（2）心理咨询与心理治疗的关系

心理治疗是治疗者与来访者之间的一种合作努力的行为，是一种伙伴关系，治疗是关于人格和行为的改变过程。

对照心理治疗与心理咨询的定义，我们可以发现它们有很大的相似性。二者都是心理上的助人活动，都需要在双方之间建立良好的、合作性的人际关系，都有促进求助者健康成长和发展的功能。不同之处在于，在心理治疗中“来访者”有时也被称为“病人”，他们都具有某些“症状”和“障碍”，心理治疗强调的功能是“矫正症状”“调整异常行为模式”“促使人格的改变”。

心理咨询与心理治疗就其依据的理论、所采用的方法和技术而言基本上是相似的。二者的共同之处有：采用的理论方法常常是一致的，心理咨询师和心理治疗师对来访者中心疗法、理性情绪疗法等理论和方法的使用别无二致；通过双方互动达到帮助来访者成长和改变的目标是相似的；都强调良好的人际关系是帮助求助者改变和成长的必要条件。

心理咨询与心理治疗的区别包括二者性质的差别、工作称谓与场地的差别以及二者起源上的差别。心理咨询与心理治疗性质上的差别可以归纳为以下几点：

第一，工作对象上的差别：心理咨询的对象主要是正常的人，或有轻度心理问题的人，或正在康复的人；而心理治疗的对象则是有心理障碍或心理异常的人。例如，心理咨询对象可能有常态的焦虑，既不伤害人格的整合性，又能充分意识到内心的矛盾；心理治疗的对象则是具有神经症焦虑的人。

第二，工作任务和功能上的差别：心理咨询强调发展模式，重在预防，更具有教育性、支持性，职业心理咨询、婚姻恋爱心理咨询、学习咨询等都是发展性咨询的常见任务；而心理治疗重在矫治和重建。心理咨询的主要功能是帮助当事人了解自己，接纳自己，解决问题，做出抉择，克服成长过程中的障碍，实现自己设定的目标；心理治疗则要解决深层次行为困难和实现人格的根本改变。

第三，介入深度的差别：心理咨询多涉及意识层面的问题，所处理问题的性质具有现实指向性，目标比较有限和具体；心理治疗涉及内在的人格重构和无意识中的问题，其对当事人心理的介入程度比心理咨询要深。

第四，时间期限的差别：与上述介入深度有关，心理治疗是一个长期的过程。心理医生认为一年或更长的疗程是必需的。即使是“简短”的心理治疗一般也需要 10～20 次治疗，而心理咨询通常只需一到几次的接触就可能会让困扰来访者的问题有所改观。

第五，专业训练上的差别：心理治疗师常常是有医学背景的从业者，比心理咨询师往往要接受更长时间的专业训练。而广义的心理咨询有时也可由非专业人员或作为志愿者的咨询人员如护士、戒毒所医生、教师、社会工作者等照料性、人事性、教育性的职业人员来完成。

第六，工作方式上的差别：心理咨询更多地使用面谈的方法；心理治疗除了使用面谈方法外，也使用艺术治疗、音乐治疗、催眠疗法、娱乐疗法等。另外，心理咨询会以多种方式介入当事人的生活环境中，与来访者的家庭、亲友保持联系，而这些对于心理治疗通常并不重要。

另外，在助人活动双方的称谓及供职机构上，二者也有不同。在心理咨询中，助人者被称作“咨询师”或“咨询者”，求助者被称作“当事人”或“来访者”；在心理治疗中，双方可以分别称为“治疗师”和“患者”。心理治疗主要是在医疗机构（如精神病院）和私人诊所中实施；而心理咨询因其往往是为解决社会问题而存在，如就业指导、学生心理辅导、成瘾问题、婚姻问题，所以心理咨询人员服务机构可以设在医院，也可以设在学校、军队、公司、社区、戒毒所、监狱等。另外，在美国心理学会中，心理咨询专家和心理治疗专家分属不同的组织（分别属于咨询心理学学会和心理治疗学会），有着各自不同的活动。

从以上分析中，对于心理咨询与心理治疗的关系我们有如下一些看法：心理咨询与心理治疗在理论基础、使用的方法与技术、助人活动赖以进行的人际关系的特征、改善当事人心理与行为的基本目标、以直接面谈为基本形式等方面是相同的；二者在服务对象及其问题性质、助人者的专业训练要求、服务的机构和领域等若干方面存在一些差别，这些差别大都不是不相容的，而是程度、深度上的差别，想在二者之间做出明确的划分是困难的。

☞ 素质提升

影音评荐《扪心问诊》

《扪心问诊》是由罗德里格·加西亚等执导的剧情作品，乔西·查尔斯参加演出。《扪心问诊》以心理治疗为剧情的切入点，主要采取对话的形式展开剧情，对话中最吸引人的就是保罗的患者们对保罗敞开心扉地倾诉内心的苦恼，观众们完全可以被谈话的内容所牵动，因为剧集中的每一段对话都足以使你震惊。剧集的表现形式也并不单一，除了每集更换一位顾客之外，保罗自己也要进行心理咨询，这样观众们就可以看到当心理医生出现心理问题时该怎么办。随着剧情的深入，保罗也渐渐变得不再自信，他也开始动摇了心理防线，与各式各样的病人产生了心理纠葛和矛盾。这部从心理学角度出发的医疗剧集在美剧中较为罕见，因为其过硬的素质和与众不同的品位，剧集在播出后获得了极大的成功。

电影处方笺：

① 影片中的人物都是因为哪些问题而去做心理咨询的？

② 你在生活中有没有遇到过类似问题？你是怎么解决的？

③ 看了这部电视剧，你对心理咨询有哪些新的认识？

二、心理咨询的功能

☞ 身边故事

杭同学，男，21 岁，大学二年级学生，性格内向。高中时有一次在班级上台演讲，他本来准备充分并且认为获奖把握较大，但由于紧张而忘了演讲词，致使演讲没有取得他预料的结果。自尊心极强的他一想起这件事就十分懊恼，深感焦虑，觉得丢了面子，认为同学们从此就会看轻他。此后，他在人多的场合参加活动就感到紧张，上课回答老师的问题时也紧张。上大学后，发展到与老师、同学谈话都紧张、慌乱，因此他非常担心今后怎么跟人交往。咨询师向他介绍了系统脱敏法的基本原理和方法，与他一起制订了行动计划。通过一段时间的努力，他的紧张情绪逐渐消除，逐渐能够在别人面前反应自如，上课回答问题时也不再慌忙了。

☞ 故事点评

1. 心理分析

这是一例因为在人面前讲话发言紧张而接受心理咨询的案例。在这个案件中，杭同学自尊心较强，本以为自己准备充分，获奖机会大，但是结果和自己的预期差异较大，甚至出现了不合理的认知。他认为经过这次事情，同学们从此就会看轻自己，因此出现了焦虑、自责、懊恼等情绪，后期还发展到与老师、同学谈话都紧张的程度。咨询师通过系统脱敏法，使得来访者逐渐摆脱紧张情绪。在现实生活中，当众讲话紧张焦虑的个体并不少见，但是一些人不知道如何有效求助而使自己焦虑烦躁。

2. 故事的启发

大学生心理素质尚未成熟，心理健康问题十分值得关注。学校应该积极开展大学生的心理咨询工作，帮助大学生解决心理健康问题，全面提高大学生的整体素质。据调查统计，大学生心理咨询的主要问题表现为人际关系不良、情绪失控、环境改变与心理适应等。因此，更好地发挥心理咨询的功能和作用，是我们需要关注和重视的问题。

☞ 心理导航

1. 主题聚焦

心理咨询在生活中有着极其重要的作用，心理咨询能够为人们提供全新的人生经验和体验。对于那些心理适应属于正常范围的人来说，咨询所提供的全新环境可以帮助他们认识自己与社会，处理各种关系，以便更好地发挥个体的潜力，实现自我价值。对于那些由于心理问题而遇到麻烦的人，可以在心理咨询师的帮助下，逐渐改变与外界格格不入的思维、情感和反应方式，并学会与外界相适应的方法，提高工作效率，改善生活品质。

2. 心理理论阐释

心理咨询的功能包括以下几个方面：

第一，体验人际关系。咨询关系是一种彼此平等尊重的人际关系。在心理咨询过程中，咨询师总是以善意和真诚的态度对待来访者，与来访者进行平等沟通。这种良性的人际互动过程为来访者提供了一种体验良好人际关系的机会，来访者可以从中学习人际交流沟通的模式，并将这种经验逐渐应用于自己的人际关系中，将咨询中学到的东西更好地应用于处理现实中的人际互动问题。

第二，认识内部冲突。促使人们进行心理咨询，主要是自身内部原因引起的心理问题。但是，很多人习惯从外部找原因，习惯从别人身上找原因。为了解决这些问题，咨询师应该帮助来访者认识到自身内部的种种心理冲突。只有看清了自己的内心，找出问题的根结所在，才能慢慢地让心灵健康起来，提高心理健康水平和适应环境的能力。

第三，促进自我反思。要真正看清自己是不容易的，因为个体很多时候站在自己的立场，认为自己思考问题的方式是正确的，对事物的观察和理解是正确无疑的。很多时候人们蒙蔽了自己的双眼，即头脑里固有的错误观念导致了一系列心理问题。陆游《游山西村》中有云："山重水复疑无路，柳暗花明又一村。"心理咨询的过程，就是使人不再蒙蔽自己的过程。通过心理咨询，来访者有机会审视自我的认知和思考方式，进行自我反思，认识到自我的错误观念导致了许多本来可以避免的困境，从而树立和形成正确的观念，做出清醒明智的选择。

第四，深化自我认识。苏轼《题西林壁》中有云："不识庐山真面目，只缘身在此山中。"心理咨询有助于人们更进一步认识自己，包括自己的需要、态度、兴趣、价值观、人格特点以及优缺点，等等，从而有助于更好地把握人生。

第五，获得心理自由。来访者往往在心理上缺乏自由，心理咨询为来访者提供了一个在心理上获得更大自由的机会。心理咨询帮助来访者接纳自己和他人、社会的不足，明白人生总是与缺憾相伴，从而更加珍惜身边的美好，以最大的心理自由享受人生。

第六，学会面对现实。当人们逃避现实或用不坦率的、否认的态度面对现实的时候，就容易出现心理问题。心理咨询的一个功能就是帮助引导来访者回到现实，从现实出发积极想办法解决问题。一旦目光集中到现在，不再一只眼看着过去一只眼看着未来，而是关注此时此地的感受，用眼看、用耳听、用脑想、用心感受，人们就能逐渐学会同“现在”打交道，学会面对现实。

第七，付诸有效行动。心理咨询最终的目标应该是指向现实生活，也就是帮助来访者更为有效地处理现实生活中的问题，付诸新的有效的行动。一旦来访者有新的有效的行动，就真正学会了自我救助，就能够为自我创造新的更好的生活。

第八，发现人生意义。近年来心理咨询有一种新的倾向，即使来访者发现人生的意义，从而使其积极地恢复适应能力。人们若能找到人生的意义或价值，就不容易感受到痛苦，就能够以更加平和包容的心态去面对人生中的起伏和磨难，也就不容易产生心理问题。因为在这种情况下，自然有一种对环境适应的生命力和对生命热爱渴望的顽强精神从心底涌现。

☞ 素质提升

资料卡：心理健康的“营养素”

身体的生长发育需要充足的营养，而心理健康成长是否也需要“营养素”呢？是的，心理“营养”也非常重要，若严重缺乏，则会影响心理健康。那么，重要的心理健康“营养素”有哪些呢？

第一，最重要的心理“营养素”是爱。爱伴随人的一生。童年时代主要是父母之爱，童年是培养心理健康的关键时期，这个阶段若得不到充足和正确的父母之爱，将影响其一生的心理健康发展。少年时代增加了伙伴和师长之爱。青年时代，情侣和夫妻之爱尤为重要。中年人社会责任重大，同事、亲朋和子女之爱十分重要，它们会使中年人在事业、家庭上倍添信心和温暖，让生活充满欢乐和温暖。至于老年人，晚年幸福是关键。

第二，宣泄和疏导。无论是转移回避，还是压抑自我，都只能暂时缓解心理矛盾，而适度的宣泄具有较好的作用，当然这种宣泄应当是良性的，以不损害他人、不危害社会为原则，否则将会恶性循环，带来更多的不快。心理负担若长期得不到宣泄或疏导，则会加深心理矛盾，甚至形成心理障碍。

第三，善意和讲究策略的批评。一个人如果长期得不到正确的批评，势必滋长骄傲自满情绪，变得固执、傲慢，这些都是心理不健康发展的表现。但是，过于苛刻的批评和伤害自尊的指责会使人产生逆反心理，遇到这种“心理病毒”时，应提高警惕，增强心理免疫能力。

第四，坚强的信念与理想。信念与理想对于健康心理的发展尤为重要。信念与理想犹如心理的平衡器，它能帮助人们保持平稳的心态，度过坎坷与挫折，防止偏离人生轨道和误入心理暗区。

第五，宽容。人生百态，不如意事十有八九，无名之火与萎靡颓废往往相伴而生，只有宽容才是摆脱这种烦忧、减轻心理压力的法宝。

第二节　大学生心理咨询的意义和类型

大学生面临很多困惑和压力，学业、就业、恋爱、人际关系、经济等方面问题，都有可能导致大学生心理出现问题。如果个体具备较完善的人格和坚强的意志品质，并且能从外界获得有力支持，则可能顺利渡过困境；相反，则有可能因适应不良和过大的压力而产生一系列心理问题。心理咨询是个体解决心理问题的重要途径。

一、大学生心理咨询的意义和特点

☞ 身边故事

某大二女生，20 岁，神情忧郁地来到心理咨询室。咨询师热情迎接她，请她坐下后，向她简单介绍了心理咨询的性质和原则，她仍沉默不语。咨询师关切地望着她，正要问话时，她却大声哭起来。咨询师赶紧给她递上了纸巾。待她稍稍平静后，咨询师鼓励她打消疑虑，畅所欲言。

她告诉咨询师：“刚刚在宿舍和同学发生口角了，心里很难受。”

“因什么发生口角？”咨询师问道。

“其实现在想来是一件很小的事情，她自作主张把我的一本书借给别人了。”

“她未经你同意就把你的书借给别人，惹你生气，你就与她拌嘴了？”

“是的，其实我们的关系一直很好，我也不是一个小气的人，但因为我这些天来心情一直不好。”

“能谈谈是什么原因使你心情不好吗？”咨询师说到这里，她欲言又止，泪水再一次涌出。

“你别紧张，有什么事慢慢说。”咨询师对她说。

“我的父母要离婚。”说完她又哭起来。

“我很理解你的心情，父母是自己最亲的人，对任何人来说家庭的幸福美满最重要。”

“就是，我一想起以后家里要四分五裂就悲痛欲绝！”

“是的，换成是我也会这样的。你现在是大学生了，你父母会很重视你的意见，你有没有很好地跟他们谈一谈呢？”

“没有，我看到他们吵得很凶，心里就慌了。”

“有时人们吵起架来就容易感情用事，或许他们只是一时吵架的气话，你回去好好跟父母谈谈。”

“是呀，前些日子我老想着爸妈离婚了怎么办，根本没想到这个方面，所以心里闷得慌，又不敢跟同学讲这件事情。我周末就回去跟爸妈谈一谈，我想事情还不会那么糟。老师，谢谢您，我知道怎么做了。”

“祝你成功。”

☞故事点评

1. 心理分析

故事中的学生因为父母吵架而陷入悲伤的情绪中，甚至还导致了消极思维以及和同学关系的冲突。心理咨询师通过让这位同学倾诉心中的苦闷和内心矛盾，从而释放心头的重担，理清思维，看到问题所在及解决办法。很多时候，人们陷入消极负面的情绪中无法自拔，导致思维片面消极，不能很好地看到问题的症结所在和解决措施。这个时候，如果有人能够很好地倾听，促使其负面情绪得到宣泄，那么来访者的问题就可能变得有头绪。

2. 故事的启发

心理咨询在我们的生活中已变得越来越重要，它能让我们从繁重的压力中获得解放，能为我们提供必要的帮助，也能使我们的精神生活得以更加完善。心理咨询就是这样一个有着重要意义的助人活动。然而，一些来访者对心理咨询的意义和作用存在认识偏差，把自己的难题统统推给心理咨询师，希望心理咨询师能够帮助解决困扰自己的现实问题。心理咨询师的职责是协助来访者分析问题，澄清问题，讨论问题，认识自我，从而找出问题和心理冲突的焦点所在，心理咨询师不是最后的抉择者。

☞心理导航

1. 主题聚焦

心理咨询师不会帮助来访者解决具体问题，但是会帮助来访者面对自己的问题，咨询师起到协助、指导的作用，通过启发、引导、支持、鼓励，帮助求助者领悟到内心存在的冲突，矫正错误的认知，做出新的有效的行为，从而达到解决问题、促进发展、完善人格的目的。

2. 心理理论阐释

（1）大学生心理咨询的意义

心理咨询在高校中具有蓬勃的生命力，彰显了其独特作用。大学生心理咨询的意义主要体现在以下几个方面：

第一，帮助大学生完善自身，并解决遇到的心理问题。当今大学生面临学习任务重、生活节奏快、人际关系复杂、社会竞争激烈等各方面的压力以及多元文化、价值观碰撞所带来的心理困惑，容易出现某些不适应或迷茫现象。开展心理咨询，为大学生提供了倾诉内心苦闷、烦恼的机会。借助于心理咨询师的专业帮助，大学生能较快走出困境，促进心理健康发展。

第二，有助于培养大学生健康的个性心理。心理咨询可以发现学生个性心理品质中存在的问题，通过心理咨询师的引导和示范作用，在学生个人的不断努力下，学生的个性心理品质可以获得健康发展。

第三，有利于心理疾病早发现、早预防、早治疗。在心理咨询过程中，能够及时发现有心理障碍或心理疾病的学生。一些患有心理疾病的大学生，在向学校心理咨询中心求助时，就可以及时被发现，学校有效地对他们进行干预或及时转介，可以避免病情的恶化。

第四，心理咨询有助于及时了解大学生的心理变化和思想动态。高校大学生心理健康与思想政治状况关系密切。通过心理咨询，可以对高校学生的心理变化和思想动态有及时的了解，为学校开展思想政治教育和心理健康教育提供信息。

（2）心理咨询的特点

① 心理咨询的普遍特点如下：

第一，双向性。心理咨询是咨询师与来访者之间互相作用、互相配合的过程。心理咨询作为一种特殊的人际关系，需要双方的互动。在心理咨询过程中，咨询师起到主导作用，运用恰当的心理学知识，帮助来访者解决心理问题；来访者作为心理活动的主体，对于咨询师的引导和帮助，需要经过自己主动的内化吸收，因此，来访者在心理咨询中具有主体地位。

第二，多端性。人的心理结构是由知、情、意、行几个方面构成的。一般而言，认知是起点，情感是中介，意志是保证，行为是归宿。认知的偏差、情感的困惑、意志的脆弱和行为的失控都是导致心理问题的重要原因。因此，在心理咨询过程中，不仅要注重转变来访者的认知，培养来访者坚强的意志品质，还应该促进其积极的情绪情感体验产生，并对其行为方式或行为习惯提出要求。

第三，社会性。心理问题的产生受到后天社会环境的影响，包括家庭、学校、社会等方面。心理咨询中一方面要分析来访者心理问题产生的原因，另一方面要争取社会各方面的支持，形成合力，共同做好大学生的心理工作，促进大学生心理健康水平的发展。

第四，渐进性。咨询过程是循序渐进、由浅入深的过程，因此咨询师和来访者不可操之过急。作为咨询师，要耐心细致地分析，通过平等交流和长期观察，促使来访者改变不良心理和行为；作为来访者，不要指望自己的心理问题可以马上消除，需要与咨询师配合，相信经过一段时间咨询，是能够克服和摆脱心理困扰的。

第五，反复性。由于新的观念、行为是在原有旧观念、行为的基础上逐渐形成的，这其中必有反复、曲折、迂回，这是正常的。因此，咨访双方都要有足够的认识和坚定的信心。咨询师应注重巩固咨询的效果，对于重要的、复杂的咨询问题，需要追踪观察。

② 大学生心理咨询除了具有一般心理咨询活动的特点外，还具有其独特性。其主要表现在：

第一，就对象而言，高校心理咨询的对象主要是处于青春后期的大学生，文化层次较高，既有其同龄人的共性和问题，也有其独特的发展任务、压力和挑战。

第二，就内容而言，大学生在关注心理障碍、心理疾病的同时，更关注适应性和发展性的心理问题，主要是学习、适应、交际、发展、恋爱、择业等与成长有关的问题。因此，大学生心理咨询应着重帮助与辅导大学生成长与发展。

第三，就咨询方法而言，因大学生具有相对闭锁性的心理特征，大学生心理咨询以个体咨询为主、团体咨询和个体咨询相结合的方式进行。

（3）心理咨询的注意事项

第一，心理咨询解决的是心理方面的问题。比如一个同学找到咨询师，希望帮助自己解决宿舍人际关系紧张问题，同时希望通过协调辅导员，帮他调换宿舍。消除人际关系紧张是心理问题，咨询师会尽力给予帮助；而调换宿舍是生活中的具体问题，咨询师不负责解决这方面的问题。

第二，心理咨询是来访者的自愿行为。心理咨询只有在来访者自愿的前提下才有利于问题的解决，因为来访者主动解决问题、寻求改变的强烈意愿是咨询可以取得效果的前提。

第三，心理咨询强调良好的人际关系氛围。良好的人际关系是心理咨询的必要条件，只有在良好的人际关系中，来访者才会坦诚地说出自己的问题，只有在这种情况下，才能解决问题。

第四，为来访者严守秘密，是咨询师的职业道德。在接受咨询过程中，许多同学担心自己的秘密会被泄露。咨询师是经过专业训练的专业人才，会对咨询过程中的谈话内容、资料等妥善处理，需严防出现泄密现象。

第五，心理咨询是一种特殊的成长过程。对于处于成长期的青年学生，心理咨询能够使他们尽快适应环境，完善人格，使自己在个性发展、身心健康等方面领悟到新的道理，在解决问题的过程中逐渐成长、成熟。

☞ 素质提升

心理调适的小方法

① 掌握必要的心理健康知识。有了一定知识，才能进行正确的自我评价，从而了解自己的所需，量力而行，合理安排时间，让生活更有规律。

② 学点自我安慰和自我放松的技巧。譬如练习瑜伽、打太极拳、听音乐、打球等，都会让人放松下来。

③ 好好睡一觉。有时候一些忧虑和不快，在一个充足踏实的睡眠后就可能消失了。

④ 自我积极暗示。多想一想过去成功的经历，想一想自身具备的优势。你可以告诉自己，我是不可替代的，我是独一无二和有价值的。

⑤ 通过饮食来缓解某些不适。如焦躁、心悸、失眠等情况出现后，可多吃豆类、五谷杂粮、蔬菜水果等食物，减少红肉类的摄取，避免喝咖啡、浓茶、酒等刺激性饮品，少食辣椒、芥末、花椒、大蒜、葱、姜等辛辣燥热的食物。

⑥ 建立心理支持系统。心理支持系统包括朋友、同学、家人、老师、心理咨询师等。在郁闷难以排解的时候，向他们“诉苦”，寻求心理帮助。

二、大学生心理咨询的内容

☞ 身边故事

海同学是一名大二的学生，不仅品学兼优，而且善于唱歌和主持，还能写一手好文章。自从上大学后，他的这些特长得以充分发挥，大一就获得“校园十佳歌手”称号，主持各类晚会，还经常参加社团活动。而由于活动原因，他经常回宿舍很晚，晚上也经常加班做各种方案，因此打扰了室友休息。由于没有及时有效地沟通，他们之间的关系开始有了微妙变化。刚进大学时，室友们每次都结伴一起去食堂吃饭，可是后来，其他三个室友吃饭便不再和他一起了。前几天，海同学晚自习回到宿舍，室友们正在聊天，可是他刚进门，所有的谈话立刻终止。现在，室友们几乎不和他说话，好像无视他的存在。为此，他十分痛苦，心理压力越来越大。

☞故事点评

1. 心理分析

人际关系问题是大学生中常见心理问题的来源，一些同学因为人际关系处理不好，整天闷闷不乐，心情低落。有些同学因为宿舍人际关系紧张而要求换宿舍，甚至有人因严重的人际关系冲突问题，引发争吵或酿成悲剧。

2. 故事的启发

故事中的海同学，产生心理问题的原因就是人际关系困扰。海同学学习成绩优秀，能力突出，本应该成为大家喜欢和羡慕的对象，但是他却因为不能妥善地处理同学关系问题，导致心理压力大，影响了正常的社交和学习。存在人际关系处理中的问题时，要引起重视，想办法解决。先从改变自己的认知和处理问题的方式开始，还可以向老师寻求改变的策略，必要的时候可以求助于学校的心理咨询中心。

☞心理导航

1. 主题聚焦

心理咨询面向广泛的社会问题，从涉及的生活领域和问题性质来说，心理咨询服务包括职业心理咨询、人际关系咨询、恋爱婚姻咨询、家庭教育心理咨询、学习咨询、危机干预等。

2. 心理理论阐释

大学生心理咨询涉及的内容非常广泛，在这里主要介绍发展性咨询和障碍性咨询。

（1）发展性咨询

发展性咨询指根据个体身心发展的一般规律和特点，帮助不同年龄阶段的个体尽可能地圆满完成各自的心理发展课题，妥善地解决心理矛盾，更好地认识自己和社会，开发潜能，促进个性的发展和人格的完善。帮助个体有效应对毕生发展尤其是青少年成长发展过程中的问题，学会合理利用机会和资源，使其潜能得以充分发挥。大学生的发展性咨询主要包括以下问题：

① 适应问题。心理适应是主体对环境变化所做出的一种积极的内心反应，是一个重建平衡的动态变化过程。心理适应能力是衡量大学生心理健康水平的重要标准之一，也是评判大学生心理素质的要素之一。大学生来到新的校园，面临全新的生活环境，饮食、学习模式、人际关系等方面都发生了很大变化，因此，我们需要关注大学生的心理适应问题。

② 自我意识问题。自我意识问题是人的精神世界最内部、最核心的问题，是个体对自身状况、人际关系的认识，情感以及由此产生的情感意向。它不仅涉及人的客观自我、个性特征等事实层面，更与个体对客观自我的认识、理解、

体验和调控等息息相关。大学生自我意识问题主要有自我认识偏差、自我体验偏差、自我控制偏差等。

③ 人际关系问题。人际交往是大学生生活的基本内容之一。同学之间、师生之间、老乡之间、室友之间、个人与集体之间等错综复杂的关系，构成了大学生人际交往的网络系统。大学生处于一种渴求交往的心理发展时期，良好的人际关系是他们心理正常发展、保持身心健康和安全感、归属感、幸福感的必然要求。

④ 恋爱与性心理问题。爱情与性，无疑是大学生最为关注、最敏感的话题。爱情是美好的，性也是美好的。然而，对于刚步入大学的大学生们，爱情与性，既可以是美酒佳酿，给人以幸福和温馨；也可以是涩水苦果，让人痛苦和迷茫，甚至引发人生悲剧。恋爱与性心理问题包括失恋、单恋、多角恋关系以及性心理困扰等。

⑤ 学习问题。大学生学习心理是大学生心理咨询中较为普遍的咨询内容，主要包括考试焦虑、对专业不满意、学习无动力、学习压力过大等。

⑥ 就业问题。激烈的市场竞争条件下，大学生的就业不可能都一帆风顺。有的大学生对求职就业抱有不切实际的过高要求，一旦碰壁就心灰意冷，一蹶不振；有的大学生对于自身优缺点不了解，盲目求职，最后发现职位与自身条件不匹配……大学生对于就业存在各种各样的困惑，因此就业问题成为大学生心理咨询的重要内容。

（2）障碍性咨询

障碍性咨询是指为各种有障碍性心理问题的咨询对象提供心理援助、支持、干预，以消除咨询对象的心理障碍，促使其心理朝着健康方向发展的咨询类型。这类咨询的对象患有某种心理疾病，例如焦虑症、抑郁症、强迫症、恐惧症等。障碍性咨询就是要通过心理咨询，帮助来访者缓解症状，克服障碍，恢复心理平衡。

☞ 素质提升

大学生团体辅导活动：同舟共济

1. 活动目的

① 促使团体成员集思广益，增进团体合作；

② 帮助成员学会不放弃，努力尝试，学会依靠集体力量克服困难。

2. 活动时间

活动时间大约 10 分钟。

3. 活动过程

① 带队者要求将一张报纸铺在地上，代表汪洋大海中的一条船，需要团体

成员6人（或8人，根据具体人数和报纸大小决定）同时站在船上，一个人也不能少。

② 带队者要求将报纸对折，使得面积减半，全体成员都要站在报纸上。

③ 等上述成功后，继续要求报纸面积减半。随着难度的增加，成员的努力也会增加，大家会集思广益，采用各种办法，这种练习可以提高团队的凝聚力。

④ 成员分享在这个过程中有哪些体会或感受。

三、大学生心理咨询的类型

☞身边故事

张同学，男，18岁，大学一年级学生，来自农村，自幼勤奋刻苦，成绩优秀。进入大学后，由于城乡环境的差异，他觉得自己在服饰、语言、动作，以至于风度上不能与城里来的同学相比，内心产生了“先天不如人”的自卑感；但同时也有不甘心、不服气的思想，想以优异的成绩来证明自己。由于过分紧张的学习和沉重的心理压力，他开始失眠了！百般无奈，他鼓起勇气来寻求心理咨询。

☞故事点评

1. 心理分析

有自卑心理的学生不仅自我评价低、否定自己的能力，还有可能在人际关系上更为敏感，常常自我封闭、交际面狭窄，更为忧虑和缺乏安全感。因此，对这些学生的心理健康问题应该给予充分重视。

2. 故事的启发

对于有自卑心理的学生而言，正确认识自我尤为重要。既要通过进一步的学习来拓宽自己的知识面，培养自己多方面的兴趣爱好，又要客观地分析自己的专长和能力，坦然地接受自己的成长经历和优缺点，这样才能消除心理上的紧张焦虑，在良好的心境中从容地处理所遇到的挑战。

☞心理导航

1. 主题聚焦

随着科技的发展，根据来访者的实际情况，心理咨询的类型多种多样，而且还在不断创新。结合大学生特点，高校心理咨询的方式有很多，早已不局限于面谈的形式，甚至可以跨越时间和空间的限制，以多种途径、多样方法为学生提供心理咨询。

2. 心理理论阐释

大学生心理咨询常常因为时间、地点和对象的不同而采用不同的方式。

以咨询途径为分类标准，可以分为面谈咨询、电话咨询、信函咨询、专栏咨询、网络咨询等；以咨询人数为分类标准，可以分为个体咨询和团体咨询；以咨询时程为分类标准，可以分为短程心理咨询、中程心理咨询和长期心理咨询。此外，近年来，大学生心理咨询中采用了一种新的咨询方式——朋辈心理咨询。

（1）以咨询途径为标准划分的心理咨询类型

① 面谈咨询，是咨询中最常见和最有效的一种方式。它在专门的心理咨询机构进行，心理咨询师与来访者采取面对面的交流方式，详细了解、分析来访者的心理问题，帮助他们摆脱影响身心健康发展的不利因素，提高他们解决问题、适应环境的能力。面谈咨询由于可以直接全面地了解来访者信息，易于实现咨询目标，因此是首选的心理咨询方法。

② 电话咨询，是指咨询师利用电话通话的方式与当事人进行交谈，帮助当事人排解心理困扰的一种咨询方式。电话咨询具有方便性、快捷性，又可保护隐私和避免面谈的尴尬，因此，受到当事人喜爱。电话咨询也有其弊端，比如限定于听觉信息沟通方式，不能全面传递信息等。

③ 信函咨询，也被称为书信咨询，是以通信的方式进行心理咨询，当事人来信提出自己的困惑和问题，心理咨询人员给予回信答复。信函咨询比较适用于那些不善于口头表达和较为拘谨的当事人。信函咨询的弊端在于传递的信息量较少，咨询师只能提出一些原则性的指导意见，而且咨询效果会受当事人的书面表达能力、理解力和个性特点的影响。

④ 专栏咨询，是指在报纸、杂志、电台、电视和网络上开辟心理咨询专栏，对读者、听众、网友提出的典型心理问题进行公开解答的咨询方式。专栏咨询的优点是受益面广，许多具有相似问题的个体都可从中受益，具有治疗与预防并重的功能；缺点是对问题解答存在模糊、泛泛而谈的情形，难以详细和深入了解当事人状态，对心理问题的解决也只是表面上的，难以进行涉及人格、习惯等较深层面的心理咨询。

⑤ 网络咨询，是指咨询师与当事人在网络平台上，或通过网络通信工具进行对话，从而开展心理咨询的一种方式。由于网络具有匿名性特点，当事人可以毫无顾忌地倾诉自己的隐私，全面而坦诚地陈述自己的问题，从而使咨询师能够在较短的时间内掌握当事人的真实情况。

（2）以咨询人数为标准划分的心理咨询类型

① 个体咨询，是指咨询师与来访者之间建立的一对一咨询关系。个体咨询具有保密性和针对性强的特点，它的优点是咨询对象顾虑较少，有利于咨询师与来访者建立彼此信任的咨访关系，从而有利于咨询师深入了解并实施合适的帮助。个体咨询是心理咨询的主要形式，一般意义上的心理咨询就是指这种一对一的个体咨询。

② 团体咨询，是相对于一对一个体咨询而言的，它是一种在团体情境下提供心理帮助与指导的咨询形式，即由咨询师根据来访者问题的相似性或来访者自发组成小组，通过共同商讨、训练、引导，解决成员共同的发展或共有的心理问题。

（3）以咨询时程为标准划分的心理咨询类型

① 短程心理咨询，是指在相对较短的时间内（一般1～3周）完成心理咨询，主要是指咨询师就事论事地解决来访者的一般心理问题。它要求咨询师思维敏捷，迅速找出问题关键所在；咨询师要有较丰富的咨询经验以及干练准确的语言表达能力。

② 中程心理咨询，一般指在1～3个月完成的心理咨询，可涉及较为严重的心理问题，要求有完整的咨询目标、咨询方案以及咨询后效果追踪，追求中长期效果。

③ 长期心理咨询，是指3个月以上的心理咨询，要求制订详细的咨询计划和方案，追求中期以上效果，并要求有巩固措施。

（4）朋辈心理咨询

① 朋辈心理咨询又被称为“朋辈心理辅导”。所谓“朋辈”，顾名思义就是“朋友”和“同辈”。“朋友”是指有交往、建立了友谊关系值得信赖的个体，“同辈”是指同龄人或年龄相仿者。朋辈之间通常有较为接近的价值观念、思维模式、生活方式和处事经验，所以他们之间更能够理解彼此。高校中的朋辈心理咨询，主要是从班级或学生心理社团中挑选适合的学生，经过基本的心理学专业训练后，针对同学们在日常生活中遇到的心理问题，通过与同学们的沟通交流，用正确的方法帮助同学从困境中走出来，达到助人自助的目的。目前在很多高校，班级心理委员和寝室心理联络员很多时候扮演着朋辈心理咨询的角色。

② 朋辈心理咨询具有以下特点：一是半专业性。朋辈心理咨询不同于专业的心理辅导，它是同龄人之间开展的心理互助活动，提供帮助者并没有接受系统学习和长期训练，只是经过基本培训，凭借兴趣及助人意愿为他人提供心理帮助。二是自发性和义务性。大学中的朋辈心理咨询一般都是自发主动的行为，是一种利他行为。三是亲情性和友谊性。一般来讲，朋辈心理咨询发生在熟人、朋友之间，而不是陌生人之间。这是一种感情的体现。四是简便有效。朋辈之间空间距离近、交往较为频繁，受时间、地点等因素的影响较小，相互之间的心理辅导更为简便有效。五是自我成长与自我教育。学生在进行朋辈心理咨询的同时，也收获了成功的体验，体现了自我价值，从而实现了自我成长和自我教育。

☞ 素质提升

自助小组团体活动："不经历风雨怎能见彩虹"

1. 活动目的

① 帮助学生摆脱困扰，克服自卑。

② 全面了解自己，客观评价、欣赏自己，自信、自尊、自强。

③ 促进小组成员相互帮助、相互勉励。

2. 活动程序

① 相识风雨中：初识、澄清目标、建立契约（名片接龙、滚雪球）。

② 风雨同舟：共情，建立信任（同舟共济、千千结、盲行）。

③ 价值底线：对自我做较为深入的探究和认识，澄清价值观，从更广阔的视角看待自己，客观评价面临的状况。

④ 雨天没有伞：互诉心声（自画像、讨论、采访）。

⑤ 不经风雨，怎能见彩虹：压力—动力转化，主题讨论（成绩不理想）。作业：近一周内发生的值得你感激的事情（有奖品奖励）。

⑥ 阳光灿烂的明天：畅想未来，目标达成。活动：唱歌（《明天会更好》），品咖啡（苦后有甜），互赠留言。

3. 活动效果

调整心态，摆脱心理负担；体现团体的力量；提高学习效率。

第三节　大学生心理咨询的步骤和原则

大学生心理咨询是一项科学规范的工作，具有特定的步骤和流程，需要遵守规定的原则，确保咨询工作顺利开展，并取得预期效果。

一、大学生心理咨询的步骤

☞ 身边故事

某女生，22岁，大学三年级学生。自述一年前，其父因患肝癌住院治疗，不久，其父病逝。由于和父亲的感情较深，她的许多事情都是由父亲代办或安排好的，养成了对父亲的依赖性。父亲的去世使她一下子失去了依靠，再加上因为分遗产的事与亲友们产生了很大纠纷，她更加觉得人世间似乎一点儿爱和人情味儿都没有了，常有一种末日来临的感觉，遇到一点儿小事就会控制不住地大发脾气，或不由自主地浑身发抖，甚至当着亲友们的面随意砸坏室内的家具或其他物品。她近来常做噩梦，心烦意乱，有一种强烈的报复心理，对一切都丧失了兴趣，千方百计想逃脱痛苦，有时想一死了之。咨询师深层次共情来访者，理解她在失去亲人之后的被抛弃、无依无靠、悲伤、绝望等感觉，引导她找出并接纳这些负性情绪，然后一步步走出痛苦。

☞故事点评

1. 心理分析

心理咨询得以起作用，很多时候依赖良好的咨访关系的建立。因此，建立良好的关系是心理咨询中需要特别重视的问题。而咨访关系的建立依赖严格执行心理咨询的基本步骤，遵循心理咨询的原则。

2. 故事的启发

故事中的主人公所遭受的打击可以说是巨大的，是很少有人会遇到的，但是一旦遇到，就有可能产生比较严重的心理创伤和强烈的痛苦体验。可以说，一段时期内的悲伤情绪是不可避免的。重要的是不能沉溺于悲伤，不能让消极情绪吞没自己，而应该意识到事情已经发生且不可改变，如何尽快地走出来，更好地面对将来才是最需要做的。

☞心理导航

1. 主题聚焦

心理咨询有特定的工作步骤和流程，一般情况下，咨询师都应严格遵守。当然，来访者的情况复杂，这些步骤也不是完全固定、不可变更的，相反，这些阶段有可能是混同的，亦有可能循环或交替，这就要靠咨询师的经验、成长程度、观察力、智慧，按照实际咨询的需要来合理安排。

2. 心理理论阐释

（1）心理咨询的阶段

心理咨询的过程具有很强的结构性，通常可以分为三个阶段：第一阶段是评估阶段，第二阶段为发展帮助阶段，第三阶段为巩固阶段。

第一阶段的主要内容包括：建立咨询关系、收集相关信息、进行心理评估、确立咨询目标和制订实施方案等。这一阶段最重要的任务是与来访者建立良好的咨访关系，和来访者一起探索问题的症结。咨询师可以采用的技术有很多，但关键还是咨询师的真诚、信任、同感，还有敏锐的洞察力。第二阶段是发展帮助阶段，也就是分析和解决问题的阶段，是咨询过程中的核心阶段，主要任务是帮助来访者改变其负性的认知、情绪或行为。常用的方法有面质、澄清、解释、具体化等。第三阶段是巩固阶段，这一阶段的任务是巩固咨询成果，引导来访者学会运用心理学知识，重新找到属于自己的生活。

（2）心理咨询的基本步骤

① 建立初步的信任关系。在咨询的开始，咨询师应该热情接待，简单介绍

心理咨询的原则和性质，消除来访者的疑虑，从而建立与来访者之间的信任。

② 收集信息。信息收集包括来访者的基本情况，如姓名、年龄、班级、籍贯等；还应收集来访者的心理问题情况，如什么问题、严重程度、持续时间等；除此之外还应了解来访者有无疾病史和家庭情况，包括家族遗传病史等。主要是通过来访者的自述来收集相关信息，也可以让来访者提供相关资料或填写相关表格。

③ 分析评估。在收集信息的同时，咨询师要对来访者的问题做出评估。在分析评估中必须弄清楚的问题包括：来访者的问题性质是什么，是一般心理问题、严重心理问题，还是神经症性心理问题，抑或是心理疾病；问题属于哪种类型，是学习方面、人际关系方面、情感方面还是其他方面；问题产生的原因是什么。

④ 帮助指导。在分析评估基础上，来访者要与咨询师共同制订咨询目标，商讨解决问题的对策等。在这一阶段，咨询师的主要职责就是以高度的共情充分理解来访者的处境，帮助他们分析其心理问题的性质和根源，提供指导建议，鼓励来访者积极依靠自身力量寻求问题解决。孔子的启发式教育也强调循循善诱，如“不愤不启，不悱不发”。咨询师也同样认为来访者有发现自身价值的能力，相信通过心理咨询，来访者能够进行自我探索，收获价值。

⑤ 结束阶段。在咨询进入尾声时，来访者可能谈自己的感悟、收获以及下一步的行动计划等。咨询师要给予来访者帮助和支持，并对咨询进行适当回顾，指导来访者回归正常的生活轨道。

☞ 素质提升

心理咨询前你需要有什么准备

要准备积极主动参与。不能像到医院去就诊那样，把病情向医生一说，就被动等待医生开药方、配药。在整个咨询过程中，来访者必须是一个积极主动的角色，心理咨询师往往只是配角，作用在于帮助来访者面对现实，采取恰当的方法解决心理问题。

要有强烈的求助动机。要想取得满意的效果，必须有改善或改变自己某一方面状况的真诚愿望。在去咨询以前，首先给自己提两个问题：“我对自己的现状确实不满意吗?”“我确实愿意在某个方面、某种程度上改变自己吗？并且愿意为此付出一定的努力?”如果你的回答是肯定的，你可以去心理咨询；如果你的回答是否定的，那么你就很难从心理咨询中得到真正有价值的帮助。

要建立一个现实而合理的心理咨询愿望。心理困惑不可能像感冒那样吃些药片就能很快恢复，它需要一个过程，要耐心实施心理咨询师的指导计划，切不可半途而废。

二、大学生心理咨询的原则

☞ 身边故事

某女生，21岁，大学四年级学生。她是一个很漂亮的姑娘，和男朋友是在学校舞会上认识的，两人感情发展迅速，很快便进入了热恋。不久，两人逐渐产生了一些矛盾：她发现男生是一个头脑灵活、会耍手腕、有“野心”的人；而她本人则是一个安分守己、容易满足、没有什么远大志向、喜欢过舒适安逸生活的人。在发现他们之间在性格上有许多地方不合，经过一次又一次的争吵之后，两人终于不欢而散。但当他们真正分手之后，她却又感到难以接受，想到对方的许多长处和优点。女生想和对方重归于好，可不想分手没多久，男生便找到了新女友，这使她大为恼火，进而感到心灰意冷，心理上怎么也接受不了这一事实。她想到了学校心理咨询中心，可是又担心此事传出去，对自己更是不利。

☞ 故事点评

1. 心理分析

在学校的心理咨询中，很多同学存在顾虑的主要原因是担心自己的问题会被泄露，从而使自己受到伤害，这是因为对心理咨询的基本原则不了解所产生的顾虑。心理咨询的一个重要原则就是保密原则，来访者可以畅所欲言地表达和倾诉，咨询师会对其咨询内容给予保密，维护其隐私权。

2. 故事的启发

恋爱是大学生面临的一个很重要的课题。生理年龄发展到成人阶段，恋爱成为很多青年学生向往的体验，但是由于大学生心理发育上的不成熟以及大学生所面临的生活学习环境的不确定和变化性，大学生的恋爱常常以失败而告终。一些同学在经历失恋的打击后，不能够很好地走出失恋的阴霾，这时可以借助心理咨询摆脱困境。

☞ 心理导航

1. 主题聚焦

心理咨询经过发展，前人总结出必须遵循的一些基本原则，比如保密原则、自愿原则、时间限定原则等。只有遵循心理咨询的原则，才符合心理咨询的行业规范，才能实现咨询效果的最大化。

2. 心理理论阐释

心理咨询原则即心理咨询师在咨询工作中必须遵守的基本要求，一般而言主要有保密原则、时间限定原则、完全自愿原则、情感限定原则、重大决定延期原则以及伦理原则。

(1) 保密原则

保密原则是心理咨询中最重要的一条原则。咨询人员应对来访者的有关资料给予保密，不得对外公开来访者的姓名、个人情况等；尊重来访者的个人隐私权，不能在咨询室以外的其他地方随意谈论来访者的问题。但是心理咨询保密原则也有保密例外的情况，当个体陈述自己存在触犯法律的反社会行为时，应劝其自行到有关部门接受法律处理；当公安司法机构调查时，咨询师需要协助配合其办案，如实反映其真实情况；当个体在心理咨询中流露出强烈的自杀（或自残）以及伤害他人的意向时，咨询师应遵循“生命高于一切”原则，及时通知相关人员做好安全防护工作。

(2) 时间限定原则

对于临床咨询来说，有“时间最重要”的说法，因此大学生心理咨询中也应该注意并尊重时间界限。一般来说，一次咨询会谈的时间大约为50分钟。这是一种常用的习惯的时间规定，但有的情况下可能会短一些，有的情况下可能会长一些。例如，初次访谈和评估性的访谈有时会比传统的心理咨询时间长一些。另外，一些紧急情况下需要时间表灵活和可变，如危机干预时。

(3) 完全自愿原则

到心理咨询室求助的来访者必须出于自愿，这是确立咨访关系的先决条件。必须遵循“来者不拒，去者不追”原则。所谓“来者不拒”是指对所有自愿来咨询的来访者提供可能的帮助；“去者不追”是指在心理咨询过程中，来访者有退出或离开的自由，不必勉强来访者继续心理咨询服务。但是，对于有自杀倾向或有伤人倾向的危机个案，应实施必要的危机干预。

(4) 情感限定原则

在心理咨询过程中，咨询师对当事人的咨询尽心尽力，有的来访者出于感激之情，甚至由于正性移情的产生，很愿意为咨询师做些事以表心意。此时，来自来访者的要求，即便是好意，咨询师也应该予以拒绝。与此同时，咨询师绝不能利用来访者的这种心情为自己谋私利。此外，情感限定的另一含义是，咨询师不能将个人的情绪带入咨询过程。在当事人的情感纠葛中，作为局外人，咨询师不能把个人的情绪带进咨询过程，不能向当事人宣泄自己的烦恼或不幸，也不对当事人寄托情感上的爱憎和依恋。

(5) 重大决定延期原则

心理咨询期间，由于来访者情绪过于不稳定和动摇，应规劝其不要轻易作出人生重大决定。在咨询结束后，来访者的情绪安定、心境得以整理之后作出的决定往往不容易后悔或反悔的可能性较小。因此，应在咨询开始时予以告知。

（6）伦理原则

咨询中，双重关系问题被认为是最复杂的咨询道德问题。咨询师应避免与来访者形成双重关系。在任何情况下，咨询师与当事人发生性关系都是不道德的，美国心理学会、中国心理学会等都明确规定了咨询师不得与当事人发生性关系。此外，伦理原则还包括遵守法律和伦理工作组的其他相关要求。

心理咨询的原则，除了上面讲到的这些外，还包括客观立场原则（中立性原则）、尊重性原则、整体渐进性原则、发展性原则、启发性原则等。

☞素质提升

挖掘爱的源泉

爱，是生命的根源，是一切问题的答案。爱，可以创造奇迹，正是因为内心有爱，才能够积极乐观地生活。爱，包括对自然风景的热爱，对亲人的关爱，对同学朋友的友谊之爱，更包括对生活和生命的挚爱。培养和发掘爱的能力，能够让我们常怀感恩之心，培养健康完善的人格，让我们内心充盈起来。爱是需要学习的，也是可以发现的，让我们努力做一个内心有爱的人吧，现在请放眼周围，发现身边的可爱之处吧！

① ________是我的________（家人、老师、朋友……），他（她）的可爱之处有：________，________，________；

② ________是我的________（家人、老师、朋友……），他（她）的可爱之处有：________，________，________；

③ ________是我的________（家人、老师、朋友……），他（她）的可爱之处有：________，________，________。

第三章
大学生异常心理

学习目标：

3.1　如何理解异常心理的普遍性？

3.2　心理困惑、异常心理、心理疾病、心理障碍的含义分别是什么？它们有何异同？

3.3　对待异常心理的科学态度是什么？

3.4　常见的异常心理如何辨识？

3.5　异常心理产生的原因有哪些？

3.6　异常心理的简易判断标准指什么？

3.7　异常心理的常见应对方法有哪些？

大学生处在青春期到成年期的过渡期，加上生活、学习环境的变化，容易产生各种心理问题，严重的甚至会出现异常心理。了解各类异常心理的知识才能更好地帮助大学生识别和应对不良的心理状态，为心理健康保驾护航。

第一节　异常心理概述

《健康中国行动（2019—2030年）》指出，当前，我国常见精神障碍和心理行为问题人数逐年增多，个人极端情绪引发的恶性案（事）件时有发生。我国抑郁症患病率达到2.1%，焦虑障碍患病率达到4.98%。截至2017年，全国登记在册的严重精神障碍患者达581万人。《中国国民心理健康发展报告（2021—2022）》指出，青年群体心理健康风险较高，属于抑郁的高风险群体，18～24岁年龄组的抑郁风险检出率高达24.1%，显著高于其他年龄组。

☞身边故事

小童，女，19 岁，大一学生，平时小心谨慎，内心敏感，极少与同学往来。入校后不久，她渐渐感到有人监视自己，总在背后跟踪自己；看到别的同学戴着耳机从身边走过，认为那是窃听器，在窃听自己的隐私；别人在身边讲话，那是在议论自己；晚上睡觉时，总认为有人透过窗户用望远镜监视自己的一举一动，必须严严实实地拉好窗帘。后来发展到她认为自己的心脏被人偷走。

☞故事点评

1. 心理分析

故事中的小童同学由于个性原因不善于与他人沟通，内心敏感。这种敏感往往会加重她与别人打交道的不适感，慢慢地致使她逐渐躲到自己的世界里，现实感越来越差，后发展到混淆想象和现实，甚至坚信自己臆想的情景就是现实。这是一种精神疾病的症状，叫“妄想”。小童同学可能出现了严重的心理异常情况。

2. 故事的启发

可以看到，小童同学出现了明显的异常心理。如果有心的话，在小童身边的同学就可以注意到这种异常。我们需要对异常心理情况有所了解才能更好地帮助她，不然只会手足无措，甚至还有一些同学因为不愿意“打小报告”，致使本来可以帮助小童的人无法了解真实的情况，使病情延误。因此，只有及时了解，科学地应对，这样才能更好地帮助他人。

☞心理导航

1. 主题聚焦

心理状态从健康到不健康是一个连续谱，人们的心理状态都游离在这个连续谱的某个位置，并且这个位置还会随着个体素质及周遭环境的变化而来回移动。绝对的心理健康似乎带有理想化的意味，因为一个人很难保证一辈子什么心理问题都不出现，大部分人都会在人生的某些阶段遇到某些心理困扰，这是人生的常态。一般按照“不常见、不合理、不适当、不愉快”这四不表现来初步判断异常心理，对于异常心理的人应及时进行医治。

2. 心理理论阐释

(1) 心理状态的判断标准

“心理问题”是一种口语化的表达，通常我们把达到心理障碍诊断的状态称为异常心理。还有一些不健康的心理状态，但未达到心理障碍诊断标准，我们称为心理困扰。如何区分一个人的心理状态？我们可以从以下几个方面进行辨别。

① 自身的主观体验。如神经症患者常有自觉焦虑、抑郁等许多情绪障碍和思维、行为不能自控的痛苦体验。换而言之，只要是当事人自觉不适或精神痛苦，一般就可以认定当事人有心理问题了，需要进行及时识别、调适。

② 社会适应的标准。心理正常的人是能够通过调整自己的认知和行为方式来主动适应社会变化以与周围环境保持协调的，能正常地完成工作、学习和进行社交活动。相反，如果一个人的言行举止常常违背社会中大多数人的生活习惯、道德规范和社会准则，不能与人正常交往，不能胜任工作和完成学习，那么，就可以认定其已经出现心理问题了。所以，父母、配偶、亲戚、朋友、老师、同学、同事等知情人所提供的信息对于评估当事人的心理健康状况是非常重要的。

③ 医学标准。这种标准是从心理现象的生物学属性角度考虑的，是把各种异常心理现象当作躯体疾患来看待，认为个体身上如果出现了病态的心理现象或行为，或存在着相应的病理方面的证据或根据，就可以认为是属于某种心理障碍。如，颅脑受到外伤或罹患脑炎后可能引起个体的智商水平下降，可能还会出现其他异常心理活动。

④ 统计学标准。一般来说，心理特征在人群中的分布大多数是呈正态分布的，即中间多、两头少。有些心理特征的分布是处于曲线两端偏离正常值的，均为异常；而有些心理特征的常态分布仅在曲线的一端是异常，另一端则为优秀，如智力测验，当智商高于正常值就不是病态，而是一种优秀心理特征的表现。临床上将咨询者心理测量的结果与通过大量正常人心理测量得出的常规结果进行比较，如个体心理测验的结果与常规结果比较偏离了一定的数值就可以称之为“异常”。

统计学标准大多是依据一定的心理学理论和方法制定的，而不同的心理学理论和方法所测量的心理能力并不完全相同。此外，心理测验的分数也常受期望、动机、教育、环境等因素的影响，因此，统计学标准并不是恒定不变的，也不是绝对合适的，决不能仅仅根据心理测量就做出武断的判断。

(2) 异常心理的形成原因

① 生物原因。异常心理的生物学解释认为异常心理的生物因素主要是神经解剖学、生物化学及遗传等三个方面。解剖学认为许多心理异常行为与脑的结构发生变化有关。生物化学主要探讨神经递质与异常心理之间的关系，认为神经递质失调和神经递质受体功能低下均可导致异常心理，研究发现5-羟色胺、去甲肾上腺素、多巴胺等神经递质在异常心理上扮演重要的角色。遗传主要体现在对疾病的易感性上，因此遗传对异常心理具有一定的影响，但不具有决定性影响。换句话说，遗传可能导致异常心理的发生，但并不代表异常心理一定会出现。

② 心理原因。精神分析理论认为异常心理的根源在于无意识中的冲突，如果无意识中的冲突充满紧张，一个人就会受到焦虑或者其他障碍的困扰。弗洛伊德认为人的结构包括三个部分：本我、自我和超我。无意识的冲突大部分是由于本我和超我之间的拉锯战，而自我作为协调者不能将本我和超我各自的诉求保持在可控的理性范围之内所导致的。

中国古代思想家也注意到心理因素会影响身心健康。荀子说“凡人之患，蔽于一曲”，即人的疾病来自不正确的认知。《韩非子·解老》指出：“俗利甚于忧，忧则疾生，疾生而智慧衰，智慧衰则失度量，失度量则妄举动，妄举动则祸害至。”告诉我们过度的欲望和不良情绪会损害人的身心健康，是导致人们行为和心理异常的主要原因。

贝克的认知疗法认为，人的信念系统和思维对个体的心理及行为有重要作用，认为来访者没有意识到的被歪曲的认知是发生心理障碍的原因之一，这些认知和环境、社会、心理、生理等因素的交互作用造成了心理障碍。

③ 社会原因。重大生活事件的严重程度及多起事件的叠加效应均会影响心理异常的发生。1967 年，美国华盛顿大学霍尔姆斯教授等人编制了著名的《社会再适应量表》，把人类社会生活中遭受的生活危机归纳并划分等级，列出 43 种生活变化事件，并以生活变化单位（LCU）为量化指标加以评分，通过调查发现社会生活变动能引发个体对疾病的易感性，如丧亲、学习压力大、失恋等都是对个体有不良影响的重要生活事件，这些事件越多，患病的可能性越大。如新冠肺炎疫情对全民身心健康产生了巨大的影响，我国立即组织专家团队通过出版心理知识科普读物、开展系列讲座课程和开通心理服务热线等多方面举措，缓解民众心理压力，减少个体产生异常心理的情况。除此以外，社会文化观念、家庭经济状况、父母的教养方式等因素均被认为是异常心理的影响因素。

☞ 素质提升

异常心理的简易判断标准

1. 神经症诊断标准

① 病程，是否超过 3 个月；

② 精神痛苦程度，是否能自行摆脱；

③ 社会功能，是否受损严重。

若是对上述 3 个问题的回答都是肯定的，那么初步判定为神经症。

2. 重性精神病的判别标准

① 是否违背了“病与非病三原则”：心理活动在形式上和内容上与客观环

境保持一致，符合统一性原则；各种心理过程之间协调一致；个性相对稳定。

② 自知力是否完整，能认识到自己心理行为异常，也能分析产生的原因。

③ 有无感知觉异常，有无幻觉、妄想等精神病性症状。

如果个体言语行为脱离客观实际，自知力受损或出现幻觉、妄想等症状，可能出现了精神病。

第二节　大学生常见的异常心理

近年来，随着心理健康知识的普及，大学生对异常心理的关注度也逐渐增加，因为异常心理会使个体失去常态，心理活动发生与众不同的改变，对大学生学习和生活产生不良影响。

☞ 身边故事

小刘，男，某高校大三学生，近两个月来自觉精力异常充沛，人也变得聪明很多，什么事都一学就会；还特别爱向学校领导提意见，并且提的问题都很尖锐，达不到目的便煽动其他人，试图集体施压。小刘整日忙忙碌碌，东跑西跑。自己平时不吃零食，却买了很多零食，逢人便发，以示慷慨；日进五餐，食欲大增，睡眠锐减，每晚睡三个小时，依然精神抖擞。据同学反映，小刘半年前一度没有原因的情绪低落，说话少，不愿做事，自觉人生无味，两个月后又一切正常。

☞ 故事点评

1. 心理分析

小刘同学有可能出现了双相情感障碍，属于情感性精神疾病。这种疾病一般表现为情绪的抑郁和躁狂周期性地交替出现。这种情况应该及时就医，在专业医生的指导下进行科学、规范的治疗，一般以药物治疗为主；症状得到控制的情况下还可以结合心理咨询采取综合的帮扶措施。作为他身边的同学或朋友，切记不要刻意隐瞒，以免延误治疗时机。

2. 故事的启发

心情的起伏是常见的，有人把抑郁状态比喻为“心灵的感冒”，可见这种情况的普遍性。如果及时调整的话，这种心灵感冒的症状就能消除，但有时候这种起伏过于强烈，或低落、躁狂的心境持续很久，如果情况持续恶化下去，并对个体的日常生活产生严重的影响，就要引起重视了。严重的抑郁症还有可能伴随自杀意念，对自身生命安全造成巨大伤害；严重的躁狂也具有一定的攻击性，有可能对他人造成危害。

☞心理导航

1. 主题聚焦

本书中所提到的异常心理特指达到心理障碍诊断标准的各类心理疾病，根据《中国精神障碍分类与诊断标准》，精神疾病分为以下十种：

① 器质性精神障碍；

② 精神活性物质与非成瘾物质所引致精神障碍；

③ 精神分裂症和其他精神病性障碍；

④ 心境障碍；

⑤ 癔症、应激相关障碍、神经症；

⑥ 心理因素相关的生理障碍；

⑦ 人格障碍、习惯和冲动控制障碍、性心理障碍；

⑧ 精神发育迟滞、童年和少年期心理发育障碍；

⑨ 童年和少年期多动障碍、品行障碍、情绪障碍；

⑩ 其他精神障碍和心理卫生情况。

在上述十大类疾病中，大学生这个特殊的群体中常见的心理疾病主要有神经症、心境障碍、精神分裂症、人格障碍、性心理障碍、睡眠障碍、网瘾症等。

2. 心理理论阐释

(1) 神经症

神经症是指大脑没有发生器质性的病变、大脑神经机能轻度失调的心理疾病。患者有自知力，得了神经症的大学生会对自身异常的心理状态感到十分痛苦。我国大学生中，有一定比例的人患有不同种类、不同程度的神经症，给他们的学习、生活和健康带来严重的影响。

神经症主要表现为：精神易兴奋或易疲劳，同时伴有焦虑、恐惧、抑郁、强迫、疑病、多种躯体不适感等症状，这些症状大多持续很长时间。得了神经症的大学生行为一般保持在社会规范允许的范围之内，有相当的自知力，痛苦感明显，有较强的治疗动机，会主动到心理咨询室求治。大学生群体常见的神经症类型如下：

① 焦虑症。大学生进入新的环境，各方面都要重新开始适应和调整。如果对自己期望过高，压力过大，凡事患得患失，时间长了，就会产生持续性的焦虑、不安、担心、恐慌，并且伴有明显的运动性不安以及各种躯体上的不适感。患有焦虑症的人，性格上也有一定的特点，如大多胆小，做事瞻前顾后，犹豫不决，对新事物、新环境适应能力差。患有焦虑症的人，常感到无明显原因、无明确对象的游移不定和紧张不安或提心吊胆。患者过分关心周围事物，注意力难以集中，从而使工作和学习效率明显下降。

② 强迫症。强迫症是指患者在主观上感到某种不可抗拒和被迫无奈的观念、情绪、意向或行为存在。患有强迫症的人，明知某种行为或观念不合理，却无法摆脱，因而非常痛苦。这种症状大多是由强烈而持久的精神因素及情绪体验诱发而来的，与患者以往的生活经历、精神创伤或幼年时期的遭遇有一定的关系。患强迫症的大学生多与其性格缺陷有关，如缺乏自信，遇事过分谨慎，生活习惯呆板，墨守成规，常怕出现不幸，活动能力差，主动性不足等。强迫症的根治是比较困难的。向患者解释精神生活中的各种知识，增强他们的自信心，对缓解症状有一定效果。

③ 恐惧症。恐惧症是以恐惧症状为主要临床表现的一种神经症。患者对某些特定的对象产生强烈和不必要的恐惧，并回避这些恐惧的对象，尽量不去接触。病人知道自己这种害怕是过分、不应该、不合理的，但这种思想认识并不能防止恐惧的再次发作。恐惧的对象可能是单一的或多种的，如动物、广场、闭室、登高或社交活动等。大学生群体中最常见的恐惧症是社交恐惧症，主要表现为害怕被人注视，一旦发现别人注意自己就不自然，脸红、不敢抬头、不敢与人对视，甚至觉得无地自容，因而不愿社交，不敢在公共场合演讲，集会不敢坐在前面。恐惧症产生的原因有很多。不少大学生从小性格受到压抑，家长“圈养”孩子，让孩子长期接触不到外界，长期处于被逼迫状态，慢慢走向心理扭曲，或是父母没有教会他们社交的技能，或是家庭搬迁过于频繁等。

④ 疑病症。疑病症主要指患者担心或相信患有一种或多种严重的躯体疾病，并对这种担心深信不疑，患者对自身的健康状况过分关注，其关注程度与实际健康状况很不相称，经常诉说身体不适，反复就医，尽管经反复医学检查和医生的解释，没有相应疾病的证据，也不能打消其顾虑，常伴有焦虑或抑郁。

⑤ 神经衰弱。神经衰弱在大学生群体中极为常见。它的特点是容易兴奋，迅速疲倦，并常常伴有各种躯体不适感和睡眠障碍。引起神经衰弱的原因，是长期存在的某些精神因素引起大脑机能活动的过度紧张，使精神活动的能力减弱。有易感素质和不良性格特征的人，更易患神经衰弱。大学生神经衰弱的发生，主要是缺乏面对现实的勇气和良好的适应能力造成的，如学习负担过重、专业思想不稳定、个体自我调节失灵，对社会、对人生思虑过多，在家庭问题上、恋爱问题上犹豫徘徊等。所有这些在患者头脑中产生强烈的思想冲突，使得神经活动过程强烈而持久地处于紧张状态，超过了神经系统本身的张力所能忍受的限度，从而导致崩溃。

神经症的治疗主要包括药物治疗与心理治疗。一般来说，药物治疗对于控制神经症的症状是有效的，但神经症的发生原因主要与心理社会应激因素、个性特征有密切关系，因此成功的心理治疗更重要，不但可以缓解症状，对于一定比例的患者，还可以达到根治的目的。

（2）心境障碍

心境障碍，又称情感性精神障碍，是以显著而持久的情感或心境改变为主要特征的一组疾病。心境障碍的症状主要表现为：情感的高涨或低落，可伴有幻觉、妄想等症状。多数患者有反复发作的倾向。

① 心境障碍的类型如下：

躁狂发作的症状主要有：a. 情感高涨，感觉特别愉快，自我感觉特别好，自我评价高，兴高采烈，得意扬扬等。这种情感高涨有感染性，与自身体验及周围环境协调和谐。有的患者情绪不稳，易激惹，甚至出现破坏或攻击行为。有时可出现自我评价过高，出现夸大或富贵妄想；有时也可出现关系妄想、被害妄想等，但不持久。b. 思维过程明显加快，自觉思维非常敏捷，内容丰富多变，有时感到舌头与思维赛跑，语言赶不上思维的速度。表现为言语增多，滔滔不绝。注意力容易分散，随境转移。c. 活动增多，精力旺盛，兴趣广泛，动作敏捷，忙碌，做事有始无终，或虎头蛇尾，爱管闲事，随心所欲，不考虑后果，挥霍、慷慨，喜欢惹人注意，狂妄自大，喜欢社交，轻浮，好接近异性，睡眠减少，自我控制力下降，可有冲动伤人、毁物行为。d. 躯体症状，少数患者表现为面色红润，两眼有神，心率加快，体重减轻，食欲增加，睡眠减少。

抑郁发作症状：以情感低落、思维迟缓、自控能力下降和躯体症状为主。a. 情感低落。主要表现为显著而持久的情感低落，抑郁悲观。患者终日忧心忡忡，郁郁寡欢，愁眉苦脸，长吁短叹。程度较轻者，感到闷闷不乐，无愉快感，凡事缺乏兴趣，平时非常爱好的活动也觉得乏味，任何事都提不起精神，重者可能痛不欲生，悲观绝望，度日如年。典型的抑郁发作有晨重夜轻的特点。b. 思维迟缓。反应迟钝，言语减少，语速减慢，声音低沉，感觉思考问题困难，工作和学习能力下降，学生常表现为不愿去上课。c. 意志活动减退。行动迟缓，生活被动，不想做事，不愿和周围人接触交往，常独坐一边。伴有焦虑者，坐立不安、搓手顿足或走来走去。严重抑郁发作的患者可有消极自杀的观念或行为。d. 其他症状。主要有睡眠障碍、食欲减退、体重下降、便秘、乏力等。睡眠障碍主要为早醒，比平时早醒 2～3 小时，醒后不能再入睡。抑郁发作临床表现较轻者称为轻度抑郁，主要表现为情绪低落、兴趣和愉快感的丧失、易疲劳，自觉日常工作及社交能力有所下降，不出现幻觉、妄想等精神病性症状。

双相情感障碍主要指抑郁和躁狂两种状态周期性地交替出现的情况。

② 心境障碍最主要的治疗方法是药物治疗，同时也需要配合心理治疗。经验告诉我们，抑郁症患者容易产生自杀倾向，而且确诊的抑郁症患者 15%死于自杀，其严重性不容忽视。

躁狂发作的治疗分为药物治疗和电抽搐治疗。药物治疗，可用于躁狂发作的急性期和维持治疗期。电抽搐治疗对急性重症躁狂发作或对锂盐治疗无效的患者有一定的治疗效果。躁狂发作的自然病程一般持续数周到 6 个月，平均 3 个月左右，有的只持续数天，个别可达 10 年以上。

抑郁发作的治疗主要有药物治疗、电抽搐治疗和心理治疗。目前治疗抑郁症主要依靠药物，最常用的有百忧解等，效果明显。严重消极有自杀企图者、使用抗抑郁药效果不佳的抑郁症患者可采用电抽搐治疗，4～10 次为一个疗程，电抽搐治疗后仍需要应用药物维持治疗。在药物治疗的同时需结合心理治疗，包括支持性心理治疗、认知治疗、行为治疗、人际心理治疗、婚姻及家庭治疗等。

(3) 精神分裂症

精神分裂症是一组病因未明的精神疾病，大多在青壮年发病，发病往往较为缓慢，表现出思维、情感、行为等多方面的异常。患者在不发病时，一般意识清楚，生活基本正常。部分患者在发病过程中出现认知功能损害。

① 精神分裂症的早期症状：

出现明显的精神病性表现之前，病人可能有早期症状。有人认为这是从异常行为症状向精神病性症状的过渡时期，也可以说是从最初可察觉的症状向真正的精神病性症状发展的阶段。处于早期这种“危机”状态的个体是否最后发展成明显的精神病常常受多种因素的影响，如生活事件、家庭紧张、个体素质、家庭社会支持等。概括起来精神分裂症最常见的早期症状为以下表现。情绪改变：抑郁、焦虑、情绪波动等；认知改变：古怪或异常观念、学习或工作能力下降等；感知改变：对自我和外界的感知改变；行为改变：社会活动退缩或丧失兴趣、多疑等；躯体改变：头痛、睡眠和食欲改变、乏力、活动和动机下降等。

② 精神分裂症的类型如下：

a. 单纯型精神分裂症。大多在青少年时期起病，起病缓慢，持续发展。早期多表现类似“神经衰弱”的症状，如感到疲劳、失眠、工作效率下降等，逐渐出现日益加重的孤僻退缩、生活懒散、丧失兴趣、社交活动减少、生活毫无目的而亲情日趋淡漠。一般没有幻觉和妄想，如有，亦是片段性或一过性的，内容单调。这种病人在早期常被误认为是“不求上进”“性格不够开朗”或“受到打击后意志消沉”等，往往在病程多年后才就诊。

b. 青春型精神分裂症。大多在青春期发病，起病较急，病情进展快，多在两周之内达到高峰，其特点为情感和思维形式的障碍，加上幼稚愚蠢的行为。情感特征可表现为情感肤浅、不协调、喜怒无常或变幻莫测，有时面带微笑，却给人傻气的感觉；言语较多但内容松散、不连贯，荒谬离奇，思维凌乱甚至破裂；行为幼稚愚蠢、奇特怪异、不可预测、缺乏目的，傻笑、扮鬼脸、恶作剧，有幻觉、妄想存在。

c. 偏执型精神分裂症。常起病于青壮年或中年，起病缓慢，早期常表现为敏感多疑，逐渐发展成妄想，妄想内容日益脱离现实，妄想内容以关系、被害多见。病人可出现一个或多个妄想，且常伴有幻觉，以幻听最多见。病人的行为常受妄想、幻觉的影响，多数病人不愿意暴露自己的病态体验，有的病人沉湎于幻觉和妄想的体验之中而变得孤僻。病人的思维形式和情感、意志、言语障碍不太突出，人格改变较轻，有时在相当长的时间里尚能保持较好的工作能力。

d. 紧张型精神分裂症。大多数病人于中青年发病，起病较急，主要表现为紧张性兴奋和紧张性木僵，两者交替出现或单独发生，以紧张性木僵较为常见。木僵时，病人言语运动受抑制，程度从运动缓慢、少语少动到固定于某一个姿势，不语不动、不饮不食，不自动排便，对任何刺激均不起反应。处于木僵状态的病人意识清晰，对周围的事物有感知，事后能回忆。

③ 精神分裂症的治疗如下：

a. 抗精神病药物应作为急性发作期的首选治疗措施。根据患者的具体情况选药，并尽量单一用药。急性症状控制后，药物维持治疗至少一年。

b. 心理治疗也必须成为精神分裂症治疗的一部分。心理治疗不但可以改善病人的精神症状、提高自知力，也可改善家庭成员间的关系，促进患者与社会的接触。

（4）人格障碍

人格障碍是指人格特征明显偏离正常，形成了反映个人生活风格和人际关系的异常行为模式。这种模式显著偏离特定的文化背景和一般的认知方式（尤其在待人接物方面），明显影响其社会功能与职业功能，造成对社会环境的适应不良，病人对此感到痛苦。

① 人格障碍的共同特征：a. 人格障碍开始于童年、青少年或成年早期，并一直持续到成年乃至终生。没有明确的起病时间。b. 人格显著偏离正常，从而形成与众不同的行为模式。情绪不稳定，易激惹，情感肤浅或冷酷无情。行为常常受本能欲望、偶然动机的驱使，行为缺乏目的性、计划性和完整性，自制力差。c. 多数人格障碍者对自身的人格缺陷无自知之明，难以从失败中吸取教训，尽管经常碰壁，冲突不断，但屡犯同样的错误，害人害己。d. 人格障碍者一般能应付日常工作和生活，能理解自己行为的后果，也能在一定程度上理解社会对其行为的评价，主观上往往感到痛苦。

② 人格障碍的治疗措施：a. 药物治疗。药物很难改变人格结构，但在出现异常情绪反应时少量用药仍有帮助，主要是控制情绪症状，对症治疗。b. 心理治疗。人格障碍者常常是在和环境及社会发生冲突而感到痛苦或出现情绪、睡眠方面的症状时才寻求心理帮助。通过与其深入接触，与他们建立良好的关系，帮助其认识个性缺陷之所在，鼓励他们改变自己的行为模式，对其出现的积极变化予以鼓励和强化。有时直接改变患者的行为相当困难，可以让患者尽可能

避免暴露在诱发不良行为的处境之中。如强迫性人格具有"完美主义"倾向，可以让其从事紧张程度不高的工作。c. 教育和训练。人格障碍特别是反社会性人格障碍往往有程度不等的危害社会的行为，收容于工读学校对其行为矫正有一定帮助。

(5) 性心理障碍

性心理障碍泛指在两性行为方面的心理和行为明显偏离正常，并以这类偏离为性兴奋、性满足的主要或唯一方式的一组心理障碍。

① 性心理障碍的分类，主要有性身份障碍和性偏好障碍。

性身份障碍主要指易性症。易性症患者对自身性别的认定与解剖生理上的性别特征不同，往往为自己的性别而深感痛苦，为自己不是异性感到遗憾。病情严重者渴望自己是异性或坚持认为自己是异性，并有改变自身性别的解剖生理特征以达到转换性别的强烈愿望，如使用手术或异性激素。异性症患者一般为纯粹同性恋。

性偏好障碍指在性行为中性偏好方式的选择偏离正常的一组行为，主要包括恋物症、露阴症、异装症、窥阴症、摩擦症、性受虐症及性施虐症等。

在强烈的性欲望与性兴奋的驱使下，反复出现收集异性使用的物品的行为，如乳罩、内裤、饰物等，在接触这些物品时出现性兴奋，称为恋物症。正常人对心上人所用之物也会有想抚摸闻嗅的念头和举动，有些人以迷恋物品为提高正常性兴奋的手段，这些都不能视为恋物症。只有当所恋物品成为性刺激的重要来源，或获得性满足的必要条件，或作为激发性欲的惯用和偏好方式时，才被视为恋物症。恋物症几乎仅见于男性，开始出现这种现象往往是偶然的，后来通过条件反射的方式固定下来。为了取得上述物品，他们不择手段去偷，因而触犯法纪，但一般不试图接近物品的主人。

露阴症患者反复多次在陌生异性毫无准备的情况下暴露自己的生殖器以达到性兴奋的目的，有的继以自慰，但无进一步性侵犯行为施加于对方。该症几乎仅见于男性，患者个性多内倾，露阴之前有逐渐增强的焦虑紧张体验，时间多在傍晚，并与对方保持安全距离，以便逃脱。大部分露阴者性功能低下或缺乏支持性功能，有的明确表示对性交不感兴趣。

异装症是对异性衣着特别喜爱，反复出现穿戴异性服饰的强烈欲望并付诸行动，由此引起性兴奋。窥阴症是反复多次地窥视他人性活动或亲昵行为或异性裸体作为自己性兴奋的偏爱方式。他们除了窥视行为本身之外，一般不会有进一步的攻击和伤害行为。摩擦症，指男性在拥挤的场合或趁对方不备，伺机以身体的某一部分（常为阴茎）摩擦和触摸女性身体的某一部位以达到性兴奋的目的。性受虐症是在性生活的同时，要求对方施加肉体上或精神上的痛苦，作为达到性满足的惯用与偏爱方式。性施虐症是在性生活中向性对象同时施加肉体上和精神上的痛苦，作为达到性满足的惯用和偏爱方式。

这些性心理障碍的患者并不是道德败坏、流氓成性的人，也并不是性欲亢进的淫乱之徒，他们多数性欲低下，甚至对正常的性行为方式不感兴趣。他们不结婚，有的结了婚，夫妻性生活也极少或很勉强，常常逃避。他们对一般社会生活的适应是正常的，许多人在工作中尽职尽责，工作态度认真，常受到好评；许多人性格内向、不善交际、害羞、文静。他们的社会生活和一般人没有什么差别，也有一般人的道德伦理观念，因此，常对自己触犯社会规范的行为深表悔恨，但却常无法控制以致再犯。

② 性心理障碍的治疗措施如下：

a. 正面教育。明确指出某些行为的危害性，有些行为违反现行法律，不符合所处文化的风俗习惯，教育患者通过意志克服其性偏离倾向。

b. 心理治疗。使患者回顾自身的心理发展过程，理解在何时、何阶段、由哪些因素导致性心理问题，使患者正确理解和领悟并进行自我心理纠正。但总体而言，心理治疗的效果有限。

c. 其他。易性症者多要求通过手术改变其性别，但变性手术复杂，难度较大，费用较高，而且术后同样会有很多的心理问题，因此手术应慎重，并履行相应的法律手续。

（6）睡眠障碍

很多人都患有睡眠方面的障碍，成年人会出现睡眠障碍的比例高达 30%。睡眠障碍通常分为失眠、嗜睡、睡眠-觉醒节律障碍、睡行症、夜惊、梦魇等。最常见的睡眠障碍为失眠症，患病率高达 10%～20%。

很多人在其生活中的某个阶段都曾出现失眠，常见的原因有：a. 急性应激，如过分兴奋、精神紧张、居丧、身体不适及睡眠环境改变等；b. 药物引起的失眠，咖啡因、茶碱、可卡因等兴奋性药物可引起失眠；c. 心理性失眠，常由于过分担心自己的入睡困难，以致思虑过多或焦虑烦恼，试图入睡或醒来再睡时的沮丧、愤怒和焦虑导致难以入眠；d. 心理障碍，抑郁症、焦虑症常伴有入睡困难、早醒。

失眠有多种形式，包括入睡困难、睡眠不深、易醒、多梦早醒、再睡困难、醒后不适或疲乏感，或白天困倦；部分还有睡眠感的缺失。以入睡困难最为常见，常并发焦虑情绪。对失眠的恐惧和对失眠所致后果的过分担心反而可加重失眠，失眠者常常陷入这样的恶性循环。部分长期失眠的人不惜长期借用酒精或镇静催眠药来改善睡眠，以致引起酒精或药物依赖。

治疗失眠主要包括消除诱因、减轻睡前焦虑、养成良好的睡眠习惯，必要时可加用镇静催眠药。其中，减轻睡前焦虑最为重要。睡眠最重要的是恢复精力、体力，一个人并非一定要睡上 8 个小时，也不是一定要从晚上 10 点开始睡觉。过度担心会失眠，过度夸大失眠的后果只会加重失眠。失眠具有过程性，会伴随焦虑情绪的消失而好转，学会耐心等待，失眠也会“不翼而飞”。

(7) 网瘾症

网瘾症全称“互联网成瘾综合征”或病态网络使用，是现代社会的一种新型心理疾病，日益受到专业人士的关注。

中国互联网络信息中心发布的《中国互联网络发展状况统计报告》显示，截至2021年12月，我国网民规模达10.32亿，其中未成年人上网人数达1.83亿。有学者研究调查发现我国大陆青少年群体网络成瘾比例高达19.8%。

① 网瘾症的主要表现有精神依赖、生理和心理问题。

精神依赖症状：网络操作出现时间失控，而且随着乐趣的增强，欲罢不能，难以自拔。患者多沉溺于网上自由谈话或网上互动游戏，并由此而忽视了现实生活的存在，或对现实生活不再满足。初时只是精神上的依赖，而后可能发展成为躯体依赖，表现为情绪低落、头晕眼花、双手颤抖、疲乏无力、食欲不振等。

生理和心理症状：网瘾的一般症状在生理上的表现为视力衰退、紧张性头痛、肌腱炎、背部颈部疼痛等症状。其原因是，网瘾症患者上网的时间过长，使大脑神经中枢持续处于高度兴奋状态，引起肾上腺素水平异常增高，交感神经过多兴奋，血压升高。这些改变可能引起一系列复杂的生理和生物化学变化，尤其是植物神经紊乱，免疫功能下降，诱发种种疾患。在心理上表现为封闭、虚妄、思维迟缓、焦虑、抑郁等，发展到极致便是神经紊乱、自杀或猝死。

② 网瘾症的治疗方法主要有以下几种。

认知行为治疗：教会学生学习如何控制过度上网的感觉；帮助他们控制欲望和安排时间。青少年学生首先要明确学习是主要任务，然后经共同讨论厘清网瘾的四大危害，即荒废学业、损害健康、浪费金钱、疏远亲情及友情，再以反面典型教育，并由家长、教师配合。

系统脱敏：与学生、辅导员及家长共同协商，制订总体计划目标；两个月内逐渐减少上网次数。

综合治疗：有网络成瘾行为的学生多伴有学习困难、人际交往障碍、就业压力、自卑等各种问题。首先要解决这些问题，提高其自信水平。在老师、家长、同学的共同帮助下提高社会适应能力，逐渐减少网络使用，才能重返正常的学习、生活轨道。

☞ 素质提升

网瘾症的诊断

① 每天上网时间8小时以上，且越来越长，无法自控，特别是晚上常常上网到深夜。

② 反常行为，比如逃学、废寝忘食、不与人交往、对人冷漠、脾气暴躁、关机后烦躁不安等。

③ 经常在网上与陌生人聊天，甚至发展到通电话、约会等。

④ 电脑里常出现暴力、色情、赌博等图片。

⑤ 有说谎隐瞒上网的情况及程度的行为。

⑥ 宁肯借钱上网或甘冒一定的风险，比如去偷钱或偷用别人账号上网等。

以上 6 条并不是每个有网瘾症的学生都具备，如果某同学有 3 种以上的类似表现就应该引起注意了。

第三节　大学生异常心理的预防与干预

青年初期是大学生身体、心理、智力和人格发育与发展的黄金时期，是从幼稚走向成熟的过渡期；同时，生理、心理、思维、智力、行为等易发生变化，是异常心理高发的阶段。掌握异常心理的科学应对方法是大学生异常心理预防和干预的关键。

☞身边故事

小玉，某高校大一女生，来到大学后发现自己除了学习什么也不会。由于竞争激烈，她慢慢发现在学习上的优势也所剩无几，渐渐感觉自己什么优点都没有，没有人喜欢自己，因此很少与班上同学交流，经常独来独往，不愿参加集体活动。慢慢地，小玉不再相信别人，不愿理会别人，对人缺乏热情。时间过去一个多月了，小玉感觉与室友间的隔阂越来越大，感到很困惑，不知道怎样处理好人际关系。

☞故事点评

1. 心理分析

故事中的小玉看起来是一个新生不适应新环境的表现，在大学她发现不了自己的优势，由于自卑心理，越来越躲避他人，导致人际关系越来越差。这类心理困扰在大学新生中较为常见，如果不及时调节，任其发展下去可能会越来越严重，甚至会促发心理疾病。因此，大学生要有了解自己心理状态的意识，并根据情况及时进行自我调节或寻求帮助。

2. 故事的启发

心理状态的起伏是人生的常态，因为我们要追求目标、克服困难、不断成长，其间道路不会总是一帆风顺，因此有很多生活的不如意造成心理起伏都是正常的。这种困惑状态一般经过适当调整就能好转。但是有时由于问题过于严重或长期不合理的应对方式，问题不断积压，长期得不到解决，这样持续下去有可能导致异常心理的出现。所以，对于一些心理困惑，要及时调节，以防异常心理产生；对于已经出现的异常心理，要用科学的方法应对，以让它回归正常。

☞ 心理导航

1. 主题聚焦

异常心理并非不可治愈。由于历史文化原因和对疾病本质认识的不足，社会公众对心理疾病患者存在一定的偏见和歧视，并持排斥态度，患心理疾病成了一种“羞耻”。这种羞耻感的存在，使得心理疾病患者及其家人倾向于掩盖症状，不愿公开病情、不愿就医，致使其丧失早期的诊治机会，严重影响疾病的治疗和预后。《朱子语类》指出：“知之愈明，则行之愈笃。行之愈笃，则知之益明。”知道和理解得越清楚，行动和实践越扎实，进而认识和理解就会越清楚，因此，面对异常心理，要主动进行科学认识，了解心理知识，才能采取正确治疗的办法，进而更有助于我们理解心理障碍。

2. 心理理论阐释

(1) 科学认识和对待异常心理

心理困扰在一般人身上都有可能出现，如果程度比较轻微，持续时间较短，没有令个体感到严重影响到自己的学习和生活，是不能判定该个体存在异常心理的。有的同学在学习相关知识的时候，容易对号入座，将自己出现的某个现象与该疾病牵连到一起，觉得自己也得了该疾病；另外，由于网络通信的便利，有的同学感觉到一些异样或不舒服，喜欢到网络上通过输入关键词找到令自己不舒服的原因。事实上，在缺乏相关的专业背景、缺乏相关经验的情况下，仅凭某些现象就判定心理异常是不合适的。如果对自己的情况并不是很确定或是确实觉得该情况在较长时间里影响了自己的学习和生活，建议寻求专业的心理咨询机构或精神科医生的帮助。

很多患有精神分裂症、抑郁症、焦虑症、双相情感障碍的个体及其家人讳疾忌医，并不愿意承认或让别人知道自己或自己的家人患有这类疾病，往往容易贻误治疗的最佳时机，比如精神分裂症的早发现和早治疗直接影响药物治疗的疗效和疾病复发的可能性。很多因异常心理服药的个体，经常因为药物治疗不能很快达到疗效或者达到疗效后自认为已治愈，自行停药，导致药物治疗无效或病情复发。因此，异常心理的规范治疗显得尤为重要。

(2) 普及宣传异常心理知识

虽然大学生对待异常心理已经普遍持接受态度，但是出于种种原因，有异常心理的同学还是经常担心受到歧视，他们隐瞒自己的心理苦恼，或者不愿意告诉别人自己过去有接受心理治疗的记录。对待心理异常者所持有的负面态度，不仅会对心理异常者的心理和行为产生“以偏概全”“一知半解”的影响，与此同时，这些态度也影响着心理异常者如何应对日常交往。研究表明，曾经与精神疾病个体打过交道的人的态度较少地受到这种社会偏见的影响，类似的研究也发现如果学生曾经与一些精神疾病个体接触，他们对其危险性的评估会降低。

2021年，中国“国家心理健康和精神卫生防治中心”成立，具有承担全国心理健康和精神卫生领域的政策宣传和科学普及工作，建设心理健康和精神卫生宣教资源库的工作职能，旨在提升国民身心健康素养，培育良好社会心态，全面推进健康中国、平安中国、幸福中国建设。这为异常心理知识科普宣传提供了有效保障。

(3) 心理异常的自我调节

除了一部分缺乏自知力的心理障碍患者，很多心理障碍都是由早期的烦恼、情绪不佳逐渐发展而来的。在这些烦恼初期，学会自我调节，对于延缓、遏制疾病进展是十分有效的。

首先，要认识自己的心理状态。

课业繁重、未来迷茫、恋爱无望，这些烦恼在大学生中是十分普遍的。但有些大学生却处于愁苦之中而不自知，只是不停地抱怨、思虑，伴随情绪差，却意识不到自己的情绪变化。一个人只有清楚地意识到自己的情绪状态及原因，才有可能将情绪对自身的伤害降到最低。上述同学当了解到自己烦恼的根源在于情感受挫时，或向家人、朋友倾诉，寻找他人的帮助，或等待时间自然复原，都可能帮助自己减轻烦恼或提升解决烦恼的能力。

当发现自己长期处于焦虑、抑郁状态，或确诊为抑郁症、强迫症等心理疾病后，害怕同学、老师歧视自己，或惧怕自己“大难临头、患上绝症”等都是没有必要的，这种消极的想法只会加重烦恼。多虑源于少知，详细了解所患疾病的性质、原因、表现和治疗方式，更多接触病友，对疾病有了客观认识，痛苦感会相应减轻。

其次，积极接纳自己的烦恼和异常心理。

所谓烦恼，是人们对外部事物及内部心理现实的不满和担忧，或表现为不快、伤心、不安、烦躁，或表现为身体不适，或发展为焦虑、抑郁、恐怖及躯体疾病。在日常生活中，谁也无法摆脱烦恼，只要有情有欲，就会有烦恼。考试失败、失恋、疾病，必然惹人烦恼，这是无法完全避免的。另外，人们还常常自寻烦恼，往往苛求自己对自己的想法、行为完全负责，或苛求他人对头脑中的想法、情绪和欲望负责，或苛求社会没有弊端、完全公正和公平。只有分清哪些是自我无法控制的、哪些是自我可以控制的，才有可能真正远离“自寻之烦恼”。

当被诊断患有心理疾病时，也要学会与其共处，否则容易导致病情迁延或使心理状态陷入恶性循环，“讳疾忌医”永远不是好的办法，而必要的求助才是强者的行为。心理疾病，如同感冒一样，都是身心功能暂时发生紊乱，只是紊乱的器官不同而已。对症状的恐慌只会加重痛苦感，接受自己患病的事实和抱有治愈的希望，按时服药复诊，才有助于早日痊愈。

(4) 家庭和社会干预

社会支持是影响个体心理健康状况、患者病情治疗和预后的重要因素。大量研究表明，社会支持系统越完善，个体心理健康水平越高，幸福感越强。而社会歧视、不公平待遇常导致患者社交活动受限、工作机会缺失，被动致残。

良好的家庭关系（不仅仅是物质支持、督促服药）有助于患者的预后。很多心理障碍患者在住院期间痊愈，回家后很快复发，很大程度上是因为不良的家庭环境未改变，患者再次表现出同样的行为模式。

家庭是一个系统、一个整体，每个成员间都互相影响。一个家庭成员出现问题，常代表整个家庭系统出现紊乱。有研究显示，家庭心理健康教育和家庭治疗的开展，能减少精神分裂症的复发次数。在家庭教育和治疗中，让家庭成员共同了解疾病知识，共同制订康复计划（做家务、学习、人际交往等），对家人提供心理支持，鼓励家人之间进行开放的、有效的沟通，改善家庭关系，可改善心理障碍患者的预后。

社会干预主要包括预防和康复等内容。向大众进行心理健康教育、普及精神卫生知识，从而提高公众心理健康水平，为早期发现、诊治心理障碍奠定基础。完善目前的心理障碍服务体系，让个体能更有效地接触心理咨询、心理治疗、精神专科治疗。社区康复内容广泛，包括：早期发现，后期随访、预防复发，提高患者社会适应能力，恢复劳动能力等。《中华人民共和国精神卫生法》对心理健康的促进和精神障碍的预防、诊断、治疗、康复等各方面都有明确规定，是为发展精神卫生事业、规范精神卫生服务和维护精神障碍患者的合法权益颁布的法律，是一项强有力的社会干预举措。社会干预是一项宏大的工程，对于提高全民身心健康、促进心理障碍患者痊愈及回归社会等十分重要。

(5) 心理干预

心理干预主要包括心理咨询和心理治疗，两者都是专业性的心理疏导、心理矫治和健康促进技术，只是服务对象稍有差异：前者主要针对心理健康和亚健康人群，后者主要针对临床患者。

心理干预是有效的，在临床工作中，心理治疗可以作为唯一的、主要的或辅助的治疗方法。神经症、儿童少年期情绪和行为障碍都是心理治疗的重要适应证，成人应激障碍、情绪障碍等问题也常根据情况，将心理治疗作为主要的或辅助的治疗方法。即便对于缺乏自知力的重型精神障碍，目前发现支持性心理治疗、行为治疗也是有效的。心理治疗之所以有效，在于治疗关系中的支持、关心、信任及传递的希望。

我国传统医学当中也有运用心理干预进行心理治疗的案例。《黄帝内经》当中指出："惊者平之。平者，常也。平常见之必无惊。"这类似于现代的系统脱敏疗法。《四川医林人物》载："肖文鉴，南充人。一室女患郁症，形消骨立，鉴嘱女结伴锄菜园蔓草，日刈草二背。女初不耐，久习为常。如是一百日，体渐强壮，面生华泽。"这是通过有意义的劳动和他人关爱来干预心理疾病。清代名医吴鞠通指出："吾谓凡治内伤者，必先祝由，详告以病之所由来，使病人知之，而不敢再犯；又必细体变风变雅，曲察劳人思妇之隐情，婉言以开导之，庄言以振惊之，危言以悚惧之，必使之心悦诚服，而后可以奏效如神。"在临床上以语言为主要手段和患者交谈，可以使其清楚疾病有关的知识，主动努力消除心理障碍。

（6）生物干预

目前，心理障碍的生物学干预主要包括药物治疗和无抽搐电休克疗法。药物治疗是改善心理障碍，尤其是重型精神障碍的基本措施。无抽搐电休克疗法可用于一些心理障碍的急性期。

20 世纪 50 年代初，氯丙嗪的出现，开创了现代精神药物治疗的新纪元。心理障碍成为可治愈的疾病，心理障碍的生物学基础被证实，而不再是道德败坏、脆弱、恶神附体的代名词。精神药物主要可分为抗精神病药物、抗抑郁药物、心境稳定剂和抗焦虑药物，此外，还有精神振奋药物和改善脑代谢药物等。

① 抗精神病药物，主要通过阻断脑内多巴胺受体，发挥抗幻觉、妄想等抗精神病作用。常用的药物有氯氮平、氟哌啶醇、奥氮平、利培酮、阿立哌唑等。大量研究表明，抗精神病药物的长期维持治疗可显著减小精神分裂症的复发率。因此，如有需要，须按医嘱服药，不要自行停药。

② 抗抑郁药物，是一类治疗各种抑郁状态的药物，但不会提高正常人的情绪；部分抗抑郁药对强迫、惊恐和焦虑情绪有治疗作用。研究证实，神经递质 5-HT 功能活动降低与抑郁发作有关，抗抑郁药通过增加突触间隙 5-HT 的浓度，起到抗抑郁作用。目前常用的抗抑郁药有氟西汀、帕罗西汀、舍曲林、氟伏沙明、西酞普兰、艾司西酞普兰、米氮平、文拉法辛等。

③ 心境稳定剂，又称"抗躁狂药物"，主要用于躁狂以及预防双相情感障碍的躁狂或抑郁发作。主要包括锂盐、丙戊酸盐、卡马西平，以及新一代抗精神病药物，如奥氮平、利培酮、喹硫平等。神经递质代谢研究发现，躁狂发作与 5-HT、去甲肾上腺素及多巴胺功能活动增高有关。心境稳定剂通过抑制相应受体功能活动，起到稳定心境的作用。

④ 抗焦虑药物，主要包括苯二氮卓类和坦度螺酮等药物。前者既是抗焦虑药也是镇静催眠药，可用于各型神经症、失眠和躯体疾病伴随出现的焦虑、紧张、失眠、自主神经紊乱等，也可用于癫痫及酒依赖戒断期替代治疗，主要有安定、氯硝西泮、劳拉西泮等药物。不建议长期服用该类药物，否则可导致药

物依赖。

无抽搐电休克疗法为“电抽搐疗法”的改良方法，是以一定量的电流通过大脑引起意识丧失的治疗方法，是精神障碍（尤其是重型精神障碍、急性期）非常重要的治疗手段。治疗前加用麻醉剂和肌肉松弛剂，以避免引起抽搐，其比电抽搐疗法更为安全。

很多人对用药存有疑虑，认为“能不用药就不用，所有的药物都有副作用”，不仅在精神科，在综合医院这种现象也很常见。其实，所有的治疗方案都是有利有弊的，最终方案的制订在于“利弊取舍”。对于轻度的心理障碍，单纯的心理治疗是有效的，可以不用药物治疗。但对于中重度的心理障碍，药物在控制急性期症状、延缓病情进展、促进痊愈、预防复发等方面，起着十分重要的作用，建议加用药物治疗。而人们所担心的副作用究竟有多大呢？随着医学的发展，目前选用的药物副作用相对较少，但其中存在较大的个体差异性，一些患者毫无不适，一些患者则出现较严重的副作用（在治疗剂量内，发生概率较小）。

☞ 素质提升

心理体验：如果我是他……

1. 活动目的

通过小组交流与分享，以及体验心理疾病病人和身边的观察者，加深大家对于心理疾病的正确认识。

2. 操作步骤

① 让全班同学以 6 人为一组，自由分队（2 分钟）。

② 小组内讨论成员对心理疾病的认识（心理疾病的类型、典型表现、自己看到与听到的心理疾病的案例等）（10 分钟）。

③ 请小组内成员饰演不同的身份，有轻度心理疾病的人、病人的家属以及周边的街坊朋友的角色，并进行沟通。注意突出各个角色的特点（18 分钟）。

3. 感悟分享

① 你觉得哪位同学扮演的角色给你印象最深？为什么？

② 如果你有一位有心理疾病的亲戚朋友，你会怎么对待他或她？

③ 如果你是一位心理疾病患者，你希望你的亲戚朋友如何对待你？

第二部分　了解自我，悦纳自我，发展自我

第四章
大学生的自我意识与培养

学习目标：

4.1　什么是自我意识？
4.2　自我意识的结构指的是什么？有哪些划分标准？
4.3　自我的心理作用有哪些？
4.4　大学生的自我认识有哪些发展特点？
4.5　大学生自我体验有哪些发展特点？
4.6　大学生自我调控有哪些发展特点？
4.7　积极自我具有哪些特征？
4.8　大学生自我意识偏差的表现有哪些？成因是什么？
4.9　依据乔韩窗口理论，如何进行大学生自我意识问题的调适？
4.10　大学生自我意识评估的内容包括哪些方面？常用方法有哪些？

《道德经》中的“知人者智，自知者明；胜人者有力，自胜者强”，《孙子·谋攻篇》中的“知己知彼，百战不殆”，都强调了认识自我的重要性。对于每个人来说，认识自我、把握自我是健康成长、快乐生活的重要方面。我是一个什么样的人？这样的我和他人有何不同？我为什么是这样的人？这样的我好不好呢？如何不断优化和提升自我？对于从青春期向成年期转变的大学生而言，思考和回答这些问题时，既会有矛盾、彷徨和犹豫，也会有自我的否定、焦灼和不安，但更多的是对自我提升的突破，能让我们的大学生活更加自信和阳光，从而拥有健康的自我。

第一节　自我意识概述

“道生一，一生二，二生三，三生万物。”这“一”，即元始、整体、“道体”。道家首先将人类和宇宙看作一个和谐的完整的整体，认为这是不可分的。人和草木、石土、万物一样，都是这个元始整体中的一部分。那么究竟是什么使个体与他人、万物分离的呢？正是人的自我意识！从某种意义上来说，一个人认为自己是怎样的一个人，比他真正是怎样一个人更重要，因为每个人都是按照自己认为是怎样的一个人而行动的。大学生正处于人生的关键时期，应有意识地、清楚地了解自我，这样才能更好地适应环境，促进自身的发展。

一、认识自我

☞ 身边故事

陈同学是美院的大三女学生，家境并不富裕的她穿着刚上市的新款名牌皮鞋，挎着一个价值不菲的名牌包站在校门口，摆弄一台高端的拍照相机。当问及她消费这些名牌的心理动机时，得到的回答是：这些都是生活必需品，可以增强自信、提升自身形象、获得别人尊重。当提及修养和学识才是获取别人尊重的必要条件时，她却不以为然：“修养和学识是要有，但是如今的社会就是‘先敬衣冠后敬人’，再有修养，如果穿得不上台面，出门吃饭买东西连服务员都不热情。退一步讲，别的同学都有，我要是没有，怎么抬得起头？”

☞ 故事点评

1. 心理分析

现实生活中，不少大学生把优化和美化身体自我作为展示自我的主要方面，在减肥塑身、穿着打扮、吃喝消费等方面投入较大的财力和精力。像故事中的陈同学，作为一名美院女大学生，不重视提升修养学识，却把名牌衣着配饰视为生活必需品，把拥有名牌视为提升自我形象和让自己“抬得起头”的资本和力量。这一方面反映大学生对自我形象的重视，体现其内在自我意识的觉醒和发展；另一方面也体现出大学生对自我理解不全面，把自我形象简单等同于外貌、穿着等生理自我的心理不成熟状态。

2. 故事的启发

外貌和穿着等外在形象真的是自我的全部吗？拥有名牌衣着服饰就说明自我具有很高的价值吗？自我感觉是让人能够“抬得起头”的力量和价值就一定能提升自我吗？事实上，一个人的自我不仅有客观的身体自我，有自我感觉的主观自我，还包含精神自我、社会自我等许多方面。一个自我成熟的大学生，会对自己的生理自我、个性特征等非常了解，也乐于接纳这样的自己，善于保持自我的独特性，而不需要借助于名牌服饰来提升自己对自我的接纳程度。

☞心理导航

1. 主题聚焦

自我意识是个体在社会化过程中逐步形成和发展起来的，对自我以及自己与周围环境关系的多方面多层次的认知、体验和评价，是个体关于自我全部的思想、情感和态度的总和。自我意识一般包括三方面的内容：对自身生理状态的认识和评价；对自身心理状态的认识和评价；对自身与周围关系的认识和评价。客观认识自我，不仅涉及个体自身的自信和心理状态，而且在某种程度上决定着个体的人际关系、成长发展等整体的生活状态。

2. 心理理论阐释

了解自我的结构是认识自我的基础。自我意识的结构是指自我意识包含哪些构成成分。自我意识的结构，因为区分标准不同而有所差异，一般来说，从形式上可以分为自我认识、自我体验和自我调控；从内容上可以分为生理自我、心理自我和社会自我；从自我概念上可以分为现实自我、投射自我和理想自我。

（1）自我认识、自我体验和自我调控

从形式上看，自我可以分为自我认识、自我体验和自我调控。《论语》有云“吾日三省吾身”，作为当代大学生要不断认识自我，不吝于自我反省才能够不断成长。自我认识是自己对自己身心特征的认识，包括个体的自我感觉、自我观察、自我分析和自我评价等内容，如“我究竟是一个什么样的人”“我的言行举止是否得体”“我的进取心是否很强”“我为什么是这样的一个人”等问题，都属于自我认识的范畴。自我体验属于情绪情感范畴，主要包括自尊、自信、自卑、自负、自责、自豪等方面内容。自我体验是主观自我对客观自我产生的情绪体验，是在自我认知基础之上产生的。自我体验要回答的是“我是否喜欢自己”“我是否满意自己”等问题，比如，“我对自己的学习成绩很满意”“我对自己社交能力较弱很失望”等都属于自我体验范畴。自我调控是自我的意志成分，是指个体对自身的心理、行为和态度的主动掌握和调节等，主要包括自主、自立、自律、自我教育等方面，如“我如何管理自己的情绪”“我怎样才能成为一个受人欢迎的人”等。

自我认识、自我体验和自我调控三者有机组成人的自我，三者之间的和谐程度以及与客观自我的吻合程度，决定了个体自我心理的健康状况。

（2）生理自我、心理自我和社会自我

从内容上看，自我可以分为生理自我、心理自我和社会自我。生理自我是指个体对自己的身体、性别、年龄、容貌、仪表、健康状况以及所有物等方面的认识。如意识到自己的高矮、胖瘦、美丑、黑白、力量的大小、体质的强弱等。对生理自我的认识和体验表现为自豪和自卑，在行为上表现为追求外表美、对所有物的占用、支配和爱护等。随着个体社会化程度的加深，个人开始意识到自己要在社会上承担一定的责任，社会自我由此产生。简而言之，社会自我是个体对自己在各种社会关系中角色、地位、权利以及自己和他人相互关系的认识、评价和体验，包括个人对自己在客观环境及各种社会关系中的角色、地位、权利、责任、义务等的意识。在行为上主要表现为追求个人的名誉、地位以及和他人激烈竞争等。心理自我是对自己的人格特征、心理状态、心理过程及行为表现等方面的认识和体验，包括对能力、气质、性格、情绪、兴趣、爱好、世界观等个性特点和心理活动的认识、体验等，在行为上主要表现为追求个人能力的提升、品格的完善等。

从自我意识的发展层次来看，生理自我、社会自我和心理自我是一个从低到高的发展序列。其中，生理自我使一个人把自我和非我区别开来，意识到自己的生存是寄托在自己的躯体上的。认识自我最早就是从认识生理自我开始的。后来，随着自我意识的不断发展，自我开始接受他人和社会的标准来评价和分析自我，逐渐形成社会自我。进入青年中期以后，随着个体自我意识的逐渐成熟，个体不断平衡社会要求和自我需求，形成独立成熟的心理自我。

(3) 现实自我、投射自我和理想自我

从自我概念上看，自我可以分为现实自我、投射自我和理想自我。现实自我是个体从自己的立场和观点出发，对自己目前的实际状况的评价和看法，涉及的根本问题是"我实际是个什么样的人"。投射自我也称镜像自我，是个人想象中他人对自己的看法和评价，以及由此而产生的自我感。投射自我和现实自我之间往往存在着差异，当差异过大的时候，个体会感到自己不被别人了解。理想自我是个体要实现的比较完善的一种自我境界或形象，是个人追求的目标，涉及的问题是"我想成为一个什么样的人"。当理想自我建立在个体的实际情况基础之上，且符合社会要求和期望时，它会指导现实自我积极适应并作用于内外环境，成为个体前进的动力和方向。如果现实自我、投射自我和理想自我三者之间有矛盾，就会引起个体内心混乱，容易引发心理问题。

☞ 素质提升

自我探索活动之 20 个我是谁

① 请用 10 分钟写出 20 句"我是……的人"，要求尽量选择一些能反映个人风格的语句。

② 评估你对自己的陈述。在你列出的每句话的后面加上正号（+）或负号（—）。正号表示“这句话表达了你对自己肯定满意的态度”，负号的意义则相反，表示“这句话表达了你对自己不满意、否定的态度”。看看你的正号与负号的数量各是多少。

③ 将陈述的 20 项内容作下列归类：

a. 生理特征（你的体貌特征，如年龄、身高、体形是否健康等）。

编号：____。

b. 心理特征（性格、气质、兴趣、信念、世界观等个性特征）。

编号：____。

c. 社会关系特征（与他人的关系、对他人常持有的态度、原则，如乐于助人、爱交朋友、坦诚、孤独等）。

编号：____。

二、认识自我与大学生心理健康的关系

☞身边故事

艾同学来自农村，进入大学后，看到周围同学个个普通话标准、衣着时尚，而相比之下，自己就是个土包子！于是他陷入了自卑的深渊，不想和任何同学说话，每天精神恍惚，学习成绩一落千丈。就在这人生的低谷中，辅导员找他谈心：“你为什么这样懦弱颓废？你不比别人差。天生我材必有用。为什么不把农村人坚韧与刻苦的优点拿出来，把别人的嘲讽当成自身前进的动力？”他恍然大悟，不再沉沦。此后，他又像高中时那样刻苦。别的同学在享乐时，他却整日泡在图书馆里，像一株久旱的禾苗，吮吸着知识的琼浆。他考研读博，通过了一项项严格的考核，毕业后成功进入一家著名的报业集团。

☞故事点评

1. 心理分析

很多大学生在中学时代是引人注目的“高才生”，上大学后便成了默默无闻的“普通生”，角色的转变促使他们开始重新审视自我，自我概念因此发生微妙变化。其自我概念一般有三种：一是过差的自我概念，二是正常的自我概念，三是过好的自我概念。这三种结果会给个体的自我和谐带来不同的影响：自我概念水平过差的人常常怀疑自己的能力，特别是在失败的情境中否定自己、体验自卑；自我概念水平过好的人则往往过度悦纳自我，自高自大，目空一切。过差或过好的自我概念都会对个体的自我和谐产生不良的影响，只有具有正常的自我概念水平才能表现出合理的自信，给自己较多肯定性的评价，即使面对失败的情境，也能较全面地分析主客观原因，不轻易否定自己，这对保持积极、

健康的和谐心理是非常重要的。

故事中的艾同学，一个来自农村的大学生，由于农村与城市生活的巨大差异，对自己“土包子”的形象产生自卑、压抑与无助的心理，并因而精神恍惚。后来他在辅导员老师的点拨下看到自己和城市同学相比的优势和专长，并由此克服了自卑的心理，合理看待自身的优点和不足，形成了正常的自我概念，进而不断通过学习和实践完善提升自己，获得人生的成功。

2. 故事的启发

了解自我、悦纳自我是大学生心理健康的重要标准。能否全面认识自我、清晰把握自我在很大程度上决定了大学生心理与行为的健康发展。“我是谁”“我该如何做”等问题将直接影响其人生道路怎么走、向哪走的具体情况，进而成为影响其自我精神和心理状态的核心问题。为此，大学生应努力通过多种路径全面正确地认识自我、理解自我，在不断提升自我的同时形成正常的自我概念。

☞ 心理导航

1. 主题聚焦

自我意识对心理健康的作用和影响是非常明显的。因为只有自我意识得到发展，人们才能不但意识到外界的客体，同时也了解自身的一切，而后才能统领、发动自身的一切力量以适应、改变外界环境的一切变化的影响，使自身得以不断存在和发展。

2. 心理理论阐释

健全的自我在大学生的成长和发展中起着导向、激励、自控和自我教育调节作用，不完善的或扭曲的自我往往成为心理困扰和问题的根源。伯恩斯（1982）在《自我概念发展与教育》一书中，系统论述了自我的心理作用，认为自我不仅使个体的社会行为保持内在一致性，还能对其过去、现在和将来的心理活动给予统一的经验解释，并影响个体对事物的期望水平。

① 保持内在一致性。良好的自我能引导个体按照保持自我意识一致性的方式行动，即认为自己是什么样的人就会有什么样的行为，保持个人的想法与情绪或行为的一致。如果大学生自我认识出现偏差，不能客观正确地看待自己，不能正视自己的长处和不足，同时为了追求自我与经验的和谐，常常把与自我不一致的经验加以歪曲，进而影响其心理健康。

② 对其过去、现在和将来的心理活动给予统一的经验解释。自我的第二个功能，是它具有解释经验的作用。不同的人可能会经历完全相同的经验，但他们对这一经验的解释可能是完全不同的，并因此产生不同的感受。一个自认为能力一般、只能获得平均成绩的学生，当他取得较好的成绩时会认为是极大的成功，心里会十分欣喜和满足，而一个认为自己能力出众的学生对同一成绩则

会解释为遭到了失败，并体会到受挫的感觉。

③ 影响人们对事物的期望水平。自我的第三个功能是对个体期望的影响。在各种不同的情境中，个体对事情结果的期待、对情境中其他人行为的解释以及自己在情境中的行为方式，都受自我概念的影响。消极的自我概念不但引发自我期望的消极，而且决定个体只能期待外部社会的消极评价与对待。

自我的这些功能在客观上决定了它对行为的调节与定向作用。一切外部影响因素只有经过自我价值系统审定之后被纳入自我结构，成为自我有机组成部分，才能转化为内在的个性品质。因此，在教育中应该高度重视学生良好自我的培养。

☞ 素质提升

活动：人生曲线

目的：对过去的我、现在的我和未来的我做出评估和展望。

① 在一张纸的中央画一个坐标轴，横轴表示年龄，起点是你出生的时候，纵轴表示对生活的满意程度。

② 闭目安静地想一想，找出自己生活中的一些重要的转折点以及对当前的人生仍具影响力的重要经历，并评价自己对这些事件的感受（为了使曲线起伏明显，可以把过去最不幸事情的满意度定义为 0，把最高兴、最成功的事情满意度定义为 100），按照发生的时间和对此事件的满意度在坐标轴上用一个点表示，并把事件简要地标注在点旁边。

③ 将不同的点连成线，边看线边反省，并对未来人生的趋向用虚线画出。重点思考："我对以前的生活满意吗?""人生有什么意义?""我未来的人生将要怎样度过呢?"

④ 在小组内（5～6 人）交流，每位成员以坦诚的心态向他人介绍自己的人生。

第二节　大学生自我意识发展的特点

大学生是青少年中的一个特殊群体，社会要求高、家长期望高、个人成才欲望强烈。但由于心理发展处于尚未成熟阶段，缺乏社会经验，进入大学后，大学校园新的环境与以往中学有很大差别，大学生在较大程度上按照自己的方式安排自己的学习、生活，有一种宽松自由的氛围；同时，大学生处于独特的社会层次并具有较高的文化素质，其思想观点与社会上的一般人有许多差异。但大学生的人生阅历有限，社会实践能力不强，加上以往为了在激烈的高考竞争中取胜，几乎全身心投入学习，缺乏独立生活、处世能力与情绪调节训练，心理比较脆弱、适应能力差、情绪不稳定、心理失衡等常常发生。这些因素使得大学生自我意识的发展存在着独有的特点与规律。

☞ 身边故事

宋同学天资聪颖，对自己要求严格，学习勤奋刻苦，从不甘落人后。进入大学后，由于勤奋的学习态度，她一直保持着全班第一的好成绩。因为成绩优秀，她一直是班上的班干部。宋同学也自认为把班上的事务处理得井井有条，能得到班上同学的认可和拥护，老师也对她赞赏有加。院里准备挑选一名学生会主席，宋同学相信自己的能力，也相信班上的同学都会推选她，认为自己可以稳操胜券就报名了。然而结果却让宋同学意想不到。全班支持宋同学竞选主席的人数不足三分之一，她失去竞选学生会主席的机会。对于这个结果，宋同学很意外也很难接受。自己在同学心目中的形象竟然与自己的设想相差这么大，原本信心满满的宋同学此时心里没有了底，不知道自己的问题出在哪。

☞ 故事点评

1. 心理分析

在现实生活中，很多大学生不能准确定位自己在他人心中的形象，即自己对自己的认识与他人对自己的认识是不一致的。比如有的学生自认为对同学热心，却被其他学生认为是爱管别人闲事。就像故事中的宋同学品学兼优，自己也非常努力，但为什么宋同学对自己的评价与同学们对她的评价之间存在如此大的差距呢？

2. 故事的启发

大学生的自我意识在大学阶段得到了迅速的发展，其自我认知、自我体验、自我控制逐步协调一致。但在自我意识逐步成熟、确立的过程中，大学生的自我意识还存在一定的矛盾性，主观我与客观我、理想我与现实我之间存在较大的差距，这种差距给大学生带来苦恼。很多同学还没有形成稳定而健全的自我同一性，对自我的认识还比较片面，不能充分辩证地对待他人的意见和观点，自我认识与他人对自己的认识存在差异，也因此会错误地评估自己在他人心中的形象。大学生要顺利步入社会，必须全面认识和准确评价自己，学会给自己准确定位。

☞ 心理导航

1. 主题聚焦

自我意识是个体所特有的心理标志，它不是与生俱来的，而是后天获得的，是个体在社会环境中、在与他人的互动中逐渐形成的。大学生自我认识、自我体验、自我调控的发展都存在着一定的特点与规律。

2. 心理理论阐释

（1）大学生自我认识的发展特点

① 自我认识的主动性和自觉性的发展。随着大学生主动性和自觉性的发展，其自我认识也更加积极主动，开始在社会的大坐标中认识自我，思考人生的意义，并自觉地体现在具体的行动中。

② 自我认识的自主性与独立性的发展。自主性与独立性是自我评价的一个重要指标。事实上，“自我”的产生意味着主体对客观环境的分离和独立。随着年龄与环境的变化，大学生的自我认识由以往依赖成人和同龄群体，逐渐发展为根据自己的价值标准取向进行自我评价及调整，表现出真正自主与独立的倾向。

③ 自我认识的全面性与深刻性的发展。大学生生活在宽松自由的大学校园里，随着年龄的增长身体各方面趋于成熟，这使得他们对自身生理、心理和社会各方面的认识更加全面和深刻。大学生对自我认识的涉及面相当广泛，包括交际、友善、信义、容貌、学业、志向、家庭、成熟等各种维度，且在这些方面的认识也逐渐深刻。

④ 自我认识的矛盾性。如前文所述，自我包括多个方面。青年期自我意识的确立是在自我明显分化的基础上完成的。在这一阶段，出现主体我与客体我、理想自我与现实自我以及真实自我与投射自我等。对于大学生而言，如果在自我分化的基础上，能够形成新的认知水平上的协调统一的自我，那么就能建立良好的自我意识，相反则可能出现自我意识的混乱。有学者研究发现，在高中生、大学生的自我意识中，尤以大学生主体我与客体我、理想我与现实我之间的差距最大。随着大学生活的深入，大学生已开始将自我分离为主体我和客体我，当在现实中看到许多人比自己还出色时，逐渐出现了不接纳自我的现象，从而在“理想我”与“现实我”之间产生较大落差。这种落差给大学生带来许多困惑。自我分化意味着青年期自我矛盾的加剧，许多心理上的不适应正是来源于此。因此，主体我与客体我、理想我与现实我的冲突是大学生自我意识矛盾中最突出、最集中的表现。

（2）大学生自我体验的发展特点

① 自我体验的广阔性与丰富性的发展。随着大学生知识经验的增长，人际交往范围的扩大，社会活动参与度的提高，也随着大学生生理心理的进一步成熟以及对自我内心活动的关注，个体出现了许多新的自我体验，如自爱自怜、自责自怨、自傲自负、自尊自卑、对社会甚至家庭的责任感和义务感等更加丰富和深刻的情感体验。

② 自我体验的社会性与深刻性的发展。大学生的自我体验不仅丰富，其深度也不断发展。从自我体验的内容上来说，少年时期人们往往关注的是外貌，

并因之产生喜怒哀乐的情绪体验，青年期的个体则将注意力放到了能力、品行等内在的个性品质上。随着自我评价的社会性程度提高，青年时期的自我体验更多地与自己的道德品质、社会价值、事业成就、地位等联系在一起；从自我体验的程度上来说，大学生由于学习环境的特殊性，对于自己往往抱有更大的期望，这些问题所引起的自我体验尤其强烈深刻。

③ 自我体验的波动性。自我体验的波动性是大学生自我认识发展的必然结果。认识是情感的基础，由于前述大学生在自我认识上的矛盾性，必然产生自我体验上的波动性。青年期是个体一生发展最重要、最波动的时期，生理的成熟、知识经验的丰富与人生体验的贫乏都对青年的心理形成了巨大冲击。外界的种种复杂变化和刺激目不暇接，这些造成了青年情绪上的不稳定性，表现为自我体验的波动性。

（3）大学生自我调控的发展特点

① 自我调控的积极性与主动性的发展。中小学学生已经具备了一定的自我控制能力，但这种自我控制主要来自权威人物的要求，依赖的是外部暗示甚至是命令，具有明显的被动性。进入青年期后，个体主动自我调控能力明显增强，这是个体自我意识增强所带来的结果，尤其对于进入大学校园的大学生来说，由于父母不在身边，生活自由度增大，自由的同时随之而来的是自我约束、自我计划、自我规范的能力被迫增强。独立面对社会竞争、独立生活能力的形成都是大学生主动进行自我调控的结果。

② 自我控制的独立性。大学生逐渐懂得了自我监督、促进自我的重要性，越来越意识到自己作为独立个体在社会生存、竞争的艰难，危机感也不断增强，在这种情况下，大学生的自我控制能力与水平在主动性、自觉性、果断性、坚持性等方面有了明显提高。自我教育是自我调控的最高阶段，强调的是“主体我”对“客体我”不断进行教育，促使个体充分发挥主观能动性和自觉自主精神，最大限度地实现自我目标，发挥自己的潜能。大学生自我教育能力的高低在一定程度上可以预测个体进入社会后可持续发展水平的高低。

③ 自我控制的矛盾性。随着心理的成熟，尤其是意志力的发展，大学生自我控制能力和水平逐步提高。但是大学生的自我控制也表现出很多方面的矛盾性。

a. 独立性与依附性的矛盾。大学生一方面由于社会地位的变化具有强烈的成人感，使得大学新生在时间和空间上都获得了较大的独立行动的自由，渴望自立、自治，并且要求自己尽快摆脱依赖，得到和成人一样的尊重和理解，甚至出现对家长、教师的反叛倾向；另一方面，由于习惯心理的作用，尤其是在经济上还需要依靠家庭，在学习上还缺乏自学能力，在思想上还比较单纯，社会阅历和经验还不够，因而往往志大才疏、眼高手低，渴望得到具体帮助。这种依赖性最具体的表现就是等待心理，等待老师的关心和指导，等待同学的友谊之手，等待父母的经济支持等。这就使得他们渴望的人格独立与经济依赖的困境形成鲜明的反差。这种既想独立又无法真正独立、既想摆脱又摆脱不掉的独立意向与依附心理的矛盾一直困扰着他们，经常使一些学生感到苦恼。

b. 自我中心与从众心理的矛盾。自我中心表现为，个人价值膨胀，喜欢把个人意志强加于人，而缺少对他人的尊重和关心，致使人际关系不和谐；从众心理将导致缺乏个性和较强的依赖性，表现在遇到现实问题时随波逐流。

c. 预期职业成就与无所事事的矛盾。大学生的职业生涯规划与职业预期是学业的重要归宿，也是一个非常实际的问题。大学生通过职业生涯的确立肯定自己的能力，对大学生来说重要的是坚持学习并充分发挥自己的潜能，而不是确定自己的能力有多大。许多有才能的大学生由于缺乏毅力而无所建树，也有的大学生沉溺于网络游戏不能自拔而荒废了学业。

☞ 素质提升

心理测试：自尊量表

本量表是为了解大学生自尊状况，问卷备选项无对错之分，也无好坏之别，更不涉及任何敏感问题。请根据你的实际状况，而不是你认为正确的选项做出选择，在序号上画“○”。

表 4-1　自尊量表

	完全不符合	不符合	符合	完全符合
1. 我感到自己是一个有价值的人，至少与其他人在同一个水平上	1	2	3	4
2. 我感到我有许多好品质	1	2	3	4
☆3. 归根结底，我倾向于觉得自己是一个失败者	1	2	3	4
4. 我能像大多数人一样把事情做好	1	2	3	4
☆5. 我感到自己值得自豪的地方不多	1	2	3	4
6. 我对自己持肯定态度	1	2	3	4
7. 总的来说，我对自己是满意的	1	2	3	4
☆8. 我希望我能为自己赢得更多的尊重	1	2	3	4
☆9. 我时常感到自己毫无用处	1	2	3	4
☆10. 我时常认为自己一无是处	1	2	3	4

计分与评价方法：

① 总分范围为 10～40 分，分值越高，表明自尊程度越高；

② ☆表示反向计分，即选 1 计 4 分，选 4 计 1 分。

第三节　大学生自我意识偏差及其调适

大学生自我心理的发展总体上是积极健康的，但发展过程并非直线向上的，而是在不断经历矛盾和斗争的过程中曲折发展的。由于成长背景、个性特征、家庭教养方式、社会经济地位、人生志向的不同，部分大学生的自我发展会出现偏差，引发自我心理问题。探讨大学生自我意识偏差，帮助大学生及时发现问题并尽早调适，有利于大学生自我心理的健康发展。

一、大学生自我意识偏差问题

☞ 身边故事

小王同学在进入大学之前成绩优异，本以为自己进入大学后继续保持以前的优秀对自己并非难事，但令他想不到的是，大学里同学们不仅成绩好，还各有特长，而自己除了读书样样比别人差，而且自己的成绩在班里并不突出。其他同学参加社团活动、辩论大赛、看电影，而自己天天上自习，成绩还不如他们。一向优秀的他在和别人的比较中，觉得自己抬不起头，怕其他同学嘲笑自己，不和班里的同学一起参加活动，甚至晚上失眠、上课注意力不集中。

☞ 故事点评

1. 心理分析

小王同学评价自己的标准过于单一，并且太过看重他人的评价，对自己的认识存在一定的偏差，如果小王不及时调整自己的认知偏差，会越来越自卑。看过小王同学的故事，同学们可能会思考，我们该如何客观认识自己呢？小王同学对自身的认识是如何进行的呢？有哪些可以完善的地方呢？

2. 故事的启发

大学生的自我认识不仅仅需要以学习成绩好坏为依据，同时还需要综合各方面的信息。由于大学生自我发展的过渡性，很多同学还没有形成稳定而健全的自我同一性，对自己的认识比较片面，过于在乎他人的评价。大学生要顺利步入社会，必须全面认识和准确评价自己，学会给自己准确定位。

一般来说，积极自我具有以下四个特征：①自我评价恰当，并经常对自己作出肯定性评价。②自我认识全面，即对自己身体、心理及自己赖以生存和发展的环境条件的各个方面及它们相互之间的关系有所认识，并且能从不同的角度认识自己。③自我概念和谐统一，即理想自我和现实自我之间的和谐。④自我概念清晰、确定，即对自己各方面的认识是清晰、确定的，而不是模糊、不稳定的。

☞心理导航

1. 主题聚焦

大学生自我同一性问题是大学生心理问题的重要方面，认识了解大学生自我心理问题的状况和表现，对于了解自身心理发展状况，帮助同学认识和了解自己，具有重要作用。

2. 心理理论阐释

青年大学生正处于自我形成发展的关键期，在埃里克森看来，每个人生阶段都有独特的发展任务和发展危机，青年期的主要任务是获得自我同一性，避免角色混乱。由于大学生的人生观和价值观尚不稳定，同时面对生活环境和社会环境的各种变化，大学生会对之前各个阶段建立起来的一致性和连续性产生怀疑，从而陷入自我心理问题中。大学生自我心理问题主要表现在三个方面：

① 自我认识偏差：自我中心与盲目从众。自我中心是指大学生过于看重自己的价值和地位，唯我独尊，缺乏责任感、同情心和自省意识，处处以自我为中心，特别重视自我存在、自我感觉、自我价值，而忽视他人的存在与感受，轻视他人的生命价值，视自己为神圣，视别人为草芥，习惯于用自己的欲望统治他人，常让自我利益淹没他人利益。盲目从众是指大学生不能对自己正确客观地评价，过于看重外界的评价和观点，因此丧失自我，在学习、消费、恋爱、择业等方面盲目从众。

② 自我体验偏差：孤独感、自负心理与自卑心理。第一，孤独感。由于自我意识的发展和觉醒，大学生喜欢反思自我，进行自我探索，有很多自己心底的小秘密，部分大学生由此出现自我封闭，虽然非常渴望与他人沟通但却不愿意采取积极主动的态度，从而感到不被他人理解，内心产生孤独感。第二，自负心理，即过度的自我接受。自我接受指对自己的能力、性格、优缺点等能客观评价并坦然接受。自我接受是自我意识健康发展的表现。但过度的自我接受由于过高评价自己的能力，往往表现为放大自己的优点，缩小甚至无视自己的缺点而表现为高傲、自以为是，盛气凌人，不能处理好人际关系。第三，自卑心理。自卑是自我排斥心理的典型，即对自己的能力缺乏信心，轻视自己，过分纠结于自身短处，否定自己的长处或对长处没有足够的认识，因而常表现出胆怯、畏惧、怀疑，担心被人嫌弃和拒绝，在行为中采取逃避方式。

③ 自我控制偏差：自暴自弃与逆反行为。第一，自暴自弃。大学生在学习、生活、人际、环境等方面面临着很多挑战，部分心理调节欠佳的大学生往

往会因为失败和挫折而产生消极的情绪体验。这样，当挫折感积累到一定程度时就会产生孤独、痛苦、烦恼和对自己不满的情绪，甚至怀疑自己的能力，有些同学甚至自暴自弃。第二，逆反行为。大学生的独立意识强烈，要求自主自立，希望取得与成年人同等的权利，喜欢独立地观察事物、认识事物、判断事物，独立地思考和行动；不喜欢父母、教师絮絮叨叨地管教或指点。然而，他们的要求难以事事如愿，造成独立意识受阻，于是少数学生就以怀疑、漠视、反对等消极态度应对，产生强烈的逆反心理，以此来突出自我的位置，表现其独立的个性。逆反心理表明大学生独立意识和批判精神增强，但这种批判精神有时显得不够成熟，如对学校、教师抵触，以“顶牛、对着干”来显示自己的“高明”和“非凡”，讨厌学校的规章制度与管理，听不进教师与家长的合理要求与建议，对正面宣传作反面思考，对榜样和先进人物无端否定，对不良倾向产生情感认同，越是禁止的东西越是感兴趣，越是不让做的越是要做。

☞ 素质提升

活动：天生我材

我最欣赏自己的外表是________________

我最欣赏自己的性格是________________

我最欣赏自己对家人的态度是________________

我最欣赏自己对朋友的态度是________________

我最欣赏自己对学习的态度是________________

我最欣赏自己做事的态度是________________

我最欣赏最近所做的一件事情是________________

我最欣赏自己的一次成功是________________

我最拿手的事情是________________

还可以请你的父母、同学或朋友一起帮助自己发现优点，并把这些优点记录下来放在随时可以看见的地方，经常阅读（目的是通过别人的评价来激励自己，强化优点，帮助自己悦纳自己）。

二、大学生自我意识偏差的成因

☞ 身边故事

杨同学，男，19岁，大二学生。杨同学的家境一般，可是为了让他安心准备高考，妈妈从他上高一的时候就辞去了工作全心陪读，一家人靠父亲一人的工资生活。妈妈常说全家的希望都寄托在他身上了，要求他刻苦学习，一定要考上名牌大学，不能辜负父母的培养和期望。但是由于压力越来越大，他迷上了网络，觉得上网的时候可以释放所有的压力。父母对此是恩威并施，对他说只要考上了大学，以后想什么时候上网都可以。终于等到他考上大学，父母觉得完成了任务，也放松了督促。他入学后经常熬夜上网，成绩不理想，脾气暴躁，人际关系紧张，父母对他的表现非常失望。

☞故事点评

1. 心理分析

杨同学作为成年人，本应该能认清自己作为学生的角色和责任，承担起独立个体应该承担的自我管理责任。但是，杨同学不能很好地做到，反而视正常的学习生活为压力，并且为逃避压力而沉迷网络。刺激的网络游戏不仅浪费了他本该用在学习上的时间和精力，使其学习成绩不理想，而且诱发脾气暴躁，与周围同学关系紧张，陷入问题的沼泽。

2. 故事的启发

个体从小到大的成长过程中，为许多人的思想、言语、行为所深深影响。个性、家庭、社会等都是自我发展进程中的重要影响因素。杨同学父母自小对他严格和高压的管理方式，不仅压抑了他的真实自我，同时使得他缺乏自我管理和自我控制的能力。了解自我意识形成发展过程中的影响因素，对于大学生了解自我、整合经验、完善自我具有重要价值。

☞心理导航

1. 主题聚焦

对于自我心理问题的成因，不同心理学家给出了自己的解释。弗洛伊德认为自我问题的出现是本我、自我、超我之间的不平衡所致；埃里克森认为是人生发展中的危机处理不当；罗杰斯从人本主义出发，认为自我问题主要来自父母、老师等重要他人的有条件关注和真实自我没有自由表达；费孝通认为，每个人的自我观念都是部分地通过“我看人看我”的方式形成的，充分肯定了他人对个体自我形成发展的重要作用。大学生自我心理问题是在先天遗传和个性特征等因素的基础上，受父母教养方式、社会环境、学校教育等多种因素共同影响而形成的。认识了解影响因素的多维性和立体性，有利于自我心理的调适和优化。

2. 心理理论阐释

大学生自我心理的发展和其他任何事物的发展一样，也是有规律可循的。胡启先等（1999）研究认为，大学生的自我发展主要遵循两条规律：一是外部规律，即自我发展与外部生活环境发展关系的规律；二是内部规律，指自我发展与其本身发展关系的规律，即自我的发展与其自身生理遗传因素、个性特点和知识智慧等息息相关。

① 生理和遗传因素的影响。生理和遗传素质是人心理活动产生的物质前提和必要条件。人的自我心理同样受到生理特点和遗传素质的影响。调查显示，近1/3的女生不满意自己的长相，希望自己再漂亮一点。一位女生说："我每天都照镜子，我的第一个念头是'我要再漂亮一点就好了'。每当看到我那淡而短的眉和翘起的两颗黄牙，我总感到不是滋味，尤其是对我那漂亮（至少比我漂亮）的同桌，我更有一种难以言状的嫉妒心情。"

② 家庭环境和生活经验的影响。在个体成长的初期，自我意识是由很多的自我经验，即通过与父母等重要他人的互动经验而建立起来的。因此，父母的价值观、人生观、生活态度以及教养方式等都明显影响个体自我心理的形成和发展。如果父母与子女之间有开放的交流和民主的气氛，会有利于个体正确认识自我，对有关自我的发展进行思索，自主地选择发展道路。相反，父母对子女过于溺爱或滥用权威，都不利于个体自我同一性的形成。过于溺爱的父母事事都替子女做出安排，不给孩子进行自我探索的机会；而过于严厉的父母可能会使孩子屈从自己的意愿。这两种情况都不利于个体自我同一性的确立，有可能使个体长期处于早期完成状态或扩散状态。

此外，个体生活事件也影响着自我的发展变化。生活事件是指人们日常生活中遇到的各种各样的变动，如升学、就业、意外伤害、亲人亡故等。大学生在生活事件中累积的经验直接影响着自我意识的发展，特别是"成功"与"失败"的经验，对自我形成与自我意识发展的影响较大，因为随着经验的丰富，成功和失败的经验也随之增多，通过自己对这些经验的再评价，个体可以修正自我意识。

③ 学校环境和教育方式。我国的家长多注重学生的学习而忽视其自我发展。"唯文凭"和"唯证书"现象比较严重。一些高校在专业设置和课程设计上也存在迎合社会需求而忽略大学生自我意识和整体素质培养的倾向。这样，即便是大学生活的自主性给了大学生更多自由选择的空间，但他们缺乏对生命的思考，个性发展的空间受到限制，个体自我探索的机会减少，使得很多大学生对自我缺乏足够的认识，没有清晰的人生规划，不能树立符合实际的发展目标，从而产生自我心理问题。

④ 社会文化环境因素。社会文化环境是个体心理发展的前提和背景，大学生个体的自我状况也受到社会大环境和网络传媒等的深刻影响。随着改革开放的不断深入，社会转型和变迁加剧，当代大学生正处于一个日益变动的世界。社会的开放既给大学生提供了施展才华的广阔天地，也给其带来更多的选择、矛盾和心理压力。社会主流文化、亚文化、西方文化思潮、大学生群体人际环境、师生关系等都是影响大学生自我意识的重要因素。

伴随着信息时代的到来，网络等传播媒介进入每个大学生的生活当中。除了主流信息之外，一些不正确的、偏离社会准则的观点和现象充斥着大学生的眼球。很多大学生过度使用网络，造成网上的主观理想的自我与网下的客观现实的自我之间脱节，加剧了他们自我意识中的矛盾，使得他们对本来就很困惑的“我是谁”的问题更加困惑，从而处于消极的自我同一性或同一性混乱之中，给大学生自我同一性的确立带来了新的问题。

☞素质提升

回顾自我成长的历程

回忆在幼年、童年、少年、青年等各个阶段曾经重要而深刻影响过自己的那些现实中或历史书籍中的人，想一想他们给自己带来了哪些重要的启迪和改变，分别写出他们对自己所造成的影响。

思考如下问题：

① 这些影响和改变到现在都一直存在于你的自我和愿望中，或体现在你的某些行为中吗？哪些消失了？哪些潜藏了？哪些正影响着现在的你？为什么？

② 父母对自己成长的作用和意义是什么？自己与父母现在的关系如何，经历了哪些改变？父母的期待影响你的生活目标和抉择了吗？

三、大学生自我意识偏差的调适

☞身边故事

进入大学后的陈同学和胡同学生活节奏合拍，又住在同一寝室，很快成了好朋友，一起上课，一起出去玩。可是慢慢地，胡同学就不愿意和陈同学待在一起了。因为胡同学以前自认为自己是很有主见的，连报考哪所大学，父母都遵从了胡同学自己的选择。可是面对挑剔的陈同学，她变得不敢表达自己喜欢什么或不喜欢什么。原来陈同学的父母都是搞艺术的，陈同学自小喜欢高雅的乐器，对衣着打扮也很有自己独到的想法。每次去逛街，当胡同学拿起一件衣服，陈同学总说“你不会是看上这件土得掉渣的衣服了吧”“这件一点也不适合你”等之类的话。久而久之，为了免于被陈同学否定，胡同学不想和陈同学一起逛街买东西了。渐渐地，受陈同学的影响，胡同学在其他方面也不敢表达自己的真实想法了，甚至觉得自己各方面都不如陈同学，感到自卑。

后来，胡同学上了心理健康课，知道是自我意识产生了偏差，于是她决定改变，重新找回自信。她主动找陈同学出来逛街买衣服。当陈同学一如既往否定她的想法时，她早有准备地说：“你不喜欢这样的款式吗？我喜欢，我觉得这件就很适合我。”对于陈同学推荐的衣服，她委婉地说：“我不喜欢这样的风格。”陈同学很惊讶地看着她。次数多了，她觉得自己还是很有主见的，只有自己尊重自己的想法，别人才会尊重你的想法。

☞故事点评

1. 心理分析

故事中的主人公胡同学通过表达自己的意愿和想法重建自信，找到自我。要做到这样并不一定要在重大的事情上去寻找，主要是通过生活中的点点滴滴建立起自信。在日常生活中，部分大学生把自己的能力和行为限制在一个固定范围之内，习惯于既有模式和听从他人，不争取或者不敢给自己一个机会去尝试一些自己没有做过的事，也就没有机会发现自己的能力。有意识地从日常学习和生活的小事开始，给自己重新发现自我的机会，努力尝试，一定会发现“原来我也可以做到”。

2. 故事的启发

值得注意的是，胡同学在有意识地应对陈同学的否定时，并没有激烈地反击陈同学，只是清楚地表达自己的意愿，简单的一句“我喜欢”不仅能找回自我和自信，还维护了友谊。有很多同学错误地认为，到了一个新环境，只要表达出和别人意愿一致就是尊重别人，就能让别人接纳自己，甚至误解尊重自己和尊重别人是矛盾的。事实上，只有真正尊重自己的人才能做到尊重别人。尊重的精神在于平等，平等绝不意味着用同一标准来衡量所有的人，而恰恰是尊重每个个体的独特性。

☞心理导航

1. 主题聚焦

自我意识偏差的调适是矫正心理问题、重建心理平衡的重要策略。陷于自我心理问题之中的大学生，要积极面对自己的自我心理问题，在认识分析问题产生原因的基础上，全面认识自我，积极悦纳自我，进而不断提升和优化自我。要做到“知行合一”，将“知行合一”理念通过“以知促行”的方式外化、调整，形成心理认知和行为的统一。

2. 心理理论阐释

自我意识偏差的出现源于对自我认识定位不清、自我接纳欠佳和自我管理不足。而自我意识偏差的调适最关键是悦纳自我。为此，大学生需要努力做到：

① 全面认识自我。全面客观地认识自我是形成积极自我的基础。乔韩窗口理论认为，每一个人对自己的认识都是一个不断探索的过程，在每个人的自我认识中都存在公开的领域、盲目的领域、隐秘的领域和未知的领域四个部分(见表 4－2 所列)，我们需要努力通过多种路径来尽量减少盲目的领域和未知的领域，以更加全面准确地认识自我。

表 4-2　乔韩窗口理论

公开区：代表我们自己知道，也会让别人知道的领域。这是一些我们不能隐藏或者我们愿意公开的方面，通常属于“正向”信息部分	盲目区：代表别人已知道而自己却不知道的领域。这是我们自己没有意识到却在别人面前表现出来的方面，一般属于“负向”信息部分
隐秘区：代表我们自己知道而别人不知道的领域。这是我们不愿意在别人面前显露出来的方面，一般属于个人隐私部分	未知区：代表我们自己不知道别人也不知道的领域。这是基于某种原因而没有被意识到的方面，属于无意识部分

第一，积极进行社会交往，充分表现自我，发现自己的优点和不足。米德强调，自我概念来源于社会交往，因此，社会交往对于个人全面客观认识自我具有极其重要的作用。

第二，合理运用社会比较策略。进行社会比较是每个人全面客观认识自我的重要方式。但不少同学在社会比较的过程中，常常拿自己的弱点跟别人的优点对比，因此总是看到自己的缺点而看不到自己的优点，久而久之就会形成消极的自我概念。相反，有些同学只是看到自己的优点，对缺点却视而不见，这必然会形成虚假的自我概念，在实践中导致盲目自大。合理的社会比较，必然是综合的比较。既要横向比较，又要全面比较，综合考虑家庭背景、生理状况、智力程度、生活经历等。这样才能在合理的社会比较中形成全面正确的自我意识。

第三，留意他人对自己的态度和评价。库利在其自我概念的理论中提出了“镜中我”的概念，指出他人的态度、评价对自我形成的重要作用。因此，在生活中，我们要综合分析来自父母、老师、同学、朋友、异性等多方面的信息，以形成全面客观的自我认识。

第四，自我内省。《礼记·中庸》中有云“正己而不求于人则无怨”，《孟子·离娄上》指出“行有不得，反求诸己”，此即儒家一直倡导的道德修养方法，指为人处世时自己要首先端正自己，而不是先把精力放在要求别人上，强调人要有自我反省的能力，先做好自己，再要求别人。曾子说“吾日三省吾身”，大学生自己通过自我反省，对自己的情绪、思维、行为等进行反省和分析，认真思考：自己的行为是源于自己的真实感受吗？受到了什么情境的影响？这些想法和行为是否都是恰当的呢？该如何进一步完善呢？如此，不断通过自我反思、自我评价和自我调控认识自己、提升自己。

② 积极悦纳自我。悦纳自我是发展积极自我的核心和关键。一个人首先应自我接纳，才能为他人所接纳。悦纳自我就是要无条件地接受自己的一切，无论是好的还是坏的、成功的还是失败的、有价值的还是无价值的，凡自身现实的一切都应该积极悦纳，平静而理智地对待自己的长短优劣、得失成败，不因

优点而自负，也不因缺点而自我否定，而是充分认识和肯定、接纳自我的独一性。

第一，欣赏独特的自己。每个人都是独一无二的。正像世界上没有完全相同的两片树叶，世界上也没有完全相同的两个人。每个人独特的先天因素和后天经历塑造了每一个不同的个体。每一个体既因其优势和技能显得出类拔萃，也会因为缺点和不足而显得真实可爱。世界正是因为这些不同才显得多姿多彩。

第二，勇敢面对失败，相信自己。每个人的成长过程都不是一帆风顺的，有成功也有失败。大学生在成长的过程中，遇到各种各样的挫折并不可怕，可怕的是在挫折面前贬低自己，不断自责，丧失信心。事实上，失败只是暂时的，只要我们认真总结，合理归因，脚踏实地，持之以恒，一定能体验成功，感受幸福。

③ 努力提升自我。积极的自我是在社会实践中产生的。只有在实践中不断发现自我、改造自我和完善自我，才能最终形成积极的自我概念。这就要求每一个大学生在确立合理的实践目标基础上，积极参加各种社会实践活动，如勤工俭学、义务劳动、调查访问、参观旅游、生产实习等，广泛接触社会，在真实的社会生活和广阔的实践天地中，逐步认识自我、发现自我，培养判断问题和解决问题的独立性，从而摆正自己在社会中的位置，端正生活态度，建立适度的理想目标，避免好高骛远、眼高手低，最终达到理想自我和现实自我的统一，促进自我心理健康。

☞ 素质提升

活动：我是独一无二的

① 教师发给每小组一枚核桃；

② 小组成员在规定时间内仔细观察手中核桃的特征（不能在核桃上做人为标记），同时每小组产生一名小组代表；

③ 教师将核桃收回，打乱核桃的顺序后让小组代表来找自己小组的核桃；

④ 小组代表先描述小组核桃的特征，然后在 10 秒内找到自己的小组核桃算成功。

（活动之前一定把规则讲清楚，以免在活动过程中出现误会，尤其是对不遵守游戏规则的同学的惩罚一定要讲清楚。）

思考：这个活动给了你什么启发？（引导学生说出每个核桃都是独一无二的，就像我们每个人一样也是独一无二的，我们要接纳和喜欢自己的这种独特性。）

四、大学生悦纳自我的能力训练

☞ 身边故事

谢同学是某工科大学大二学生，出生农村和家境贫困让她感觉自己处处不如人，不知道当红明星，不了解化妆品，同学聊天插不上嘴，让她觉得自己是个多余的人。心情低落的她学习成绩也不理想，面对英语四级考试、计算机等级考试、普通话测试等学习任务，也是只有计划没有行动。每天打开电脑浏览网页、QQ聊天、看会淘宝后，半天很快就过去了，该做的事没有做，感觉很愧疚、很难受。多次下决心不这样了，可第二次仍是这样，不想做该做的，反而去逛街、玩电脑。她也很在意别人的评价，一个小小的负面评价，比如听别人说她衣服不好看，会难过好长时间。她也想出人头地、衣锦还乡，回报父母的爱，可就是行动不起来。

在咨询老师的指导下，谢同学逐渐明白了每个人都会因为自身家庭和生活经历而不同，从而接受了自我的独特性，认识到自己刻苦、勤奋、踏实、敏感的特点，也开始明白大学学习生活和中学的差异，有意识地在咨询老师的指导下进行时间管理，确定每天、每周、每月的学习目标，制订具体的学习计划，并在详细记录、分析自己时间利用状况的基础上，制定了合理可行的作息时间表。半年后，谢同学学习成绩稳步上升，人也变得开朗热情，明确了自己作为大学生的角色和任务，乐于参加社会兼职和社团活动，和同学、老师和谐相处，成为一个快乐的大学生。

☞ 故事点评

1. 心理分析

来自农村的谢同学初上大学时因为自己兴趣特长少、才貌不出众而自卑，心情低落，整个人不积极，学习生活的主动性不强。后在老师指导下，她从加强时间管理能力入手，开始了每天有目标、每周有任务、每月有进步的行动者生活，在不断取得学习进步的同时，整个人也变得开朗热情，积极参加社会实践和集体活动，超越了内心的自卑，成为一个全面认识自我和悦纳自我的大学生。

2. 故事的启发

有时面对生活中的挫折和低谷，我们不是不想摆脱，也不是不想行动，只是缺少切实的行动，不懂得从哪里开始行动。因此，像谢同学这样，从时间管理入手，让自己逐渐进入一种行动者的状态，非常有利于大学生走出自我贬低等自我心理困境，并不断开发潜能，引导大学生发现积极自我，提升自我的心理健康水平。

☞ 心理导航

1. 主题聚焦

阿德勒认为只要我们接纳自己，并能够和他人实现合作，那我们就能用脚踏实地成功克服自卑感，获得超越；罗杰斯则认为只要勇敢地探索自我，明白自我的真实愿望和目标，就能够找回积极的自我。培养大学生悦纳自我的能力是帮助大学生持续促进自我心理健康的重要方面。从正面的、潜能挖掘和能力提升的角度，帮助大学生不断优化和提升自我，不仅能够预防大学生自我心理问题的产生，同时能帮助大学生更加全面健康地成长和发展。

2. 心理理论阐释

能够帮助大学生深度认识自我、优化自我、超越自我和成就自我的能力，主要有自我探索能力、确立目标能力、增强自信能力和自我管理能力等。

① 倾听自己内心的声音，提升自我探索能力。按照自己真实的愿望和想法生活，是自我健康的基本方面。在现实中，我们内心的自我经常被亲人的期望、他人的言论和社会的偏见所干扰，导致我们没有从自己内心真实的需求出发选择学习和生活的方式。那么，如何倾听自己内心的声音，提升我们自我探索的能力呢？

第一，找个安静舒适的环境，让自己的心情放松、安静下来。

第二，把所有的人、事、物都暂时抛开，给自己一个纯净的心理空间。

第三，从自己的需要出发，仔细思考“我想……”“我希望……”等问题。

第四，把这些需要和想法与现实相结合进行思考，尽力在现实中达成自己的想法。

② 确立自我发展目标，提升自我规划能力。确立目标，自我规划是促进大学生自我同一性的核心。因为，在规划过程中，大学生需要充分认识自己，需要设立合理的发展目标，合理安排时间，分配金钱和精力。所以，列夫·托尔斯泰说：“人活着要有生活目标：一辈子的目标，一段时期的目标，一个阶段的目标，一年的目标，一个月的目标，一个星期的目标，一天一小时一分钟的目标。”长期目标与短期目标的结合不仅使我们一直心怀希望，同时让我们脚踏实地。对于如何确立目标，企业战略规划中的SWOT分析法在自我发展规划中的运用能够帮助我们客观进行自我认知，明确发展方向，从而为大学生的学习生活做出最佳决策。这一方法一般分为五个步骤：

第一，SW分析，即评估自己的优势和劣势。这是对自我进行分析，在客观全面认识自己的基础上，从性格、能力、行事风格、兴趣等方面评估自己的优势和劣势。请做一个表格，列出自己的性格特点、长短处所在。这是进行个人分析非常重要的一步，通过分析自己的长处和短处，可以扬长避短，继续发扬自身的优势，并努力改正自己常犯的错误，提高自身的素质和能力。

第二，OT 分析，找出机会和威胁。机会和威胁作为一个矛盾的统一体，总是同时存在于周围的环境中，对机会和威胁进行比较客观的分析将有助于大学生认清形势并果断地进行抉择。所以，有必要对学习环境、专业前景以及就业形势等外部因素进行正确的分析，评估其机会和威胁。

第三，列出未来 3～5 年的发展目标。目标是行动的向导，完成第一、第二步的分析后，我们就可以有针对性地简单制定自己的发展目标，制定出符合实际情况的短期目标、中期目标和长期目标。

第四，根据目标列出具体行动计划。这一步骤主要涉及一些具体操作内容，围绕目标详细说明为完成目标需要做哪些事情、何时完成这些事情、是否需要帮助、如何获得帮助等。

第五，根据计划执行和目标完成等实际情况，随时进行灵活调整。

③ 欣赏自身优点，提升自信能力。我们对自己抱有的信心，将使别人对我们充满信念。然而，在大学的校园生活中，人总会有失意的时候。当你在学习、生活上遭受挫折的时候，怎样才能重新建立自信心呢？英国心理学家克列尔·拉依涅尔提出了 10 条帮助你增强自信心的规则：每天照三遍镜子；不要总想着自己的身体缺陷；你感觉明显的事情，其他人不一定注意得到；不要过多地指责别人；多数人喜欢的是听众；为人坦诚，不要不懂装懂；在自己的身边找一个患难相助、荣辱与共的朋友；不要试图用酒来壮胆提神；用不讲话应对怀有敌意的人；避免使自己处于一种不利的环境中。

④ 加强意志训练，提高自我管理能力。自我管理和自我调控能力是大学生提升自我的重要方面。大学阶段是个体自我心理处于从不成熟走向成熟的关键时期，所以自我心理矛盾和冲突较多，这就需要大学生能够针对不同情况有意识地控制和调节自己的情绪、约束和支配自己的言行。自我管理、自我控制不仅要求大学生具备辩证思维，学会用乐观的情绪和积极的心态去对待问题，客观公正地看待事物，增加自我意识中的理性成分，消除偏激和肤浅的缺点；同时需要大学生能够切实行动起来，在意志训练中优化行动效果，在习惯养成中不断提升自我管理能力。

五、自我意识的评估

☞ 心理导航

自我意识在大学生人格形成和人格结构中占有极重要的地位。人的认知、情感、意志都受自我意识的影响，健全的自我意识是个体全面发展的重要途径，也是心理健康的具体反映。因此，掌握自我意识评估的正确方法，对促进大学生的心理健康和全面发展非常重要。

1. 自我意识评估的内容

自我意识评估包括对自我意识的内在心理活动和外在表现两方面的评估。

① 生理自我评估，也称为体像，是人们对自己身体外形以及身体功能的认识与评价，如高、矮、胖、瘦、柔、弱、雄、悍等。体像分为客观体像和主观体像两种。前者是人们直接从照片或镜子里所看到的自我形象，后者则指人们通过分析和判断别人对自己的反应而感知到的自我形象。

② 心理自我评估，是个体对自己智慧、能力、性格、道德水平等的认识与判断。

③ 社会自我评估，是个体对自己的社会人口特征，如年龄、性别、职业、政治学术团体会员资格以及社会名誉、地位的认识与估价。

2. 自我意识评估的方法

自我意识评估的常用方法包括观察法、会谈法、投射法、量表测量法等，几种方法也可交叉运用。

① 观察法，是对被评估者的一般外形、非语言性行为及与他人互动关系的观察。观察内容包括：被评估对象是否与会谈者有目光交流，面部表情如何；外表是否整洁；穿着打扮是否得体；身体哪些部位有改变，是否有不愿见人、不愿照镜子、不愿与他人交往、不愿看身体形象有改变的部位、不愿与别人讨论伤残或不愿听到这方面的谈论等行为表现。

② 会谈法，是通过与被评估者进行交流，了解体像主观资料的一种手段。询问的问题可以是：对您来说，身体哪一部分最重要？为什么？您最喜欢自己身体的哪些部位？最不喜欢哪些部位？外表方面，您希望自己什么地方有所改变？您目前面临的身体外表方面的威胁有哪些？若对健康状况和生活方式已有改变，这些改变对您的影响有哪些？您认为这些改变是否影响了他人对您的看法？等等。

③ 投射法，指个人把自己的思想、态度、愿望、情绪或特征等，不自觉地反映于外界的事物或他人的一种心理作用。使用投射法往往能够反映出他们对自己体像的理解与认识。其方法为，让大学生自画像并对其进行解释，从中识别其对体像改变的内心体验。

④ 量表测量法。在心理健康状态评估和诊断过程中，常需对个体或群体的心理和社会心理现象进行观察，并对观察结果用数量化方式进行评估，这一过程称为评定。评定要按照标准化程序来进行，这样的程序便是量表测量法。

☞素质提升

心理测量：自我意识量表（SCS）

本量表是心理学家弗尼斯坦等人在1975年编制的，用于内在自我和公众自我的测量。请阅读以下题目并用1～5代表这些项目与您自己相符合的程度。请您在认为合适的数字上打“√”。

表4-3　自我意识量表

项　目	完全不符合	比较不符合	不确定	比较符合	完全符合
1. 我经常试图描述我自己	1	2	3	4	5
2. 我关心自己做事的方式	1	2	3	4	5
3. 总的来说，我对自己是什么人不太清楚	1	2	3	4	5
4. 我经常反省自己	1	2	3	4	5
5. 我关心自己的表现方式	1	2	3	4	5
6. 我能决定自己的命运	1	2	3	4	5
7. 我从不检讨自己	1	2	3	4	5
8. 我对自己是什么样的人很在意	1	2	3	4	5
9. 我很关注自己的内在感受	1	2	3	4	5
10. 我常常担心我是不是给别人一个好印象	1	2	3	4	5
11. 我常常考察自己的动机	1	2	3	4	5
12. 离开家时我常常照镜子	1	2	3	4	5
13. 有时我有一种自己在看着自己的感受	1	2	3	4	5
14. 我关心他人看我的方式	1	2	3	4	5
15. 我对自己心情的变化很敏感	1	2	3	4	5
16. 我对自己的外表很关注	1	2	3	4	5
17. 当解决问题时我很清楚自己的心理	1	2	3	4	5

计分办法：代表内在自我的题目包括1、3、4、6、7、9、11、13、15、17，代表公众自我的题目包括2、5、8、10、12、14、16。第3题和第7题为反向计分题，即选1计4分、选5计0分。其余各题为正向题，即选1得0分、选2得1分，以此类推。对于大学生群体而言，内在自我的平均得分为26分，而公众自我的平均得分为19分。

第五章
大学生人格发展与心理健康

学习目标：

5.1　什么是人格？人格的特征是什么？人格的结构是什么？
5.2　什么是气质？有哪些气质类型？
5.3　什么是性格？它的特征是什么？
5.4　气质与性格有什么关系？
5.5　人格障碍有哪几种类型？
5.6　当代大学生的人格特征是什么？
5.7　大学生常见的人格偏差有哪些？
5.8　健全人格的标准是什么？
5.9　大学生如何形成良好的人格品质？有哪些培养健全人格的方法？

《论语·颜渊》里樊迟问“仁”，子曰：“爱人。”樊迟请教孔子什么叫作“仁”，孔子答爱人的品质叫作“仁”。孔子提倡仁爱，爱一切人，利一切物。子云：“弟子入则孝，出则悌，谨而信，泛爱众，而亲仁。”人人若能够做到将心比心，推己及人，在爱人的过程中提升人格品质水平，懂感恩，知荣辱，那么许多人格问题、心理障碍都不药而解，幸福感也会随之提升。

第一节　人格概述

“人格”一词的英文表达是“personality”，它来源于拉丁文“personality”，原本意思是指“面具”。相传，此意始于古罗马的一个演员。在戏剧中，他为了掩饰不幸伤残的左眼而使用面具。从此，面具便成为舞台上的一种特殊道具，相应地代表着戏中所扮演角色的特定身份。这种面具类似于我国的国粹京剧中的脸谱，每一张脸谱都对应一个特殊的性格角色。比如：红色的脸谱代表忠勇烈士，如关羽、常遇春；黑色的脸谱代表刚烈、勇猛，甚至鲁莽，如张飞、李逵等；白色的脸谱代表奸臣、坏人，如曹操、赵高等。后来，“面具”一词被心理学家借用成为“人格”，表示稳定而异于他人的特质模式。

☞身边故事

郭同学，某高校大一学生。进入大学伊始，小郭便发现寝室的四个人性格迥异，对事情的看法也不一致。宿舍年龄最大的小艾来自一个小山村，勤恳本分，每天大部分时间都在看书学习，每当问她有什么看法时，她就会说：“我没什么特别的意见，看大家的意思。”排行老二的小微性格泼辣，稍有不和就会发脾气，耍小性子，总是要求大家都听她的。排行老三的小肖灵活随和，在大家发生矛盾时总是能够轻而易举地化解，她是宿舍的“润滑剂”与“开心果”。宿舍年龄最小的是小郭，她发现自己没有小艾那么踏实，没有小微行动力强，没有小肖点子多，感觉自己安静无趣，事事不如人。

☞故事点评

1. 心理分析

歌德说“一棵树上很难找到两片形状完全一样的叶子，一千个人之中也很难找到两个在思想情感上完全协调的人”，每个人的人格是不同的，世界上不可能存在两个一模一样的人。人格完善对我们有着深刻的影响，只有先成为人格优秀的人，然后才能成为优秀的人才。可见，人格塑造是大学生最重要的课题之一。在故事中，小郭、小艾、小微和小肖的性格不同，她们有的内向，有的外向，有的平静，有的灵活。这些人格特征形形色色，各有不同，形成了各类性格特征不一的人，构成了多彩的世界。

2. 故事的启发

在生活中，你会怎么样描述你的好朋友呢？他/她是男生/女生，圆圆的脸型，身材中等，体型微胖，戴着眼镜……除了这些体貌特征以外，你可能还会提到他/她是一个坚强、有毅力、有责任心、热情、开朗的人。看着周围的同学，有的人助人为乐，有的人自私自利，有的人心直口快，有的人城府很深，有的人说到做到，有的人口是心非。我们会发现性格温柔、平易近人的人深受大家喜爱，而有的人性格孤僻、难以相处，就没有亲近的朋友。我们每一个人都希望自己能够成为受大家欢迎的人，人格塑造能够帮助我们成为一个理性平和、受大家喜欢的人。

☞心理导航

1. 主题聚焦

心理学家将人格定义为让个体保持一致性和独特性的持久的特征模式，指人们在日常生活中表现出来的相对稳定的个性心理特征和个性心理倾向的总和，包括气质、性格、能力、需要、动机、兴趣、信念和价值观等，也包含那些让我们与众不同、有别于他人的行为。因为人格的存在，人的行为具有跨时间的一致性。

大部分人都认同，个体拥有某种持久的人格，例如热情、开朗等，这些人格让人们的行为可以预测。人格就是一个人心理活动与行为表现的复杂统一体，一旦形成就具有相对稳定性，因此，它是一个人心理活动及行为方式的习惯模式，人们在学习、工作、生活中，总是自觉或不自觉地受其影响和制约。

大学生尚缺乏自我认识，人格尚未健全。心理学研究表明，大学阶段属于人生的“断乳”阶段，其思想意识、人格素质处于形成的过程中。因此每个大学生都应该了解人格的知识，了解自身人格发展的特点，积极塑造良好的人格，并使之不断完善。

2. 心理理论阐释

（1）人格的特点

① 整体性。人格是个体精神面貌的整体表现，是多个身心特质之间相互密切联系的一个有机组织。各特质之间的协调整合保证了我们与外界的和谐相处，保证了个体自身的健康完整。当一个人的人格结构的各方面和谐一致时，其就会呈现出健康的人格特征，否则就会出现各种心理冲突，导致“人格分裂”。

② 独特性。人格是在遗传的基础上，通过家庭教育、学校教育及社会环境等后天因素交互作用下形成的。不同的遗传、教育及社会环境，形成了各自独特的心理特点。如有的人开放自然，有的人顽固自守，有的人沉默寡言，有的人豪爽，有的人谨慎等。“人心不同，各如其面”，就是说人们的内心不同，就像人们的面孔各不相同一样。

③ 稳定性。人格的稳定性是指那些经常表现出来的特点，是一贯的行为方式的总和，正所谓“江山易改，本性难移”。这种稳定性还表现在人格特征在不同时空下的一致性。例如，一个性格外向的大学生，他不仅仅在家庭中非常活跃，而且在班级活动中也表现出积极主动的一面，在老师面前同样也能自然地表现自己。不仅在大学阶段如此，即使毕业若干年后再相逢，这个特质依旧不变。

④ 可塑性。人格是稳定的，同时也有可塑性，是可以改变的。人格是在遗传、环境、学习等许多因素影响下形成发展起来的，随着环境和教育的影响和改变，或多或少地发生变化。“士别三日刮目相看。”儿童的人格在成长中不断地形成，尚不稳定，容易受环境的影响，因此可塑性较大；成年人的人格在成长中不断完善，趋于稳定，可塑性较小，但并非不能改变。而大学时期是人格发展的重要阶段，因此，应在大学期间有意识地健全、完善自己的人格。

（2）人格的结构

人格特征包括气质特征和性格特征。有人敏捷、有人迟缓，这是气质的差异。有人勇敢、有人怯懦，这是性格的差异。正是这些心理特征使个人的心理活动以及行为方式存在着差异，也表现了人格差异的具体内容。

① 气质，是一种稳定的心理特征，是心理活动表现在强度、速度、稳定性和灵活性等方面动力性质的心理特征。心理学中所说的气质近似于日常人们所说“脾气”“性格”“性情”等含义。气质是先天形成，受神经系统活动过程的特性所制约，是人的天性，并无好坏之分。

不同的心理学家对气质的分类各有不同，最为常见的是古希腊著名医生希波克拉底对气质类型的划分。他将气质分为四种类型，分别是：多血质、胆汁质、黏液质、抑郁质。希波克拉底提出，人体有四种体液，分别是：血液、黏液、黏胆汁、黑胆汁。这四种体液的组合，形成了人体的特质，即血液占优势称为“多血质”，黏液占优势称为“黏液质”，黄胆汁占优势称为“胆汁质”，黑胆汁占优势称为“抑郁质”。

多血质：活泼好动、反应敏捷、情绪发生快而多变、注意和兴趣易转移、善交际、亲切有生机，但往往轻率，具有外倾性；胆汁质：直率、精力旺盛、热情奔放、急躁、莽撞、易感情用事、自制力差，具有外倾性；黏液质：沉着、安静，情绪不易外露，行动缓慢、注意稳定不易转移、自制力强、不善随机应变，具有内倾性；抑郁质：行为孤僻，多愁善感，动作迟缓，情绪体验深刻，善于觉察细节，富于想象，具有内倾性。

气质本身无好坏之分。在评定气质时，不能认为一种气质类型是好的，另一种气质类型是坏的。因为任何气质类型都有积极的一面，又有其消极一面。例如：胆汁质的人积极、生气勃勃，但暴躁、任性；多血质的人灵活、亲切，但轻浮、情绪多变；黏液质的人沉着、坚毅，但缺乏活力、冷淡；抑郁质的人情感深刻稳定，但孤僻、羞怯等。气质不决定智力发展的高低和成就水平，气质的特点只影响智力活动的方式，而不能预先决定智力的发展。具有任何一种气质的人，其智力都可以发展到相当高的水平。

② 性格，是指个体对现实的态度和其行为方式所表现出来的个性心理特征，是一个人心理面貌本质属性的独特结合，是人与人相互区别的主要方面。所谓态度是个人对待社会、他人以及自己的一种稳定心理倾向，包括对事物的评价、好恶和趋避等方面；人对事物的态度不同，由它支配的行为方式也会受到影响，从而形成人的千差万别的性格。

性格的特征包括：a. 道德特征（又称态度特征）：包括对人、对事、对己、对物的态度。如对人是热情还是冷淡，对事是认真负责还是马虎敷衍，对己是谦虚还是骄傲，对物是节俭还是奢华等。b. 理智特征：指认知和智力方面的一些特点，如认知风格有独立性和依存性、冲动和沉思、同时性和继时性之分。

c. 情绪特征：指情绪对活动影响及对情绪的控制方面的特点，主要表现在情绪活动的强度、稳定性、持久性和主导性上。d. 意志特征：指对行为自觉调节方面的特征，主要包括四方面品质：自觉性、果断性、坚韧性、自制性（力）。

性格的类型是指一类人身上共有的某些性格特征的独特结合。性格分类的方法很多，从不同角度反映一个人的性格特征。常见的性格分类有以下几种。

理智型与情绪型：按情绪的控制程度可分为理智型与情绪型。理智型性格是指人的性格中理性特征特别鲜明，这种人善于控制自己的情绪，使自己的行为具有明显的理智导向，自制力强，处事谨慎，但容易畏首畏尾，缺少应有的冲动；而情绪型性格是指情绪体检深刻，举止言行受情绪左右，这种人待人热情，做事大胆，情绪反应敏捷，但情绪容易起伏，有时会冲动，注意力不够稳定，容易转移。

独立型与顺从型：按个体独立程度可分为独立型与顺从型。独立型性格的人意志较坚强，不仅善于独立地分析问题、解决问题，而且敢于坚持自己的意见，表现为自主、自立、自强的性格特点，但有时也会固执己见、独来独往、不易合群。顺从型性格的人服从性好，易与人合作，随和，但独立性差，易受暗示。

外向型与内向型：按个性倾向性分类，可把性格分为外向型与内向型。外向型性格的人心理活动倾向于外部，活泼开朗，善于交际，感情易外露，关心外部事物，处事显得不拘小节，独立性强，容易适应新的环境，但易轻信，自制力不足，有时表现出粗心、情绪多变等；内向型性格的人心理活动倾向于内部，感情含蓄，处事谨慎，自制力较强，善于忍耐，想象力丰富，情绪体验较为深刻，一般不善于交际，反应缓慢，有时会表现出沉郁、孤僻、拘谨和胆怯等。

A－B－C 型：按人的行为方式，即人的言行和情感的表现方式可分为 A 型性格、B 型性格和 C 型性格。A 型性格外向，主动，紧张，节奏快，敏感，表现出个性强、有过高的抱负、固执、急躁、好冲动、行动匆忙、好胜心强、时间观念强等；B 型性格情绪较稳定，社会适应性强，为人处事较温和，生活有节奏，做事讲究方式，与他人的关系良好，能面对现实，抱负不高等；C 型性格情绪压抑，表现为害怕竞争、逆来顺受、爱生闷气的性格。

③ 气质与性格的关系。两者同属人格特征，表现为相互渗透、相互制约的关系。它们的区别是：气质主要是先天的，更多地受人的生理特点特别是神经系统的特点决定；性格则是先天和后天的“合金”，在先天遗传的基础上，主要受后天的环境影响而决定。气质无好坏之分，性格具有社会评价意义。气质可塑性小，变化较慢；性格可塑性大，变化也较快。气质形成较早，表现在先（出生时即有表现）；性格形成得晚，起作用时间也比较晚（青年期才形成）。

（3）影响人格形成和发展的因素

影响人格形成和发展的因素很多，主要包括两个方面：一是先天遗传因素；

二是后天环境因素。

① 先天遗传对人格形成和发展的影响。用来确定遗传对人格发展影响的研究方法有两种：孪生子研究和收养研究。19 世纪的英国学者高尔顿对 300 多对同卵或异卵双生子进行了观察研究，对数百名法官、文学家、科学家、艺术家、神学家、政治家的家谱进行了调查，发表了《遗传的才能和性格》《遗传的天才》等一系列著作。他认为人的才能和性格都是可以遗传的。许多心理学家的观察进一步证实了这一观点。比如，对刚生出来的婴儿进行观察，就会发现有的婴儿哭声洪亮、好动，是兴奋型；有的婴儿哭声细微、安静，是抑制型。再比如，有人对双生子的精神病同病率问题进行了调查，发现同卵双生子的同病率显著高于异卵双生子的同病率。

那么，遗传对人格的影响究竟占多大比例呢？英国学者卡特尔经过研究认为，人格的 2/3 是由环境决定的，1/3 是由遗传决定的。列宾研究过遗传对人格五大因素的作用，发现遗传率约为 40%，即人格上约 40%的个体差异可由遗传加以解释。

② 后天环境（或教养）对人格形成和发展的影响，主要分为家庭环境、学校环境和社会文化环境。

家庭环境：不少研究表明，体贴、温暖的家庭环境能促进儿童成熟、独立、友好、自控和自主等特征的发展。家庭气氛看似无形，却能从各种不同角度向儿童传递信息，对儿童的人格发展起着潜移默化的作用。比如，父母长期的敌对争吵会使子女心里产生严重的焦虑、多疑或神经质，甚至引发人格障碍。又比如，在孤儿院长大的孩子往往比在正常家庭长大的孩子性格更为孤僻而且缺乏对社会的信任感，这些与他们从小就缺少父母的爱，生活在缺乏安全感、信任感和温馨的家庭环境氛围里有关系。俗话说："有其父必有其子。"这句话的合理性表现在父母在待人处事、情感交流等方面对子女的人格发展和形成所造成的潜移默化的作用。一般情况下，过度焦虑的孩子常有过度保护、对子女反应十分幼稚化的母亲。父母与孩子的交往方式以及教育方式对其人格发展和形成具有非常重要的作用。只要不惹麻烦，父母便漠不关心的孩子，其成就动机和自我价值感都较低。受父母溺爱的孩子，常缺乏爱心、耐性和挫折容忍力。经常受到体罚的孩子，会变得难以管教、出现更多的攻击行为。可见，家庭环境对子女人格的影响主要表现在家庭气氛、父母的个性和家庭教育方式等。

学校环境：学校对学生人格的影响主要表现在校风、班风、教师和同伴的影响。有研究表明，处在不同校风班风下的学生在时间管理倾向、自我价值感、应对方式以及心理健康等方面有着显著的差异；优良校风对中学生健全人格特征的养成有显著的促进作用。在学校，教师是影响学生人格的重要因素，教师是学生的一面镜子，是学生经常学习的榜样，学生与教师的交往频繁，而且教师的特殊地位决定了其一言一行对学生人格影响的深刻性、引导性和权威性。

同伴的影响在中学生和大学生中更为显著。这个年龄阶段的青少年更倾向于赢得同龄人的赞许和认可，他们越来越注重在相似年龄、地位等的同伴群体中寻求自我价值感。

社会文化环境：其包括社会制度、经济状况、阶级差别、民族传统、风俗习惯、伦理道德观念和教育方式等。中国传统文化强调修身，崇尚以人为本。荀子说："人有气、有生、有知，亦且有义，故最为天下贵也。"社会文化环境也会影响人格特质的形成。个体从诞生开始，就无时无刻不在受社会文化环境的影响，在特定的社会文化关系中不断成长、成熟。一般说来，个体在完整的自我意识形成之前，更多地接受潜移默化的环境影响和被动地接受社会规则的影响，在完整的自我意识形成之后，他们对自身周围的环境的影响就会有一定的选择性和主动性。大学生所处的年龄阶段以及学习阶段，正是完整的自我意识形成的最后阶段，此时他们对社会文化的影响就具有选择性和主动性。一方面，他们广泛地审视社会文化，开阔视野，主动接受比校园文化、家庭文化更为广泛的内容的影响；另一方面，他们从广阔的社会文化中选择自己认为有益的内容来主动吸收，对于一些他们认为无益的内容主动拒绝。

☞ 素质提升

心理测试：气质类型

请认真阅读下列各题，对于每一题，凭你的第一印象作答。

计分规则：很符合自己情况的计+2；比较符合自己情况的计+1；介于符合与不符合之间的计0；比较不符合自己情况的计−1；完全不符合自己情况的计−2。

1. 做事力求稳妥，不做无把握的事。
2. 遇到可气的事就怒不可遏，想把心里话全说出来才痛快。
3. 宁肯一个人干事，不愿很多人在一起。
4. 到一个新环境很快就能适应。
5. 厌恶那些强烈的刺激，如尖叫、噪声、危险的镜头等。
6. 和人争吵时，总是先发制人，喜欢挑衅。
7. 喜欢安静的环境。
8. 喜欢和人交往。
9. 羡慕那种能克制自己感情的人。
10. 生活有规律，很少违反作息制度。
11. 在多数情况下情绪是乐观的。
12. 碰到陌生人觉得很拘束。

13. 遇到令人气愤的事，能很好地自我克制。
14. 做事总是有旺盛的精力。
15. 遇到问题常常举棋不定，优柔寡断。
16. 在人群中从不觉得过分拘束。
17. 情绪高昂时，觉得干什么都有趣。
18. 当注意力集中于一件事时，别的事很难使我分心。
19. 理解问题总比别人快。
20. 碰到危险情境，常有一种极度恐怖感。
21. 对学习、工作、事业怀有很高的热情。
22. 能够长时间做枯燥、单调的工作。
23. 符合兴趣的事情，干起来劲头十足，否则就不想干。
24. 一点小事就能引起情绪波动。
25. 讨厌做那种需要耐心、细致的工作。
26. 与人交往不卑不亢。
27. 喜欢参加热烈的活动。
28. 爱看感情细腻、描写人物内心活动的文学作品。
29. 工作、学习时间长了，常感到厌倦。
30. 不喜欢长时间谈论一个问题，愿意实际动手干。
31. 宁愿侃侃而谈，不愿窃窃私语。
32. 别人说我总是闷闷不乐。
33. 理解问题常比别人慢些。
34. 疲倦时只要短暂的休息就能精神抖擞，重新投入工作。
35. 心里有话宁愿自己想，不愿说出来。
36. 认准一个目标就希望尽快实现，不达目的，誓不罢休。
37. 学习、工作同样一段时间后，常比别人更疲倦。
38. 做事有些莽撞，常常不考虑后果。
39. 老师或师傅讲授新知识、技术时，总希望他讲慢些，多重复几遍。
40. 能够很快地忘记那些不愉快的事情。
41. 做作业或完成一件工作总比别人花的时间多。
42. 喜欢运动量大的剧烈的体育活动，或参加各种文娱活动。
43. 不能很快地把注意力从一件事情转移到另一件事情上去。
44. 接受一个任务后，希望把它迅速完成。
45. 认为墨守成规比冒风险强些。
46. 能够同时注意几件事物。
47. 当我烦闷的时候，别人很难使我高兴起来。
48. 爱看情节起伏跌宕、激动人心的小说。

49. 对工作持认真严谨、始终一贯的态度。

50. 和周围人们的关系总是相处不好。

51. 喜欢复习学过的知识，重复做已经掌握的工作。

52. 喜欢做变化大、花样多的工作。

53. 小时候会背的诗歌，我似乎比别人记得清楚。

54. 别人说我“出语伤人”，可我并不觉得这样。

55. 在体育活动中，常因反应慢而落后。

56. 反应敏捷，头脑机智。

57. 喜欢有条理而不甚麻烦的工作。

58. 兴奋的事常使我失眠。

59. 老师讲新概念，常常听不懂，但是弄懂以后就很难忘记。

60. 假如工作枯燥无味，马上就会情绪低落。

表 5-1 气质类型计分表

胆汁质	题号	2	6	9	14	17	21	27	31	36	38	42	48	50	54	58	总分
	得分																
多血质	题号	4	8	11	16	19	23	25	29	34	40	44	46	52	56	60	总分
	得分																
黏液质	题号	1	7	10	13	18	22	26	30	33	39	43	45	49	55	57	总分
	得分																
抑郁质	题号	3	5	12	15	20	24	28	32	35	37	41	47	51	53	59	总分
	得分																

最后的评分标准是：如果某种气质得分明显高出其他 3 种（均高出 4 分以上），则可定为该种气质；

如 2 种气质得分接近（差异低于 3 分）而又明显高于其他 2 种（高出 4 分

以上），则可定为2种气质的混合型；

如果3种气质均高于第四种的得分且相接近，则为3种气质的混合型。

第二节 人格发展异常的表现与评估

大学阶段是个体人格发展的重要阶段，很多重要的人格特征是在大学生活实践中慢慢形成的，一旦人格在发展中出现偏差，就容易慢慢地形成人格发展异常。人格发展异常表现为成年期固定的适应不良的行为模式，会给本人及其周围的人造成困扰。人格发展异常的影响具有一定的辐射性，会渗透到个体的学习、生活、事业、家庭等方方面面，因此，我们有必要对人格发展异常进行了解并且避免其发生。

☞身边故事

肖同学，男，18岁，大学一年级学生。他有着较强的自卑心理和孤独感，基本上不能和同学们进行正常的人际交往，交流时胆怯不敢直视别人，说话时身体有些发抖，当发觉自己无法介入别人的谈话时，便陷入沉默，害怕自己因为不会说话被人耻笑，平时也比较多疑，十分在意身边人的一举一动，别人的某些无意举动他认为是对自己的莫大侮辱，时刻处于警惕状态，害怕他人看到自己的无知与自卑，致使人际交往不顺利。

☞故事点评

1. 心理分析

肖同学正处于自我意识觉醒并逐步完善的时期，当发现自己与身边其他同龄人的区别与差距时，就会产生了解别人内心世界的期待并被其他同龄人理解和接纳的渴望和需要。他十分重视自己在别人心目中的地位和形象，尤其在意别人对他的评价，因此有时会自觉或不自觉地将自己隐藏起来。其结果是，一方面感觉孤单，另一方面又希望有人能够读懂他，倾听他。肖同学经常担心别人察觉到自己的自卑，以至于别人的一些无心之举也被他认为是针对自己的。肖同学作为一年级新生，在高中阶段，大部分时间都在埋头苦读，人际关系相对简单明了，进入大学之后人际关系突然变得复杂起来，而他又没有找到合适的方法去适应，困惑、不安、敏感、猜疑、自卑等不良情绪严重影响他正常的学习和生活。

2. 故事的启发

青少年自我意识的觉醒，经常伴随着个体各方面的自我评价。这种自我评价如果过低，就容易产生一种像肖同学那样不敢与人交往的自卑心理。这种自卑心理，容易使一个人过分关注他人的评价，敏感多疑，进而压抑自己的言行举止。如果长时间未能积极地做出调整和适应，就会产生一系列的心理适应不良表现，进而影响健康人格的顺利形成，容易导致大学生人格障碍。

☞心理导航

1. 主题聚焦

根据《国际精神与行为障碍分类标准（ICD-10）》，个体具备如下特点可诊断为人格障碍。

① 明显不和谐的态度（心理倾向、定势）与行为，并牵涉多种心理功能（例如情绪反应、冲动控制、认知方式、人际关系等）。

② 具有恒定的和相对稳定的异常行为方式。

③ 异常行为方式的表现是广泛的，在许多人际关系与社会活动中表现出明显的适应不良。

④ 异常行为方式始于童年或少年，持续到成年期。18 岁以前诊断为儿童行为障碍，18 岁以后诊断为人格障碍。

⑤ 这种障碍将导致本人相当痛苦。

⑥ 这种障碍经常对职业与社会功能有明显影响。

2. 心理理论阐释

人格障碍，是指人格发展的内在不协调，表现在没有认知障碍或智力障碍的情况下个体出现的情绪反应、动机和行为活动的异常。多数心理学家认同病态人格区别于精神病，是正常人格的变异，介于精神病与正常人之间。

《中国精神疾病分类方案与诊断标准（CCMD-3）》将人格障碍分为：偏执型人格障碍、分裂型人格障碍、反社会型人格障碍、被动攻击型人格障碍、表演型人格障碍、强迫型人格障碍、自恋型人格障碍、依赖型人格障碍。

① 偏执型人格障碍：以猜疑和偏执为特点，始于成年早期。有极度的感觉过敏，思想、行为固执死板，坚持毫无根据的怀疑。对别人特别嫉妒，而又非常羡慕。对自己过分关心，且又无端夸大自己的重要性。把自己的错误或不慎产生的后果归咎于他人，但从来不信任别人的动机和意愿，认为别人存心不良。这种性格的人在家不能与家人和睦相处，在外不能与朋友、同事相处很好，别人只能对他敬而远之。男性多于女性。

② 分裂型人格障碍：以观念、行为和外貌装饰的奇特、情感冷漠及人际关系明显缺陷为特点。性格明显内向，与家庭和社会疏远。行为怪癖而偏执，为人孤独而隐退。对人对事缺乏起码的温和与柔肠。明显的社会化障碍，几乎没有朋友，没有社会往来，别人对他的批评或鼓励毫无感觉。强烈的自我向性思维，但一般还能认知现实；繁多的白日梦幻想，但一般与实际脱节。他们在表

达攻击和仇恨上显得无力；在面对紧张和遇到灾难时，又是超然的、满不在乎的。男性略多于女性。

③ 反社会型人格障碍：以行为不符合社会规范，经常违法乱纪，对人冷酷无情为特点，时常做出不符合社会要求的行为。妨碍公众，不负责任。行动冲动，毫无后悔之意。易激惹，并有暴力行为。对挫折的耐受性小。犯错误后，没有后悔之感觉，也不能从中吸取经验教训，常把一些责任归罪他人。这是文献报告较多的一种人格障碍类型。往往在童年或少年期（18 岁前）就出现品行问题。成年后（18 岁后）习性不改，主要表现为行为不符合社会规范，甚至违法乱纪。男性多于女性。

④ 被动攻击型人格障碍：以被动的方式表现其强烈的攻击倾向。表面上唯唯诺诺，背地里不予合作。例如，故意晚到，故意不回电话和回信，故意拆台使工作无法进行。顽固执拗，不听调动，拖延时间，暗地破坏和阻挠。他们的仇视情感与攻击倾向十分强烈，但又不敢直接表露于外，他们虽然牢骚满腹，但又很依赖权威。

⑤ 表演型人格障碍：以过分的感情用事或夸张言行吸引他人的注意力。这种人具有浓厚而强烈的情绪反应，行为特点是自吹自擂、装腔作势；喜欢引起他人的注意和关心，爱虚荣，容易兴奋，常把自己的感觉和情感加以夸张，从而加深他人对自己的印象；善变、爱挑逗；要求别人多，内心真情少；自我中心，依赖性强，暗示性高；常需别人的保证与支持；有时也善于玩弄或威胁他人。

⑥ 强迫型人格障碍：以过分的谨小慎微、严格要求与完美主义及内心的不安全感为特征。强烈的自制心和自我束缚。他们过分注意自己的行为是否正确、举止是否适当，因此表现特别死板、缺乏灵活性。过多的清规戒律，极度地墨守成规，他们对任何事情都谨小慎微，顾虑多端，怕犯错误。他们还要求别人根据他的思想方式和习惯行事，妨碍他人的自由。男性多于女性 2 倍，约 70% 的强迫症病人有强迫型人格障碍。

⑦ 自恋型人格障碍：过分地自我关心、自我中心和自夸自尊。常幻想自己了不起、有才学、有美貌。期待别人的欣赏，总希望有人特别对待自己，不能接受别人的建议和批评。以极端的眼光看人，不是说得很好，就是一无是处。很难理解别人的苦楚和难处。

⑧ 依赖型人格障碍：以过分依赖为特征，极度地依赖他人。他们虽然有较好的工作能力，但由于缺乏自信，自觉难以独立，不时地需要别人的帮助。他们做事不果断，也缺乏判断力，总是依靠别人为自己做出决策或指出方向。过分服从他人的意志；感到自己无助、无能或缺乏经历。经常把责任推给别人，以应对逆境。

人格发展偏差是介于健康人格与人格障碍之间的一种人格状态，表现为人格发展的不良倾向。人格发展偏差是大多数人或多或少都会有的，人的高级神经系统类型决定了人的气质类型，各种气质类型的人在人格上会有其特定的倾向性。如抑郁质的人更容易形成抑郁、自卑、孤僻、固执、多疑等人格偏差，胆汁质的人更容易形成冲动、狂躁、攻击性等人格偏差。大学生中常见的人格发展偏差有焦虑、自卑、害羞、怯懦、嫉妒、退缩、褊狭、虚荣、懒惰、自我中心等。它们不仅影响活动效率、妨碍正常的人际关系，同时还会给人蒙上消极、阴暗的色彩。

① 焦虑，是个体主观上预料将会有某种不良后果产生或模糊威胁出现时的一种不安感，并伴有忧虑、烦恼、害怕、紧张等情绪体验。目前社会竞争越来越激烈，每个人都有可能处于一定的焦虑状态，适度的焦虑对于一个人的身心健康是有益的，但如果高度焦虑，又未能得到及时有效调整，则易导致心理失衡。在心理学中，焦虑情绪被划分为状态焦虑和特质焦虑。考试焦虑是大学生常见的一种状态焦虑，即在考试之前，尤其是在重大的考试前会出现焦虑情绪。社交焦虑也是一种常见的状态焦虑，即在人多的场合，或者与权威人士交谈时表现出的焦虑情绪，表现为说话结巴，表情紧张，词不达意。对于状态焦虑，可以通过放松训练、熟悉环境、增加经验等方法予以缓解。特质焦虑是来源于个体内在的、天生的气质或人格类型的焦虑，相对稳定，矫正起来也比较困难。

② 自卑，是对自己不满、鄙视、否定的情感，容易产生压抑、孤独的情感。这种情感一旦形成，具有扩散性和感染性，会影响人的学习、交往、工作、生活的各个方面。在日常生活中，有一些人总会因为一些小事谴责自己，或者因为自卑而对别人、对自己做出极端的行为，这是一种过度自卑的表现。这种自卑对个体的发展和身心健康产生不良的影响。

心理学家阿德勒在《自卑与超越》一书中提到，不管有无器官上的缺陷，儿童的自卑感总是一种普遍存在的事实。因为儿童的一举一动受到成年人的控制，他们依赖成年人而生活。如果儿童的这种自卑感在以后的生活中继续存在下去，便会形成“自卑情结”。这说明每个人都有不同程度的自卑感，因为每个人都希望自己所处的地位能够得到改进。自卑心理其实是一种普遍存在的心理现象，在看到自己不足的同时，也要能善于发现自己的优势，时常给自己积极的自我暗示，就能够越来越乐观和自信。

③ 害羞，是一个人自我防御心理过强的结果，害羞的人表现为过于胆小被动，过于谨小慎微，过于关注自己，自信心不足。他们特别注意自己在别人心目中的形象，总觉得自己时时处在众目睽睽之下，于是敏感拘束，一句话要反复琢磨多次，一件事总要左思右想，因此变得神经紧张，坐立不安。

害羞之心人皆有之，但过分的害羞，不该害羞时害羞，尤其当害羞成了一种习惯，则是有害的，它会导致压抑、孤独、焦虑等不良心理状态，影响人际交往。克服害羞可以尝试以下办法：

● 对自己做一个具体分析，找到自己的长处和短处，扬长避短，以增强信心。

● 放下思想包袱。事实上每个人都有怕羞的心理，只是有些人善于调节而已。金无足赤，人无完人，一个人说错话、办错事没有什么可怕，也不必难为情，错了改正就是了。

● 不要太在意别人的议论。不要把别人的话放在心上，只要自己看准的就大胆去做。

● 有意识地锻炼自己。要敢于说第一句话，敢于迈出第一步。不断地去尝试，你会发现自己不仅有能力把事情干好，而且有潜力把事情干得更好。

④ 怯懦，主要表现为缺乏勇气和信心，害怕可能面临的困难和挫折，在挫折、困难面前常常知难而退，甚至不战而败。性格懦弱的人害怕面对冲突、害怕别人不高兴、害怕伤害别人、害怕丢面子等。这种人由于“怕”字当头而习惯于委曲求全、忍气吞声，以求得相安无事，因而在人际交往中与鲁莽者正好相反，即言行表现不足。

为了克服怯懦，首先要从观念上强化自己作为一个人的权利和尊严，交往中的忍让和妥协要有限度，平等和尊重是交往的首要前提；其次是在行动上改变自己。克服怯懦的建议：

● 迎着对方走上去，不要总是躲避。

● 身体站直，挺起胸膛与对方讲话。这样会使自我感觉良好，对方也会对你刮目相看，不敢轻视。

● 讲话时注视对方的眼睛，如果开始时不易做到，可以先看着对方的鼻梁。总之，不能低着头。

● 讲话时声音要洪亮，不要吞吞吐吐。事先演练是加强效果的好办法。

● 如果对方提高声音试图超过你，你可以突然把声音变轻，这种音量差会给对方造成心理压力，使对方专心听你讲。

● 保持对话中的沉默间隔，不要急不可待。这样可以有更多的时间思考，也使对方觉察到面对的是一位充满自信的人。

● 如果一些谦逊的词语，如“我不行”“对不起”等会助长对方的自负态度，就尽量少用。

● 学会说“不”，对自己不乐意做的事，如果别人提出要求，要勇敢拒绝。

⑤ 嫉妒，是看见别人某些方面（才华、成就、品质、相貌等）高于自己而产生的一种羡慕，也是不甘心自己无法赶上别人而恼怒的情感以及由此所导致的相应行为。如果将嫉妒心转化为追求上进的动力，那么心态就会平和，行为更趋积极，否则可能对自己和他人都不利。

⑥ 退缩，是指在困难面前表现出怯懦与畏难的心理恐惧，选择逃避与后

退。其主要表现是：在困难面前缺乏勇气和信心，不表明自己的态度，不敢承担责任，不敢冒险，回避困难等。这样的人常常抱怨自身的不幸，却宁愿忍受痛苦而不主动追求成功。克服退缩的办法是：鼓励自己积极应对生活中的挫折，善于发现自己的优点，变被动为主动。克服退缩需要勇气与毅力。

⑦ 褊狭，是人们常常说的“小心眼”，主要表现为心胸狭窄、耿耿于怀、挑剔、嫉妒。褊狭人格多出现于性格内向者，尤其是女性。褊狭不是与生俱来的，而是后天习得的。克服褊狭人格首先要学会宽容，能够容人容事，正确看待生活中出现的矛盾冲突，对事不对人；其次要心胸开阔，拓宽视野。

⑧ 虚荣，是指过分看重荣誉及他人的赞美，自以为是。虚荣心普遍存在是正常的，但一旦过分，则会有害无益。虚荣心往往与自尊心、自卑感紧紧相连。没有自尊心，就没有虚荣心，也就没有自卑感。虚荣心是自尊心与自卑感的混合产物。虚荣心强的人一般性格内向，情感脆弱，自尊敏感，既有些自卑，又担心别人伤害自己的尊严，过分介意别人的评论与批评，与人交往时防御性强，喜欢抬高自己的形象，他们捍卫的是虚假的、脆弱的自我。克服过强的虚荣心，首先要对虚荣心的危害性有明确的认识，其次要正确看待名利，正视自己的优势与不足，扬长避短；再次是树立健康积极的荣誉心，恰当表现自己，不卑不亢，正确对待个人得失与他人评价。

⑨ 懒惰，是一种厌倦的情绪，表现为极端懒散、犹豫不决。生气、羞怯、嫉妒等都会引起懒惰，使人无法按照自己的愿望活动。处于懒惰状态的大学生也常因此感到内疚、自责、后悔，但又觉得无力自拔，心有余而力不足，这主要是因为他们想得多而做得少，缺乏毅力。百业勤为先，万恶懒为首，生活中无论大事小事，无一不是在勤奋中实现，在懒惰中荒废。要克服懒惰，就要振作精神，自己为自己负责，“起而行之”，从日常小事做起，努力做到不给自己找借口，不原谅自己的偷懒，力争今日事今日毕，多与人交往，多关心外部世界，多参加有益身心的社会活动，而要做到这一切，树立一个坚定而有价值的理想是非常重要的。

⑩ 自我中心，是指考虑问题、处理事情都以自我为中心，将自我作为思考问题的出发点与归宿。其表现为一切以自己为出发点，目中无人，甚至自私自利。遇到冲突时，认为对的是自己而错的是他人。特别是那些自尊心强、优越感强、自信心强、性格独立的大学生，比较容易陷入自我中心之中。

改变自我中心的途径主要有：一是正确估价自己，认识到自己的社会责任，既不妄自菲薄也不夜郎自大，既不自我贬损也不自恋；二是树立正确的人生观与价值观，将自己与他人、自我与社会、个人利益与集体利益统筹考虑，从狭隘的小天地中走出来；三是学会尊重自己、尊重他人，懂得设身处地，换位思考，真诚待人。

☞ 素质提升

活动：房树人

请你用铅笔在白纸上任意画一幅包括房子、树木、人物在内的画。想怎么画就怎么画，但要求你认真地画。不要采取写生或临摹的方式，也不要用尺子。画画的顺序、方式、时间等都没有限制。

画完之后，请大家小组内讨论，分析自己的绘画要素，并对他人的画进行提问。

第三节　大学生人格完善的路径和方法

大学阶段，随着大学生自我意识、社会认知能力等迅速发展并逐步趋于成熟，其人格也迅速趋于成熟。马克思主义认为，只有“个性充分发展，人的社会化程度提高，人才能逐步实现自己的自主性、自觉性和创造性，积极发挥自身的潜能，在社会中展示自己，实现自己的个性全面地发展”。因此，当代大学生应该正确认识自己的人格，并在尊重国家法律和坚持社会主义共同理想的基础上发展自己的人格，同时控制人格发展异常的发生，不断完善自己的人格，使自己的人格得到全面的发展，以促进自身成长成才。

☞ 身边故事

小华是某大学一名大二的学生，他学习努力，各门成绩也较为优异，唯一令他苦恼的就是英语视听说课程。由于以前他只注重笔试练习而忽略了口语训练，每次课堂上口语练习对他来说都极为痛苦，因为他一开口全班同学便哄堂大笑，久而久之，他便对自己的英语口语能力产生深深的自卑感，逐渐发展成不敢在人前说英语，甚至最后已经不愿意上英语课。小华对于自己的情况感到十分忧心，于是主动找到了英语老师，向她询问改善自己口语的办法。老师告诉他任何人学习一种新的语言都有吃力的可能，但是每个正常人都有学习新的语言的能力。老师建议他每天提前半小时早起练习，坚持半年就会有进步。小华听从了老师的建议，在新学期的英语课上，老师特意点小华起来念课文，小华流畅而又准确地念完了全文，这次，响起的是全班同学热烈的掌声。

☞ 故事点评

1. 心理分析

大学生正处于心理迅速成熟，又没有完全成熟的时期，自我认识在不断地发展，在这一进程中人格上存在偏差在所难免。对产生人格偏差的归因和采取的矫正措施才是解决问题的关键，大学生了解完善人格的知识具有重要的现实意义。

2. 故事的启发

充分了解自己的个性，不断完善自己的人格，有助于大学生今后更好地适应社会。案例中的小华因英语口语能力而产生自卑感，但小华并没有被自卑感打败，而是不断地探索各种方法，提高自己的英语口语能力，最后战胜自卑，获得成功。此类案例在大学生中并不少见，他们能够坚持科学的方法，勇敢面对困难，取得令人称赞的成绩。

☞ 心理导航

1. 主题聚焦

在传统文化的精髓中，有很多健全人格的思想，如“仁、义、礼、智、信、温、良、恭、俭、让”。概括来说，健全人格的理想标准就是人格的生理、心理、道德、社会各要素完美地统一、平衡、协调，将个体的才能得以充分发挥。对于自身而言，其基本特征主要包括积极客观的自我认识，正视现实，对他人、对社会具有理性认知，有健康的体魄、愉快乐观的情绪体验和积极向上的人生目标，有良好、稳定、协调的人际关系，独立的自我意识，有责任感和创造力，努力为自己的未来而奋斗，等等。

2. 心理理论阐释

“天行健，君子以自强不息；地势坤，君子以厚德载物。”健全的人格是大学生心理健康的重要影响因素，对于积极心理的形成有重要作用。对于大学生来说，培养和塑造自己健全的人格，对心理健康的维护具有十分重要的作用。

（1）以科学的理论塑造人格

实现中华民族伟大复兴的中国梦，必须弘扬中国精神，这就是以爱国主义为核心的民族精神和以改革创新为核心的时代精神。中国精神贯穿于中华民族五千年历史、积蕴于近现代中华民族复兴历程，特别是在中国的快速崛起中迸发出来的具有很强的民族集聚、动员与感召效应的精神及气象，是中国文化软实力的重要显示。“中国精神”以马克思主义、毛泽东思想、邓小平理论、“三个代表”重要思想、科学发展观、习近平新时代中国特色社会主义思想为指导，是社会主义核心价值体系的精髓，以社会主义核心价值观为核心内涵，体现了社会主义荣辱观。“中国精神”是中华民族的灵魂，也是大学生塑造人格的理论基础。

（2）积极参加校园文化活动

人格的形成与环境有着十分密切的关系。人格心理学家阿尔波特认为：人格是由遗传因素和环境因素交互作用而形成的。对于大学生的人格建设而言，学校的教育环境给大学生以潜移默化的影响。学校的教育环境，包括校园、宿舍、设施等有形的硬件环境，也包括校风、学风、学校的传统等无形的软件环境。校园文化活动主要是以学生为主体的一系列的行为活动，如系列讲座、文体活动、竞赛、经验交流、心理健康咨询等。活动内容丰富多彩、形式多样，能使年级各异、专业不同、性格爱好多样的学生增加感情交流、协调人际关系、陶冶情操、培养表达能力、组织管理能力、沟通合作能力等，使大学生在活动中不断思考、完善和成长自我。因此，大学生应积极参加各种有益身心健康的校园文化活动，在活动中认识自我、完善自我。

（3）培养良好的人际关系

良好的人际关系有利于提高和完善大学生的自我意识能力，在和谐的人际关系中，可以感到自己被他人接受、认可，从而肯定自我的价值，提高自信心。同时，通过别人对自己的态度和评价，可以更加全面和客观地认识自我。所谓“近朱者赤，近墨者黑”，良好的人际关系能使我们健康成长。孔子告诉我们益友的标准是“友直、友谅、友博闻”。因此，我们应当积极营造良好的人际关系。

（4）以心理咨询促进人格的完善

正确认识和看待心理咨询，并有效利用心理咨询促进大学生人格的发展与完善。钱铭怡教授在《心理咨询与心理治疗》一书中写道：“心理咨询是通过人际关系，运用心理学方法帮助来访者自强自立的过程。”从中可以看出，心理咨询是帮助来访者从不能自强自立到能够自强自立的人格发展的过程。

☞ 素质提升

健全人格的标准

一直以来，健全人格并没有统一的标准，从目前心理学的研究来看，一些人本主义心理学家提出的人格健全标准是值得借鉴的。下面介绍几种具有代表性的健康人格的标准。

1. 阿尔波特“成熟、健全人”的标准

美国人格心理学家阿尔波特在哈佛大学长期研究高心理健康水平的人，并把他们称为“成熟者”。从他们身上，阿尔波特归纳出以下几个特征。

① 自我广延的能力。

② 与他人热情交往的能力。

③ 情绪上有安全感和自我认可。

④ 表现具有现实性知觉。

⑤ 具有自我客体化的表现。

⑥ 有一致的人生哲学。

2. 马斯洛“自我实现人”的标准

美国人本主义心理学家、人类潜能运动的先驱者马斯洛，对“自我实现人”进行了深入研究，并归纳出15种特点。

① 良好的现实知觉。

② 对他人、对自己、对大自然表现出最大的认可。

③ 自发、单纯和自然。

④ 以问题为中心，而不是以自我为中心。

⑤ 有独处和自立的需要。

⑥ 不受环境和文化的支配。

⑦ 对生活经验有永不衰退的欣赏力。

⑧ 神秘或高峰体验。

⑨ 关心社会。

⑩ 深刻的人际关系。

⑪ 深厚的民主性格。

⑫ 明确的伦理道德标准。

⑬ 富有哲理的幽默感。

⑭ 富有创造性。

⑮ 不受现存文化规范的束缚。

3. 罗杰斯“机能健全人”的标准

(1) 能接受一切经验

机能健全的人对任何经验都是开放的，与心理疾病患者不同，他们认为一切经验都不可怕。他们不拒绝失败的经验，一切经验将正确地被符号化，因而他们的人格更广泛、更充实、更灵活。

(2) 自我与经验和谐一致

机能健全的人的自我结构与经验相协调，并且能够不断地变化，以便同化新经验。机体在评定事物的价值时，总是以自己的机体经验为根据，不大容易受外界力量所左右。

(3) 个性因素都发挥作用

机能健全的人较多地依赖对情境的感受，不怎么依赖智力因素。他们常常根据直觉来行动，使行动带有自发性。他们的行为既受理性因素引导，也受无意识的情绪因素制约，所有的人格因素都在起作用。

(4) 有自由感

机能健全的人能够接受一切经验，他们的生活充实而信任自己，因而有很大的行动自由。他们相信自己能够掌握自己的命运，在自己的生活中有很多选择余地，感到自己所希望的一切都有能力实现。

（5）具有高创造性

机能健全的人在他们所做的一切事情上，都表现出创造性。他们的自我实现伴随着独创性和发明性。自我实现强调个体创造性的活动。

（6）与他人和睦相处

机能健全的人乐意给人以无条件的关怀，他们的生活与其他人高度协调，同情他人，受到他人的欢迎。

第三部分　提高自我心理调适能力

第六章

大学生职业生涯规划及心理

学习目标：

6.1　什么是职业生涯规划？

6.2　职业生涯规划包括哪些内容？

6.3　舒伯的职业生涯探索理论是怎样解读生涯过程的？

6.4　大学生进行职业生涯规划有什么意义？

6.5　大学生该如何进行职业生涯规划？

6.6　大学生有哪些与职业生涯规划相关的困扰？

6.7　大学生职业生涯规划的主要影响因素有哪些？

6.8　大学生职业生涯规划实施过程中可能会出现哪些问题？

6.9　大学生该如何确保职业生涯规划的顺利实施？

大学生作为成年人的早期阶段，对职业生涯存在很大的可塑心理空间，选择合适的工作，成为一名具有创造性的职业工作者，要求我们具备许多优秀的心理品质，诸如判断力、抉择力、控制力、责任心、风险评估以及团结协作精神等。哪些心理因素影响着青年学生的职业选择？如何实现和适应从学校生活向职业工作的自然过渡？决定这一过渡难易程度的影响因素有哪些？从心理发展的角度认识大学生的职业生涯发展，有利于帮助大学生规划好自己的职业人生。

第一节 职业生涯规划概述

职业生涯规划对大学生价值观的形成、自我意识的形成和自我定位、思维方式、学习动机以及自我监控等都具有重要的影响。合理有效的职业生涯规划有利于提高大学生的心理健康水平。掌握职业生涯规划的相关知识，认识职业生涯规划的重要意义，做好职业发展的心理准备，能够在实践中确保职业生涯规划的顺利实施。

一、聚焦职业生涯心理

☞身边故事

周同学进校时因为分数偏低被调剂到了自己不喜欢的专业，到大二、大三的时候，他强烈地感觉到自己的兴趣和这个专业不符，未来就业方向又窄，他很纠结自己以后到底是从事本专业还是其他专业的工作，自己应该在大三、大四做何准备呢？当他身边别的同学都开始找实习单位的时候，他还在为考研还是就业而纠结，不知道自己该如何选择，感到迷茫无助。

☞故事点评

1. 心理分析

很多在校大学生认为只有走出校园，开始工作，才需要职业规划。其实职业规划在高考选择专业甚至文理分班时就应该进行了。否则的话，选择了不适合自己的专业，进入大学后或者工作以后，需要付出比别人多几倍的时间、精力以及经济成本。而已经进入大学校园的大学生，虽然职业生涯规划稍微晚了一步，但是比起那些已经步入职场还未来得及做好职业生涯规划的人来说，又要早很多，所以大学生要把握好时间节点，确保自己少走一些弯路。就像案例中的周同学，在刚进入大学时已经感觉到自己非常不喜欢自己的专业，但是没有及时调整心态或尝试转专业等，到高年级之后变得更加的茫然无助，其根本原因在于没有及时做职业生涯规划。

2. 故事的启发

许多大学生因为没有根据自身和工作的实际状况确定自己职业生涯规划，拿着求职简历与求职书到处求职，希望找到好工作。其结果是求职困难，就算求职成功，也觉得好像和自己想象的不一样，往往做不长久，浪费了大量的时间、精力与资金。

由于种种原因，一部分同学学习了自己不感兴趣的专业。在个人能力无法改变现实的情况下，与其纠结于现在所学的专业，不如坦然地面对和适应自己所学的专业。以现有的专业为基础，将自己的兴趣和爱好融入现在所学的专业，有利于实现学科的交叉，锻炼自己综合创新的能力。能力和心态有时比专业更重要。

☞心理导航

1. 主题聚焦

职业生涯规划，是指个人发展与组织发展相结合，对决定一个人职业生涯的主客观因素进行分析、总结和测定，确定一个人的事业奋斗目标，并选择实现这一事业目标的职业，编制相应的教育、培训和工作的行动计划，对每一步骤的时间、顺序和方向做出合理的安排。

大学生职业生涯规划是指大学生在全面客观地认识自我、分析主客观因素的基础上，进行自我定位，设定自己的职业生涯发展目标，选择实现既定目标的职业，制订相应的教育、培训、工作开发计划，并按照一定的时间安排，采取各种积极的行动为实现自己的职业生涯目标做好充分的知识、能力和心理准备的过程。

2. 心理理论阐释

大学生职业生涯规划直接影响个人的职业生涯发展，因此客观分析自身的优点和劣势，清楚认识自己的性格、能力以及兴趣爱好等对于制订合理有效的职业生涯规划有着至关重要的意义。一个良好的大学生职业生涯规划应该具备以下特点：

① 连续性。《论语·为政》中有“十有五而志于学，三十而立，四十而不惑，五十而知天命，六十而耳顺，七十而从心所欲”，告诫大学生要立志学道，要在不同的人生阶段完成不同的事情，切不可荒废时光，碌碌无为。职业生涯规划是一项连续而又系统的工作，广义上而言，职业生涯规划贯穿人的一生，在个体走向工作岗位之前的所有时间都是个体为职业做准备的时期。大学生职业生涯规划应当贯穿大学四年，分阶段、分任务逐步做好大学生职业生涯规划指导，而不仅仅只是大四阶段的工作与任务。

② 可行性。大学生进行规划需要有事实依据，要充分考虑到自身的条件和外在环境的约束，制订切合实际的职业计划，不能只凭借个人的美好愿望。这就需要大学生提高自我认知的能力，对自己进行全面客观的定位，并对外界条件进行系统分析，选择适合自己并且通过努力能够实现的职业目标。

③ 适时性。《礼记·中庸》中有“凡事预则立，不预则废”，即凡事应提前准备，准备是取得成功的有力保障。大学生要根据自己每学期、每个阶段的自身情况和外部情况，对各项事务做好妥善处理。学校也应该根据学生在不同年级、不同时期的具体特点开展有针对性的职业生涯规划指导。

④ 针对性。马斯洛需要层次理论指出，人生发展的动力源泉在于个体本身，而每个大学生的成长环境、个性特征及能力兴趣爱好等不尽相同，因此，大学生在为自己制定职业目标时，应客观分析外界环境和自身条件，进行有针对性的个人规划。

☞ 素质提升

撰写你的成就故事

辛迪·梵和理查德·鲍尔斯将技能分为三种类型：

- 专业知识技能
- 自我管理技能
- 可迁移技能（或称通用技能）

写下生活中令你有成就感的具体事件，然后对其进行分析，看看你在其中使用了哪些技能（尤其是可迁移技能）。

只要符合以下两条标准，就可以被视为取得“成就”：

- 你喜欢做这件事时体验到的感受
- 你为完成它所带来的结果感到自豪

在撰写成就故事时，每一个故事都应当包含以下要素：

- 你想达到的目标，即需要完成的事情
- 面临的障碍、限制、困难
- 你的具体行动步骤：你是如何一步步克服障碍、达成目标的？
- 对结果的描述：你取得了什么成就？
- 对结果的量化评估：可以证明你成就的任何衡量方法或数量

可以写三个故事，并在三人小组中逐一进行分析讨论。看看在这些故事中是否有重复出现的技能，并将这些技能按优先次序加以排列。

二、职业生涯规划与心理健康的关系

☞ 身边故事

陈同学来自农村，家庭经济情况比较困难。他在大学期间，想到自己今后的工作，便会不自觉地和身边的同学做比较。因为同学们家庭经济情况比自己好，父母工作待遇都比较高，陈同学内心不免产生了自卑情绪，在和身边的同学交往时，会不自觉地排斥其他同学。可是，他的内心其实是比较孤独的，一想到今后的职业前景就感觉很无助，以致都不知道该如何安排自己的学习和生活。

☞故事点评

1. 心理分析

陈同学由于家庭背景产生了自卑心理，所以觉得孤单，也缺乏和身边同学的交流，这也间接地影响了自己的职业生涯规划。合理有效的职业生涯规划有利于大学生心理健康水平的提升。每一位同学需要在充分发掘自身优势的基础上，结合良好的外部环境支持，尽早做好自己的职业生涯规划。

2. 故事的启发

职业生涯规划既是大学生实现成功就业的有效途径，也是大学生人力资源开发的新课题。提高大学生的职业生涯规划能力，促进其职业生涯规划健康、持续发展，必须充分考虑作为职业生涯规划主体的大学生自身心理因素的影响。大学阶段是职业生涯发展的重要阶段，当代大学生需从提高自身综合能力和素质入手，用积极的态度培育自己健康向上的职业意识，主动适应社会，使大学生从人生的转折点开始进行自我定位和职业生涯规划，进而为融入社会、参与职业竞争做好充分的知识、能力和心理准备。

☞心理导航

1. 主题聚焦

职业生涯规划是探索自身职业优势、了解职业环境和发挥自身的职业优势，在职业环境中寻找到准确定位的过程。职业生涯规划是一个发展的过程，需要不断地进行决策，以确保行走在正确的职业发展道路上。从这个层面上来说，进行职业生涯规划能让我们获得力量，使生活充满意义，给我们带来满足。

2. 心理理论阐释

根据美国学者舒伯的职业生涯发展理论，大学生正处于职业生涯探索期和职业生涯建立期的关键阶段。在这一时期，大学生主要通过学校生活、社会实践开始对自我进行不断的探索与尝试，包括自身能力和角色定位、各种可能的职业选择及个人能力与职业的匹配性等方面。职业生涯规划主要目的是通过生涯探索与建立的过程帮助大学生真正了解自己，了解职业，增加就业认知，认清发展方向，明确发展目标，制订行动计划，更好地安排学习和生活。

（1）职业生涯规划对大学生价值观的影响

古人非常重视“志”的树立，“志不立，如无舵之舟，无衔之马，漂荡奔逸，终亦何所底乎”“立志不坚，终不济事”等警世名言，说明个人志向和目标对个人发展的重要性。首先，大学生确立职业生涯规划的目标是大学生价值观的体现，引导大学生在不断地思考应该怎样度过自己的一生、如何生活得更有价值、确定的人生目标能不能达到。这种规划好的人生价值目标将指引着大学生沿着实现人生目标的道路前进。其次，职业生涯规划的过程是大学生对人生不断认识的过程。随着不同阶段规划任务的完成，大学生的人生价值观也逐渐趋于稳定。在职业生涯规划的过程中，大学生能够不断了解自我和社会，主动进行反省和思考，通过对自我与社会的体验、观察与评价，通过认识和评估自身生涯发展所具备的价值观念、技能、兴趣、教育经验、工作经验、心理需求、经济需求与可能障碍，明确现在与未来的发展任务。由此可见，职业生涯规划有助于大学生将自身发展与社会发展结合起来，自觉吸收社会知识与经验，经过自我观察和自我评价，不断挖掘和发展自身潜力。

（2）职业生涯规划对大学生自我概念形成的影响

从心理角度而言，描述自我形成的主要标志性概念是自我概念和自我同一性。所谓自我概念是个体对自我的认识和评价。在大学时代，职业生涯规划的过程是不断探索自我的过程，因此自我就得到了高度的关注，而大学生的一切问题都是以自我为核心开展的，他们将更多的精力集中在自身，更多地探讨内部世界的“我”。另外，大学生在探求自我的基础上，开始更广泛地关注社会，力求获得更多、更深的社会知识以促进“内在我”的形成与发展。大学生时期，随着大学生思维能力的增强和社会的要求，他们开始考虑自己的将来。而对这些问题的思考又促使大学生要了解自我。自我概念的发展依靠个体与外界环境（或他人）的相互作用，其中自我反省是形成自我概念的基础。而职业生涯规划有助于大学生自我概念的形成，有助于大学生对自我的深入了解。职业生涯规划是大学生了解自己、提升自我的综合素质，避免学习盲目性与被动性的重要手段。

（3）职业生涯规划对大学生思维的影响

职业生涯规划有助于增强大学生的思维能力。首先，职业生涯规划是一个解决问题的过程，它使大学生从被动的问题困扰者转变为能动的问题解决者。要实现职业生涯目标，就需要科学的目标分析，将目标整体分解为便于处理与执行的分解元素，形成待解决的问题。这一分解过程，是问题的解决者对问题的深入研究与理解。其次，整个生涯规划过程都离不开有效的信息组织，它有利于问题的形成、策略的制定和选择。面对众多的信息内容，大学生需要结合自己的实际情况进行思考和选择。最后，大学生在职业生涯规划过程中，会遇到很多选择。因此，怎样进行最优选择是职业生涯规划的重要任务。所以，职业生涯规划本身也是决策思维的不断演练过程。

（4）职业生涯规划对大学生学习动机的影响

当大学生的学习转变为实现一个理想或解决一个问题时，他们内心便会产生一种力量，一种强烈的需求，促使他们主动获取必要的知识或技能，主动采取行动来实现目标或解决问题。因此，在进行职业生涯规划时，有效的职业生涯目标有助于大学生在没有外部指导和监督的情况下，为达到某种目的而维持积极的行动，有助于大学生为抑制某种有碍于目标实现的因素而进行自我控制，激励大学生的意志，使学习变得更有目的性和针对性，使他们意识到学习是为“我”而非“他人”，使得他们不再是被迫接受，而是依据自身需求进行合理选择与决策，并积极开发自身潜力。在精神上，他们原有的紧张也不复存在，更能以良好的心态去学习。

(5) 职业生涯规划对大学生自我监控的影响

自我监控是个体为了达到预定的目标，将自身正在进行的实践活动过程作为对象，不断地对其进行积极和自觉的计划、监察、检查、评价、反馈、控制和调节的过程。职业生涯规划则增强了大学生的自我监控能力。确定活动目标、合理安排步骤、分配活动时间、检查和分析活动效果及采取补救措施等都是对大学生自我监控能力的锻炼。

总之，职业生涯规划教育与大学生心理健康具有内在的一致性，前者可以为后者提供有效的方法和手段，通过职业生涯规划教育促进大学生心理健康是一条切实可行的重要途径。

☞素质提升

表6-1 我的职业生涯规划计划书

我的职业期待：	目前职业规划的具体目标：
助力（人事物）：	阻力（人事物）：
如何善用：	如何克服：
具体行动计划：	
为了达成目标我会：	

第二节 大学生职业生涯规划常见心理问题

大学阶段的职业生涯规划表现出阶段性的特点，考验大学生的综合能力和心理素质。在规划的不同阶段，个体表现出不同的心理和行为特点。在职业规划过程中，大学生常常碰到不同的成长挑战，由此产生不同的心理状态。正确理解职业生涯规划的心理特点，可以让大学生很好地了解自己，不断调节自己的心态，做好未来的职业生涯规划。

一、职业生涯心理问题的表现

☞身边故事

赵同学，某工科高校学生。她原本的人生目标是成为一名白衣天使，然而，高考报志愿的时候，在老师和家长的鼓励下，选择了工科专业，入学后对这个专业几乎不了解，也不清楚未来能做什么，自己也没什么特长，虽然刚进校，但心里总是十分焦虑，每天都在做无用功，一个人坐在寝室里忧愁发慌，非常不安。辅导员鼓励大家及早进行职业生涯规划，虽然赵同学感觉大学生职业生涯规划应该挺有用的，非常重要，但很多同学都没有做，因为学校只是在讲座中泛泛地谈一谈，又没有老师具体指导，缺乏操作性和针对性，导致赵同学无从下手，不会做规划也不敢做规划，因为将来存在太多的不确定因素，即使现在做了，将来也不一定能够实现。

☞故事点评

1. 心理分析

如今职场，大学生面临着异常激烈的挑战，感受到巨大的心理压力。职业生涯规划并不是等到毕业季才需要开始考虑，很多学生进入大学就开始担心就业的问题，具体表现为精神上紧张不宁、忧心忡忡、烦躁不安、意志消沉，行为上反应迟钝、无所适从。个体对生活和未来失去信心，感到前途渺茫。如不及时调整，会心理失衡，严重的还会影响到正常的学习和生活。

2. 故事的启发

很多大学生读大学的目的是希望将来能够找到一份称心如意的工作，然而，刚进入大学，接触的专业课程较少，各方面知识和能力储备尚未充足，作为大一新生的你，是否担心自己的专业选择是否正确？是否怀疑自己的专业未来不容易就业？是否对未来的工作心存焦虑？

☞心理导航

1. 主题聚焦

大学生职业生涯发展中的迷茫感主要表现为大学生不清楚自己今后从事什么职业，要么没有明确喜欢的职业，要么选择太多难以决定，要么现实问题增加了择业的难度，因此，大学生职业生涯规划存在各种问题。

2. 心理理论阐释

大学生职业生涯规划存在以下几类问题。

（1）职业生涯规划中依赖心理严重

目前，我国大学生正处于从学生角色向社会角色转变的过渡时期，普遍缺乏职业生涯规划的意识，具体表现为依赖心理严重，缺乏独立性，造成学生既没有结合自身具体情况制订职业规划的针对性，也缺乏对严峻的就业形势估计的客观性，“观”“等”“靠”现象较严重。

（2）职业生涯规划中自我认同薄弱

为了提高大学生职业生涯目标的可行性和持久性，进行职业生涯规划之前需要全面客观的科学评估，对大学生自身的实际情况进行全面深入的了解和认识。这其中包括性格和兴趣、需求和特长、学识和技能、智商和情商、行动和经历、社会关系等多方面的个人素质。针对职业环境，必须准确充分地将其与自身条件进行比较，避免由于存在对环境的错误认识，做出盲目选择。但是，目前职业生涯规划现状不容乐观，主要存在以下问题：首先，获得自我认知资源的渠道孤立和单一，单纯靠亲朋好友的评价或者是参与各种测试活动；其次，规划仅仅关注个体的兴趣爱好、性格特长，而缺乏一个涵盖职业适应性和职业价值观的长效机制采纳；最后，大多数大学生的职业发展期望值过高，就业观功利，将利益因素作为择业的标准，不合实际地选择大城市、高收入、高地位的机关、企事业单位。

（3）职业生涯规划中从众心理普遍

大学生职业方向与就业领域的确定是由大学生专业选择决定的。能否实现教学与就业的有效对接，与大学生职业生涯规划能力能否发展密不可分。为了杜绝教学资源的浪费，促进大学生职业生涯的顺利，首先要满足社会的人才需求，其次是顺应自身的价值发展。大学生在选择职业的过程中，往往缺乏统筹规划的意识，过于注重个人的自我感觉，很少能够根据社会和用人单位的需求状态和个人特点合理地确定自己要选择的职业。“别人选我就选”“别人去我就去”，出现这种盲目从众、急于求成的现象，忽视制定职业生涯规划这个过程的动态性和阶段性，不考虑自己的实际情况。早在计划经济时代，职业价值判断标准更加的理想化，大学生选择职业往往看重的是社会地位和职业声望。然而随着改革开放的实行，市场经济的确立，人们的思想也发生了顺应时代潮流的改变。大学生在职业选择中越来越务实，存在着不同程度的追求实惠和功利化倾向，收入的高低已经成为职业选择的首要影响因素。

（4）职业生涯规划中自卑心理

大学生职业生涯规划的顺利进行，是建立在正确的自我认识和科学的环境分析基础之上的。目前，大学生社会实践环节薄弱，主要存在两方面问题：一是社会实践数量的不足；二是社会实践质量的下降。我国大学生对于社会实践的认知度不高、参与性不强，还停留在较浅的层面上。总体来说，不管是组织或个人自发的社会实践，还是学校举办的毕业实习都显得不足，特别是职业实践更是少之又少。因此，大学生缺少实践活动的历练，对职业环境缺乏认识和了解，对职业方向发展没有自信，这就导致大学生在职业选择阶段出现自卑心理，盲目选择的现象常见。

二、职业生涯心理问题的成因

☞身边故事

魏同学，从小受到家庭环境的影响，性格开朗，自尊心比较强，人际交往时较敏感。如今即将大学毕业，家人非常希望她能够留在大城市，最好能够进入国企工作或者本校保研。魏同学感觉内心压力非常大，因为自己缺乏毅力，担心是否能够适应未来社会的要求，一直想增强自己的毅力，但往往选择随遇而安的态度，完全不知道未来能够胜任什么样的工作，因此，被一种迷茫的感觉所笼罩。尤其是看到周围的同学有着很明确的计划，而且努力地去准备和实现自己的目标，她常常感到忧心忡忡。

☞故事点评

1. 心理分析

魏同学的职业生涯规划处于混沌状态，一方面，她对自己认识不清，从成长过程来看，一直是比较顺利的“随遇而安”的过程，也没有机会对自我进行深入的探索和认知；另一方面，她不知道该从哪里着手去规划自己的未来，在未来职业生涯规划方面缺乏有效系统的方法。目前魏同学内心十分焦虑，主要因为她对自己的认识不清楚，并且感到迷茫，另外，来自社会和家庭的压力又让她对未来的生活充满恐惧。这种问题在目前大学生职业生涯规划过程中是普遍存在的。

2. 故事的启发

职业生涯规划需要全面了解自己，知道自己的兴趣、需要和能力，然而，很多人不清楚自己的特质，甚至不清楚自己适合什么。你是否也遇到类似的困惑：自己具备哪些能力？自己适合哪些职位？父母在职业定位过程中对自己有哪些影响？哪些因素会阻碍自己未来的发展？

☞心理导航

1. 主题聚焦

社会环境和家庭因素是影响大学生职业生涯规划教育的重要因素。当前，我国还没有形成良好的职业生涯规划社会氛围，家庭中职业生涯规划教育的缺失等因素也直接或间接地影响着大学生职业生涯规划教育的有效开展。

2. 心理理论阐释

我国大学生职业生涯规划过程中心理问题的成因有以下几方面：

(1) 传统就业体制和就业观的影响

首先，很多大学生认为就业不是自己应该考虑的，自己只管读书就行，以致部分大学生缺乏接受职业生涯规划的内在动力。其次，功利化的就业观影响着大学生的价值取向，部分大学生关注的问题越来越现实，追求的目标日趋功利，已不再是传统的奉献社会，对个人前途和自我价值的关注高于对社会发展和国家命运的关注。最后，学而优则仕的传统意识影响大学生的就业选择，很多大学生毕业后报考公务员、事业单位，而不愿意去基层工作。同时，由于社会上存在凭关系、走后门找工作的不正之风，部分大学生的职业价值观发生扭曲，认为个人能否找到好工作，是由家庭背景和社会关系决定的，单凭个人的主观努力是无法找到好工作的，因此，忽视个人素质的提高。

(2) 中学阶段职业生涯规划教育缺失的影响

职业生涯规划是一个复杂的系统工程，需要循序渐进地持续进行，每个阶段有不同的规划任务，需要大学生不断地探索和实践。总体来说，我国基础教育比较重视学历教育和应试教育，职业生涯发展和规划教育严重缺失，使得学生错过了确立和完善自己职业生涯发展目标的最佳时期。基础教育阶段职业生涯规划启蒙教育的空白，给大学生在大学期间接受职业生涯规划教育带来了难度，为大学生的职业选择困惑埋下了隐患，以致不少大学生在经过四年的过渡期后仍然没有找到比较明确的职业生涯发展目标。

(3) 就业压力的影响

近年来，大学毕业生就业压力增大，部分大学生为了找到工作，不得不放弃最初的职业生涯规划而从事自己并不喜欢或不适合的岗位。严峻的就业形势使部分大学生对职业生涯规划的作用产生怀疑，认为在当前工作都难找的情况下，要想通过职业生涯规划找到适合自己的工作或自己满意的工作是不可能的，导致部分大学生失去了进行职业生涯规划的信心和动力。

(4) 家庭教育忽视职业生涯规划教育的影响

父母在子女的职业发展过程中处于核心地位，父母通过奖励和惩罚塑造孩子的行为，通过教导和说理，启发孩子考虑父母期望他们选择的职业，通过树立榜样影响子女的职业计划。例如，很多父母往往是将自己的价值观、态度、兴趣、爱好强加给孩子，很少从孩子的角度出发，分析孩子喜欢什么、擅长什么。家长常常要求孩子按照家长给他们设计好的职业方向去发展，较少引导孩子思考、探索。

(5) 高校职业生涯规划教育因素的影响

首先，学校对大学生职业生涯规划教育的定位不准，很多高校把促进大学生就业、解决个人就业难的问题作为职业生涯规划教育的目的，但职业生涯规划最终的目的是促进人的全面发展，关注人的终身发展。其次，高校目前专业的职业生涯规划教师较少，严重影响了大学生职业生涯规划教育工作的开展，难以满足绝大多数大学生的需求。另外，大学生职业生涯规划教育内容可操作性差，目前各高校使用的职业生涯规划教材以理论为主，空洞乏味；有些不适合我国国情，与实践明显脱节，缺乏说服力，可操作性不强。最后，大学生职业生涯规划教育方式存在缺陷，除就业指导课外，多数高校未能将大学生职业生涯规划纳入正式的授课计划，完善的大学生职业生涯规划教程体系亟待建立。

☞ 素质提升

活动：家族职业树

活动目标：通过成员对家族职业树的探索，认清对自己职业生涯的期望和发展的设想。

活动过程：请在下方填写家族职业树，向小组成员介绍自己家族职业树的特点，分享对自己家族的职业感想，谈谈家族对自我生涯的期望、职业选择的方向和自己对未来的规划。

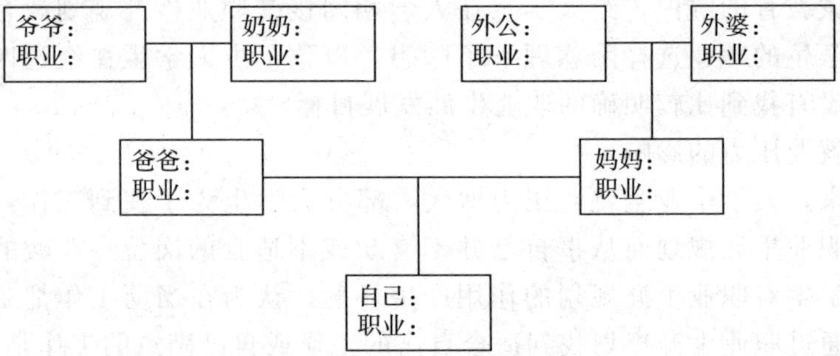

第三节　大学生职业生涯规划的制定

职业生涯规划既是大学生职业发展的有效途径，又是大学生人生道路顺畅展开的重要课题，提高大学生的职业生涯规划能力是其职业生涯健康、持续发展的前提。在大学生职业生涯规划过程中，职业生涯认知、职业自我意识以及职业个性心理等是影响规划的重要心理因素。马克思在《青年在职业选择时的考虑》中说："在选择职业时，我们应该遵循的主要指针是人类的幸福和我们自身的完美。"正确认识自己，客观认识外界环境，科学进行职业生涯规划是大学生职业生涯规划的重要内容。

一、大学生职业生涯心理问题调试

☞身边故事

汪同学作为大四学生，即将大学毕业，而他对未来的职业发展却无所适从。在学校专门为毕业生举办的多种不同的人才招聘会上，他难以鼓足勇气去参加面试。经过老师鼓励动员，他终于同意由父母陪同参加招聘会，其父母亲在招聘会尚未开始时，就早早地到会场打听招聘单位的情况，招聘会进行了很长一段时间，他才到达会场，并由父母陪同前往用人单位摊位前面谈。面谈过程中，汪同学和面试官交流的时间还没有其父母多，结果谈了一家又一家，最终一无所获，受挫的汪同学表示今后再也不愿意参加招聘会了。

☞故事点评

1. 心理分析

职业规划是在大学之前就已开始的渐进过程。有学者认为，年轻人的职业发展过程经历下面几个阶段：①幻想期：在幼儿期和小学期，儿童通过对未来职业的幻想萌生出职业选择问题。他们对职业的偏好在很大程度上受职业的熟悉度、职业的吸引力影响，与他们最终做出的选择几乎无关。②尝试期：在11～16岁，中学生开始仔细思考职业问题。起初是根据兴趣，后来他们慢慢懂得了不同职业对个人条件和受教育状况的要求，于是开始根据自己的能力和价值观来调整职业期待。③现实期：20岁前后，年轻人将要面临经济和社会关系问题，他们会逐渐缩小职业选择范围。选择职业的第一步是进行深入探索，收集各种职业信息。④明确期：他们聚焦于一般的职业分类，并且在确定某一职业前，花一段时间去体验。

2. 故事的启发

上述案例的教训是汪同学本人不重视自己的职业生涯规划，毕业前还没有做好就业的心理准备，在择业过程中过分依赖他人，缺乏个人的判断和求职体验。现在中国社会中，独生子女逐步占据大学生的主体，他们基本上从出生开始就生活在父母给安排好的环境中，一般不需要自己做出选择。这种社会、家庭和学校普遍默认的教育方式，在客观上也培养了他们的依赖心理。如果在大学期间不能很好地进行心理调适，那么这些毕业生很可能会缺乏主见，自我意识模糊，在择业中常会茫然不知所措。毕业生独立进行择业决策的能力差，以致在人才市场上，父母代替子女、亲友代替本人与用人单位洽谈的场面屡见不鲜。

☞心理导航

1. 主题聚焦

一般来说，大学生就业的消极心理状态主要有以下三种情形。一是“妄自菲薄”心理。持有这种心态的毕业生相对内向，在找工作的过程中往往缺乏自信，不敢去面对用人单位，不善于表现出自己的优点。二是“盲目自大”心理。持有这一心理状态的毕业生往往平时比较优秀，自我感觉良好，在求职过程中常常好高骛远，容易给用人单位不脚踏实地的感觉。三是“随大流”心理，这类学生缺乏对自我的认知和明确的求职目标。由于大学生心理不成熟，其知识化程度高而社会化程度低、情绪波动度高而自抑程度低、自我认可度高而人际协调能力低、成才急切度高而抗挫能力低等心理特点，一旦受到挫折，就很容易产生诸如焦虑、急躁、迷茫、恐慌和无助等心理问题，这些心理问题对于大学生的身心健康和顺利就业极为不利。

2. 心理理论阐释

（1）大学生职业心理

职业心理是指人们在对自我认知、职业认知和社会认知的基础之上形成的，对待职业和职业行为的一种心理系统。职业心理活动要素包括职业动机、职业意识和职业态度。大学生职业心理是指大学生在面对择业、就业时，对自身以及所处环境的认知、情感、态度和意识等。

（2）大学生职业心理调适

提升大学生职业心理是做好职业生涯规划的前提。职业心理包含职业目标、职业兴趣、职业价值观以及职业能力等，它们共同影响着职业生涯规划目标的确立。只有清楚职业心理，制定职业生涯规划时才能有的放矢，制定合理的人生目标，这样才能获得更大的成功，为成功提供更多的保证。了解职业心理，能够使大学生的职业生涯规划更加科学、合理，帮助大学生选择正确的人生道路，为将来的成功做好准备，为成功实现目标而努力，合理制订实现方案，不断改进自我，才能够更好地实现人生目标。职业心理的调适有以下几方面：

① 正确处理学业与家庭的关系。大学生无论在外是多么重要的社会角色，在家庭中仍是普通一员，必须担负起家庭成员的责任。

② 期望值不能过高。要注意及时修订自己的目标，不能订得过于严苛，甚至脱离实际。同时，也不要把追求事业的成功作为自己唯一的生活目标。

③ 向亲朋好友倾诉。必要的时候向亲朋好友敞开自己的心扉，诉说自己的抑郁心理和苦衷，这样可以改善心境，使不良情绪得以宣泄和缓解。

④ 培养业余爱好。既要会学习，又要会调节，会娱乐，会交友。学习之

余，不妨培养一项或多项业余爱好，充实生活，增添乐趣，愉悦心境。

⑤ 积极参加体育运动。心理学家认为，运动是抑郁的天敌，锻炼是抑制负面情绪的良方。晨起可进行散步、慢跑、打拳、骑车等活动，这些活动不仅能激发活力，增强自信心，而且能唤起对生活的热情和投入感。

二、提升职业生涯规划的心理素质

☞ 身边故事

许同学是工科专业的一名女生，尽管有相当一部分人认为女生比男生找工作难，但是许同学第一次面试某家著名企业，就顺利地被该公司录用了。谈起这次面试成功的经验，她认为除了自己学习成绩优异之外，一个相当重要的方面是她的主动热情以及她具有的特长。面试过程中，当用人单位问她除了学习，课余有什么爱好时，她主动聊起了自己主持节目的特长爱好，并向用人单位简要介绍了自己几次难忘的主持经历，使用人单位对她产生了浓厚的兴趣，最终欣然决定与她签约。

☞ 故事点评

1. 心理分析

大学生在大学学习期间，要注重全面提升自我素质，认真做好职业生涯规划，培养良好的职业心理素质。

首先，要有对自我全面正确的认识。综合评估自己的性格、素质、爱好、能力、优势、劣势等，从而明确自己未来的发展方向，确定自己的择业目标。其次，要形成正确的择业观念。很多大学生看到就业形势严峻，于是产生了“得过且过”的想法，先找份普通的工作干着再说，“先就业，后择业”，这种观念应注意客观分析。最后，要全面提高自身实力，夯实就业基础。就业是实力的竞争，靠的只能是自身实力。实力不仅指良好的专业知识，还包含各方面能力、健康的体格等。

2. 故事的启发

大学毕业生职业生涯规划在求职中具有重要作用，许同学在学习期间就有自己明确的追求，并在日常学习生活中逐步强化，慢慢形成自己的职业倾向。平时她也积极参与社会活动，提升自身素质，培养特长。发展个体特长，不仅能陶冶性情，还能获得更多的就业机会。因此，当代大学生在学好书本知识的同时，要注意个人的全面发展，培养个人兴趣爱好，增强就业竞争力。

☞心理导航

1. 主题聚焦

大学生职业生涯规划应注重提升学生以下几方面的心理素质：①认清社会政治经济形势，提高自我认识，做好自我评估，消除就业迷茫；②设置合理的人生目标，加强职业认识，制定职业目标，及时调整自我期望值；③明确自我内外需求，规划职业生涯，完成就业前的心理准备；④增强抗挫折能力，培养积极情绪，正确看待挫折，保持乐观精神，消除消极心理。

2. 心理理论阐释

许多因素影响着职业选择，包括人格、家庭、性别等。

（1）影响职业选择的人格类型

约翰·霍兰德划分出六种影响职业选择的人格类型：①探究型。喜欢理论探索，可能选择科学方面的职业（人类学家、物理学家或工程师等）。②社会型。喜欢与人打交道，倾向于选择人事服务性工作（咨询、社会工作或教学等）。③现实型。喜欢处理现实生活中的问题，喜欢与物打交道，倾向于选择机械行业（建筑、管道工程或调查等）。④艺术型。情感丰富，具有强烈的自我表达需要，喜欢艺术领域的职业（写作、音乐或视觉艺术等）。⑤契约型。喜欢有条理的工作，注重物质财富和社会地位，适合于商业领域的职业（会计、银行业或质量监管行业等）。⑥进取型。勇于冒险，善于说服人，是很强势的领导，倾向于做销售、管理或从政等职业。

（2）性别影响职业选择

《伯克毕生发展心理学》中写到，虽然女孩在中学的成绩高于男孩，但是她们对自己的能力缺乏自信，并可能低估自己的成绩。在大学期间，学习成绩优秀的女生的职业选择志向进一步降低。一项对中学毕业生进行了长达10年的追踪研究显示，到大学二年级时，女生由于对自己的能力产生疑问，并且想兼顾工作和抚养孩子，一般会选择岗位要求较低的职业，女性对在男性主导职业上取得成功的不自信也大大限制了她们的职业选择。研究表明，许多有数学天分的大学女生选择了非科学专业。即使选择科学专业，与男生相比，她们也只是选择医学或卫生专业，很少选择工程、数学或物理专业。这些研究结果表明，促使中学和大学重视激励女生树立并保持较高的职业志向刻不容缓，以便帮助她们解决选择非传统职业时面临的特殊困难。当女生接受过就业指导，被鼓励树立与其能力、兴趣和价值观相适应的目标后，她们的职业志向就会被提高。研究发现，那些成就卓著的女性大多有以下四种经历：注重女性成就的大学环境以及促进女性体验的课程；经常与所选专业的教师、专业人员交流；在支持性环境中有机会检验自己的能力；有能够妥善处理家庭与职业角色冲突的成功女性做榜样。因此，提高女性的职业自信可以从以上四个方面着手。

三、职业生涯规划的步骤

☞ 身边故事

井同学是计算机专业的一名学生，从大一开始，他每年都为自己未来的25年职业生涯制订新计划，并督促自己按照自己的计划实践。他经常不断地调整自己的职业规划，追加新的努力目标，使自己的职业目标逐渐扩展充实起来。当他专业能力比较普通时，他努力学习专业技能，使自己的专业素养达到更适合的水平；当他专业水平提升之后，他开始拓展专业以外的个人能力。总之，他不断地从自己的现实出发学习应具有的各种能力，进一步为未来打基础，以便能获得更好的工作职位。大学毕业时，他直接获得IBM公司的录用通知，并且迅速得到公司的重用。能取得这些成就，与他能拟订适合自己的职业生涯计划并且坚持实践密不可分。

☞ 故事点评

1. 心理分析

大学生在大学学习期间，在充分认识自己和外在客观环境的基础上，认真做好职业生涯规划，并采取相应的行动，使职业生涯规划落到实处。

首先，正确全面地认识自我。一是要综合评估自己的性格、个性、素质、爱好、能力、优势、劣势等，从而明确自己未来的发展方向，确定自己的择业目标；二是要对社会环境进行探索，了解自己专业的未来就业方向，了解不同职业方向对个人能力的需求，并根据要求培养自己的能力。其次，形成系统的职业生涯规划执行步骤。很多人确定一个大致目标以后就不再继续探索了，模糊的目标并不能帮助我们到达金字塔的顶端，需要根据自己的目标制订详细的执行计划，这样才能确保目标实现。最后，根据实际情况，及时修正自己的目标，使得目标最大化地实现。个人价值实现要符合社会需要。社会需求是不断变化的，个体对自己的认识也需不断深化，在这个过程中，有可能最开始设定的目标或执行步骤并不能很好地适应个人和社会发展的最新情况，因此，及时修正自己的职业生涯规划和执行路线是非常有必要的。

2. 故事的启发

大学毕业生职业生涯规划在求职经历中具有重要作用，井同学在学习期间就有自己明确的追求，并在日常学习生活中逐步清晰、完善并不断修正自己的职业倾向，坚持执行自己的职业生涯规划。更为重要的是，他的职业生涯规划一年一做，能够更好地把握自己和外在世界的新情况，及时调整自己的行动计划，这是其能够迅速获得成功的重要原因。因此，大学生在执行生涯规划过程中，不可过于呆板，要灵活调整自己的行动计划，确保更好地实现自己的职业目标。

☞心理导航

1. 主题聚焦

职业生涯规划是一个动态的、逐步展开的过程，一个恰当的职业生涯规划关键要做到个人职业目标和现实环境的匹配。个人职业目标包括计划在哪个职业领域中工作，希望取得什么样的成就；现实环境包括职业领域中需要什么样的人才，能有什么样的上升空间等。通常，一个人的职业生涯规划是在大学期间逐步开展和完善的。

2. 心理理论阐释

总体来说，职业生涯规划可以定义为这样一个过程：制定目标、个人评估、环境评估、积极探索、反省再调整、重新出发的生涯规划循环历程。

（1）确定人生的目标

这一步骤需要回答的问题是：我自己到底想要做什么？确定目标是制定职业生涯规划的关键，通常目标有短期目标、中期目标、长期目标之分。采用五个“what”的归零思考模式有助于我们回答这一问题，其中，五个“what”是指：我是谁？我想干什么？我能干什么？环境支持我干什么？我自己最终的职业目标是什么？

（2）了解自己

这一步骤目标是了解自己的长处和短处。一个有效的职业生涯设计必须是在充分且正确认识自身条件与相关环境的基础上进行的。自我评估包括对自己的兴趣、特长、性格的了解，也包括对自己的学识、技能、智商、情商的测试以及对自己思维的评价，等等。正确的自我评估是大学生探索其职业倾向的基础，它关系到大学生健康自我意识的培养、稳定自信心的树立。

（3）职业生涯机会的评估

这一步骤关键在于分析外在的客观条件，主要是评估各种环境因素对自己职业生涯发展的影响，每个人都处在一定的环境之中，离开了这个环境，便无法生存与成长。所以，在制定个人的职业生涯规划时，要分析环境条件的特点、环境的发展变化情况、自己与环境的关系、自己在这个环境中的地位、环境对自己提出的要求以及环境对自己有利的条件与不利的条件，等等。只有对这些环境因素充分了解，才能在复杂的环境中避害趋利，使你的职业生涯规划具有实际意义。

环境因素的评估主要包括：社会环境、职业环境和组织环境。大学生可以通过各种形式的社会实践深入探索职场社会，对社会环境、职业环境和组织环境进行评估，确定职业目标，锻炼职业能力：积极参加课外活动，主动承担社会工作；积极参加社会实践，增加社会阅历；对一些职场成功人士进行访谈。

(4) 设定职业目标

其本质上是职业定位的过程，即为职业目标与自己的潜能以及主客观条件谋求最佳匹配，是职业生涯规划的核心。在充分认识社会环境与组织环境之后，应评估各种环境因素对自己职业发展的影响，根据自己的兴趣、爱好和特长，考虑自己的性格、气质与能力等特征判断自己是否适合在这样的环境中发展，以及对职业发展中的各种机会进行评估。良好的职业定位是以自己的最佳才能、最优性格、最大兴趣、最有利的环境等信息为依据的。

职业目标的合适与否，直接关系到人生事业的成功与失败。正所谓“女怕嫁错郎，男怕入错行”。在确定职业发展的目标时要注意自己性格、兴趣、特长与选定职业的匹配，更重要的是考察自己所处的内外环境与职业目标是否相适应，不能妄自菲薄，也不能好高骛远。

(5) 执行职业目标

职业生涯目标的实现需要我们制订相应的行动方案，行动方案的制订是职业生涯规划付诸行动的重要环节，没有行动，职业目标只能是一种梦想。因此，为了确保职业目标的实现，我们需要对职业生涯目标进行分解，设计出合理的职业生涯规划图，并付诸行动，确保职业生涯目标的实现。

职业生涯中的行动方案主要指为达成既定目标，在提高工作效率、学习知识、掌握技能、开发潜能等方面选用的方法，例如，为了实现你的职业目标，在工作效率方面，你采取了什么方法；在学习知识方面，你有什么计划，掌握哪些技能能有助于你实现职业目标；你又做了什么挖掘自己的潜能，发现自己的隐藏实力等。这些都需要具体的行动方案，而且需要对这一行动方案进行层层分解、具体落实，便于进行定时检查和及时调整。

(6) 修正与反馈

影响职业生涯规划的因素非常多，有些变化因素可以预测，比如个人兴趣的转变、职业要求的学历、专业技能不断丰富；有的变化因素难以预测。在这种情况下，为了保证使职业生涯规划的有效性，需要不断地对职业生涯规划进行评估与修订。具体来说，职业生涯规划的评估与修订包括：职业目标的重新设定；人生目标的修正；职业目标实施与计划的变更；等等。其中，大多数人可能难以避免地需要修正或变更职业目标的实施与计划。为了更好地做到这一点，首先，需要对职业目标的执行情况进行总结，确定哪些目标已按计划完成，哪些目标未完成。其次，对未完成目标进行分析，找出未完成原因及障碍，制定相应解决障碍的对策及方法。最后，依据结果对未来的职业目标执行计划进行完善。

通过实施的反馈信息，有助于我们诊断整个职业生涯规划的科学性、实效性和针对性。而职业目标的修订与调整则可以帮助我们更好地实现职业生涯目标。

四、时间管理与自我发展

☞身边故事

吴同学，性格内向，平时不爱与人说话，爱看小说。平常将大把的时间花在看小说上面，经常缺课、逃课，导致多门课程挂科、重修。大二有一个学期甚至因为看小说忘记了考试时间，没有参加考试。现在面临毕业，吴同学还有多门课程需要补考、重修，很后悔将太多的时间花在小说上，没有完成学习目标，想考研，也想找工作，但是现实条件都不符合。因此，他陷入了深深的苦恼中。

☞故事点评

1. 心理分析

吴同学上大学之后，没有对自我进行探索和了解，没有对自己的职业生涯进行很好的规划。在出现挂科之后，也没有及时调整自己的学习状态，总是以为还有时间，没想到大学四年这么快就要结束。面对着需要补考、重修的课程感受到较大的压力，出现不知道该怎么办的焦虑状态。

2. 故事的启发

古人很早就提出“时者，金也”“寸阴，寸金”“一寸光阴一寸金，寸金难买寸光阴”等，这说明古人已认识时间的价值，认为时间比金钱更宝贵。时间的特性是一维性，即时间一去不复返，具有不可逆性。时间似流水，你不抓住它，它很快就溜走了，而且不会重来。因此，每一个人都需要把握时间，充分利用时间充实自己，为自己的理想而奋斗。然而，很多人可能并不会像吴同学这么严重，但常常还是会发现不知道时间都去哪儿了。这就需要我们对时间进行合理的规划、管理，确保自己能够充分利用时间，实现自己的目标。

☞心理导航

1. 主题聚焦

时间管理学者杰克·弗纳对时间管理的定义是：有效地应用时间这种资源，以便我们有效地达成个人的重要目标。需要注意的是，时间管理本身永远也不应该成为一个目标，它只是一个短期内使用的工具。一旦形成习惯，它就会永远帮助你。

2. 心理理论阐释

一个人之所以成功，时间管理是非常重要的关键因素之一。如果我们想要成功，就必须把我们的时间管理工作做得更好。要把时间管理好，最重要的就是做好以结果为导向的目标管理。它的要点如下：

(1) 做好心理建设

把时间管理好，要先做自我心理建设。要有把事情做好、把时间管理好的强烈欲望；要明确做好时间管理的目标是什么，进而不断实践。时间管理是一种技巧，观念与行为有一定的差距，必须经常地去演练，才能养成良好的习惯，要下定决心持续学习，直到能运用自如。

(2) 改变对时间的态度

只有把时间管理好，才能够实现自我理想，建立自我形象，进一步提升自我价值。每个人应把自己当成一个时间管理的主体，而不断地努力学习。若能每天节省 2 小时，一周就至少能节省 10 小时，一年就能节省 500 小时。每个人皆拥有一天 24 小时，而成功的人单位时间的生产力则明显地较一般人高。

(3) 获得成就感

引起动机的关键就是成就感。要成就一件事情，一定要以目标为导向，才能把事情做好。把握“现在”，专注于“今天”，每一分、每一秒都要好好把握。时间管理得好，能让人更满足、更快乐、赚取更多的财富，自我价值亦更高。

(4) 规划与组织

保持整洁能够提升我们的自我价值、自我形象以及自我尊严。例如，将桌面保持整洁、做完事立即归档、做事只经手一次等。对于没有效果或者效果不大的资料，坚决丢掉！

(5) 设定优先顺序

每个人每天都有非常多的事情要做，但根据二八原理，在日常工作中，有 20%的行为可以决定 80%的成果。将事情依紧急、不紧急以及重要、不重要分为四大类，一般人每天习惯于应付很多紧急且重要的事，但接下来会去做一些看来紧急其实不太重要的事，整天不知在忙什么。其实最重要的是要去做重要但是看起来不紧急的事，若你不优先去做，那你的目标将不易达成。设定优先次序，可将事情区分为五类：A＝必须做的事情；B＝应该做的事情；C＝量力而为的事情；D＝可以委托别人去做的事情；E＝应该删除的事情。最好大部分的时间都在做 A 类及 B 类的事。忘掉过去种种，而努力于未来。专注于目前的机会，努力去把握，真正的成功本身就是一种态度。

(6) 成功的关键

① 有毅力、有耐心地持续工作，直到完成；

② 做完工作，给自己适度的报酬与奖励；

③ 花 1 分钟时间规划，可节省 4 分钟的执行时间；

④ 有组织地复习资料系统。

总之，对于时间的有效管理，一方面可以摆脱大量模式化的枯燥工作，另一方面能节省出较多的自由支配时间，有助于进行更多清晰的、有创造性的思考，从而提高学习效率和学习兴趣，也有助于更好地执行我们的职业生涯规划。

☞ 素质提升

时间管理

1. 制作你的时间饼图

时间是重要的资源，但是经常有同学抱怨时间不够用，不知道“时间都去哪儿了”。时间饼图活动可以有效地帮助我们找到是谁偷走了我们的时间。

活动流程：

① 在一张纸上画上一个圆，代表一天 24 小时。

② 在圆里按照比例画下不同活动（包括睡觉、吃饭、学习、参加社团活动、看手机、玩游戏、上网、踢足球、聊天、发呆等）所用的时间。

③ 根据你画出的时间饼，看看自己花了多少时间在学习上，最多的时间花在哪方面，有哪些是“偷走你时间”的因素。

2. 时间二八原理

穆尔于 1939 年大学毕业后，在哥利登油漆公司找到业务员的工作。当时的月薪是 160 美元，但满怀雄心壮志的他仍拟定了一个月薪 1000 美元的目标。当穆尔逐渐对工作感到得心应手后，他立即拿出客户资料以及销售图表，以确认大部分的业绩来自哪些客户。他发现，80％的业绩都来自 20％的客户中，同时，不管客户的购买量大小，他花在每个客户身上的时间都是一样的。于是，穆尔的下一步就是将其中购买量最小的 36 个客户退回公司，然后全力服务其余 20％的客户。结果如何？第一年，他就实现了月薪 1000 美元的目标，第二年便轻易地超越了这个目标，成为美国西海岸数一数二的油漆制造商。最后还当了凯利穆尔油漆公司的董事长。这个故事除了告诉我们树立正确的目标的重要性，还体现了二八原则：总结果的 80％是由总消耗时间中的 20％所形成的。按事情的“重要程度”编排行事优先次序的准则建立在“重要的少数与琐碎的多数”的原理的基础上。

二八原理对我们的一个重要启示便是：避免将时间花在琐碎的多数问题上，因为就算你花了 80％的时间，你也只能取得 20％的成效。所以，你应该将时间花于重要的少数问题上，因为掌握了这些重要的少数问题，你只需花 20％的时间，即可取得 80％的成效。

第七章
大学生学习心理

学习目标：

7.1　什么是学习？学习包括哪两个条件？
7.2　大学生学习和学习心理的特点有哪些？
7.3　大学生能力培养的原则有哪些？
7.4　潜能的内涵是什么？
7.5　开发潜能的方式有哪些？
7.6　常见的学习心理问题有哪些？
7.7　大学生学习心理问题的成因有哪些？
7.8　大学生调适学习心理问题的方法有哪些？
7.9　大学生应如何提高学习心理素质？

“非学无以广才，非志无以成学”，从古至今，学习都是一件重要且需要坚定不移的意志加以坚持的事。学习是学生的天职，大学生也不能例外。不仅如此，大学生的主要任务和活动方式就是学习，大学生活基本上也是围绕学习而展开的。大学生有各自的专业，有明确的学习目标，在老师的指导下，大学生需要自主地、有目标地、有计划地掌握专业知识和技能。学习既是一项具体的实践活动，更是一个复杂的心理过程。如何在学习的过程中集中注意力？如何有效地克服记忆过程中的遗忘问题？学习这一非常复杂的心理过程，需要智力与非智力因素的共同参与。掌握有关学习的心理知识，培养良好的学习习惯，掌握适合自己的有效学习方法，不仅能够提高大学生的学习效率和学习成绩，还能够增强其对学习和生活的自信心。

第一节　大学生学习特点与心理机制

学习是大学生成才的基础，是获取知识、把握规律、提高技能与道德品质、发展身心的过程。大学学习的难度比高中高，内容也比高中多，因此要求大学生在学习方法和策略上进行转型。很多大学生不能适应大学的学习，因此产生了一系列的心理健康问题。有效地学习掌握心理学的相关理论知识，拥有一个健康的学习心理，会对大学生的学习过程和学习效果产生积极的影响，对提高大学生的学习效率和学习质量具有非常重要的意义。

一、大学生学习特点

☞身边故事

封同学是一名非常努力的学生，在中学，他就是班上的学习委员，学习成绩很优秀，以班级第一名的成绩考入当地的重点高中，在高中班级的成绩也是名列前茅。正如大家所期望的，他顺利进入一所重点大学。但是，刚上大学没几个月，他就发现大学的学习和高中的学习截然不同。在高中的课堂，课堂的内容很少，老师会布置大量的作业帮助自己学习课本的知识，就算遇到不懂的内容，老师也会耐心地指导。进入大学之后，老师授课的信息量变得非常大，有时候一节课要讲授几十页的内容，老师很少布置作业，课下如果有学习问题，也很难再找到老师，很多知识只能靠自学。他总是觉得时间不够用，上一章的内容还没有掌握，老师已经开始教授下一章的内容了。学业上的挫折让他无所适从，这是他以前从未遇到的，对于大学生活的美好期待也成为幻影，整天为此苦恼，焦躁不安。

☞故事点评

1. 故事分析

步入大学校园后，同学们会发现大学教育和中学完全不同，无论是在学习方法、学习环境还是学习时间上都需要同学们自己安排。中学的班级很小，每节课教授的内容相对来说也很少，学习方面的大部分事情都已经由老师安排好了。然而大学的课堂很大，每次课需要同学们学习很多内容，这些学习也都需要大家自主地安排。学习的灵活性和自主性增强了，像封同学一样，很多同学反而变得不会学习了。这是因为他们对于学习的理解还停留在高中阶段，而没有找到适合大学学习的方法。更确切地说，学习习惯、学习方法、学习心态还没有适应大学的学习环境、教学模式和考试方式，从而产生学习的焦虑。

2. 故事的启发

由于大学教育与中学教育在教学目的、教学方式和教学内容上的不同，学生需要重新适应大学学习。在学习的过程中，同学们可能会暂时遇到一些挫折，这是很正常的现象。一些学生常常认为自己是受害者——将糟糕的学习成绩归因于自己无法控制的因素，或归因于自己，常常觉得自己很笨；或归因于老师、教材和考试方式。国外学者研究表明，如果训练这些学生采取更有希望的态度——相信努力、良好的学习习惯和自律可以产生不同的效果，学习成绩也会明显地提高。成功的人更可能把挫折看成是一次意外，或者认为，“我需要尝试一些新的方法”。所以，同学们应当把握主动权，积极地面对学习中新的挑战。大学的学习与中学的学习既然有所不同，就需要用不同的方式和心态去应对。

☞中外对比

1. 中外现状

美国认知心理学家奥苏伯尔等所著的《教育心理学：认知观》是当代西方较早关注学校教学，从认知论角度专门论述课堂学习问题，并率先向传统的、折中的教育心理学教本提出挑战的一本著作。书中明确提出，教育心理学在现代教育事业中的基本任务是讨论学校（课堂）的性质、条件、结果和评价问题。奥苏伯尔主张接受学习，他认为接受学习必须按“有意义学习”的标准和条件进行，接受学习的目的是建立起相应的认知结构。所谓“有意义学习”，或者说“有意义学习过程的实质”，就是符号所代表的新知识与学习者认知结构中已有的适当观念建立非人为的和实质性的联系。

在国内大学，大部分课程的主要目的是传授知识，这些课程都由老师讲授，学生上课并完成作业和考试。课程结业会要求学生掌握有关理论、基本概念和专业技能。和中国教育要求学生掌握大量知识不同，国外教育更侧重于知识的深度而非知识的广度。此外在西方国家，大学的教育也偏重于思维的训练。如普林斯顿大学就要求学生学会独立思考，熟悉不同的思维方式和富有创新精神。拥有与他人合作沟通的能力也是国外大学非常看重的一个方面，在学习和工作中很多时候一个人是无法完成全部任务的，因此项目的分工就非常重要。

2. 对比的启示

对比国内外大学的教育模式，我们可以发现国外的教育更侧重于学生自身思维的发展，国内的大学教育更注重于课堂知识的学习、积累、运用和技能的训练。大学的学习具有一定的探索性或探究性、创造性，在主动“接受”知识的基础上可以自己尝试着去“钻研”。“知之者不如好之者，好之者不如乐之者。”接受知识从被动变为主动。在学习过程中，也要尝试批判性地思考，考虑自己接受的知识是否有些不足，哪里还可以优化。每门学科都有自己不同的思维方式，无论是定性还是定量，是文科还是理科，不同的思维方式都可以帮助学生更全面地看待问题。大胆尝试新的学习方法和技术，自主成立一些学习兴趣小组，成立网上读书会一起探讨问题，彼此交流想法，学会与他人合作沟通。

☞心理导航

1. 主题聚焦

方法就好比是过河的桥和船。经过小学、初中和高中的学习，大学生已经掌握了一套自己的学习方法。然而进入大学之后，由于学习内容和特点的不同，以往的学习方法有些已经不能适用于大学学习。因此，只有了解大学学习特点和学习心理，大学生才能更好地适应学习和生活。

2. 心理理论阐释

（1）大学生学习的特点

① 专业性和职业性。大学教育和大学学习具有专业性和职业性双重特性。大学生在入学之前或入学之后就需要确定自己的专业方向，这是区别于中学教育的重要特征之一。除了公共基础课之外，学校的课程也是围绕着不同的专业来设置，大学生在经过专业的学习之后，已经基本掌握了本专业的理论知识和相关技能。在择业时，很多大学生都会选择与自己专业相关的行业。大学教育在很大程度上是为了今后的职业发展做准备。

② 丰富性和多元性。大学学习与高中学习在专业知识的内容上发生了很大变化，除了公共基础课还有专业课，同学们不但需要修完必修课的学分，也需要根据自己的兴趣选修相应的课程。开放式的教学模式也为同学们提供了很多选择，除了课堂学习之外，还有社会实践、科研项目、专家讲座、课外实习等多种多样的学习途径。因此，高校为大学生提供了丰富和多元的学习内容，有利于学生在学业和能力上的发展。

③ 应用性和实践性。在大学，同学们不仅需要熟悉专业的理论知识，也需要掌握基本的社会技能，在今后的学习和生活中会常常使用到这些技能。例如，高校开设计算机相关课程，在完成学习后，同学们可以参加学校和社会组织的计算机考试，并获得相应的证书。在信息化的时代，计算机的使用已经成为一种必不可少的技能，同学们可以在专业期刊上检索文献，也可以在各类生活服务类网站上进行购物和娱乐。这些都反映了大学的学习是应用和实践相结合，旨在全面提升大学生的综合素质。

④ 前沿性和探索性。现如今，知识的更新换代越来越快，经过几年的发展很多理论已经变得陈旧。在高校，同学们接触的都是非常前沿的理论知识，这些知识的学习有助于学生开阔视野。通过最新的研究进展，同学们可以对未知的领域进行探索，提出自己的想法，培养自己的科研思维，提高自己的科学素养。

（2）大学生学习心理特点

① 智力高峰。20～25 岁，人的流体智力达到顶峰，在这个年龄段，人的记忆力、推理能力和问题解决等能力均达到个体发展的最高水平。因此，这个时期是掌握专业知识和各种技能的最佳时期，同学们可以充分利用这个阶段，了解专业知识、培养专业技能和构建科研思维。

② 兴趣广泛。大学生有广泛的兴趣爱好，在学习本专业知识之余可以积极参加学术社团和学术讲座等活动。学校也有各类学科竞赛，可以为学生提供培养兴趣的舞台。此外，大学生也可以参加全国乃至于国际的比赛，参加这些比赛可以帮助同学们扩大视野，提高同学们的学术能力。

③ 动机增强。大学生学习动机的一般发展进程规律是：直接性的学习动机随学习年级的升高而逐渐减弱，而以学习的社会责任感为主导的学习动机则随学习年级的升高而加强，专业性的学习动机也随着学习年级的升高而日益巩固和发展。

④ 意识成熟。随着主体意识的萌芽，大学生自我意识和学习意识也基本成熟。学习的自我意识形成是学会学习的关键，这种意识的增强主要表现为更强的学习独立性、自主性和可控性。例如，对学习内容主动选择程度的提高，对学习时间安排上较大的自主支配权，尤其是自学能力已成为影响他们学习效果的主要因素。

二、学习心理机制

☞ 身边故事

张同学是班上的学习委员，成绩非常优秀，对自己非常严格，在班上总是第一名。尽管他非常努力，但是每次考试都会担心自己考不好。上个学期末，他感到不舒服，那几天经常拉肚子，由于受身体不适的影响，高等数学这门课没有考及格。尽管有一门课没考及格，家长和老师也没有责怪他。考试结束之后，身体也立刻恢复健康。但是本学期几次考试期间，他每次都会拉肚子，考试结束之后就会不治而愈。去了医院反复检查，也没有检查出任何问题。这种莫名其妙的身体不适影响了他的考试，学习成绩也一落千丈，这学期又有两门课不及格。张同学非常焦急，但是也不知道怎么办。

☞ 故事点评

1. 心理分析

在学期末，面对很多考试时，大学生会产生巨大的心理压力，从而产生考试焦虑，最终导致消化系统紊乱。每当期末考试临近，张同学就会因为严重的考试焦虑而拉肚子，考试结束之后就会自然痊愈。同时由于自己身体不适挂科，也为自己找到了一个成绩不好的理由，这样家长和老师就不会责怪自己，同学们也会同情自己。其实，由于自己过高的期望，张同学发现自己的考试成绩并不能总是那么优秀，在他看来成绩下降和名次倒退就意味着失败，然而这种失败是他无法接受的。因此，尽管张同学学习成绩很优秀，但是他很害怕考试，潜意识里希望逃避考试，这其实是缺乏自信的表现。

2. 故事的启发

过于看重考试成绩就会产生学习压力，适当的学习压力会帮助学生提高成绩，但是一旦学习压力过大，反而会影响到考试发挥。考试焦虑是大学生常见的心理问题，这是考试压力过大而引发的系列异常心理现象，严重的考试焦虑会影响到学生身心健康。由此可见，学习和心理健康关系密切。那么学习是如何定义的？学习的过程又是怎样？经典条件作用和操作性条件作用又有哪些异同？

☞ 心理导航

1. 主题聚焦

心理学家很久以来就对条件作用或者说事件与行为相互联系起来的方式感兴趣。有两种最基本的条件作用：经典条件作用和操作性条件作用。每一种条件作用都代表着有机体获得和使用其环境结构信息的一种不同方式。那么各类学习是怎样对你自己的行为产生影响的？你是如何获得新的联结的？

2. 心理理论阐释

（1）学习的定义

学习是基于经验而导致行为或行为潜能发生相对一致变化的过程。你无法直接观察学习本身——你通常不能看见你脑内的变化——但学习从你操作的进步中显而易见。在学习的过程中，你获得的是一种改变行为的潜能。一旦学会某种行为，行为或行为潜能的变化就必须在不同场合表现出相对一致性。例如，一旦你学会游泳，你将会总能这样做。学习只有通过体验才能发生。这种体验包括吸收信息（以及评价和转换信息）和做出反应来影响环境。学习获得的行为上持久的变化需要经验和成熟准备相结合。比如，2～3 岁是儿童学习语言的关键期，在儿童具有充分的成熟准备以前，任何训练或者练习都无法产生这些行为。

（2）经典条件作用

经典条件作用也被称作巴普洛夫条件作用或者条件反射，它是联想学习的一种形式。在此过程中，有机体学会将刺激联系起来。在经典条件作用下，中性刺激与有意义的刺激（无条件刺激）产生联结，并获得诱发类似反应的能力。

巴普洛夫设计了一种研究狗的消化过程的实验，他在狗的腺体和消化器官中植入管子，将其中的分泌液导入体外的容器里，这样就可以对分泌液进行测量和分析了。为了产生分泌液，巴普洛夫的助手要把肉末放到狗的嘴里。这种程序重复几次以后，巴普洛夫观察到狗表现出一个他未曾料到的行为——它们在肉末放进嘴里之前就开始分泌唾液了。它们仅仅是看见食物，后来是看到拿着食物的助手，甚至仅仅是听见助手走过来的脚步声，就开始分泌唾液了。

经典条件作用的核心是反射性反应。反射是一种无须学习的反应，它是由与有机体生物学相关的特定刺激自然诱发的。任何能够自然诱发反射性行为的刺激，如巴普洛夫实验中所用的食物，都叫无条件刺激，因为学习对刺激控制行为而言不是一个必要条件。由无条件刺激诱发的行为，叫无条件反应。

在典型的经典条件作用实验中，中性刺激经过反复与无条件刺激相匹配，便可以预言无条件刺激的随后出现。与无条件刺激相匹配的中性刺激，如巴普洛夫实验中的声音，被称为条件刺激，因为它诱发无条件反应行为的力量是以它与无条件刺激的联系为条件的。经过几次匹配之后，条件刺激所引发出的反应称为条件反应。学习的产生是因为经典条件作用创造了条件刺激与条件反应之间的联结，条件刺激获得了最初只有无条件刺激具有的影响行为的某些力量。

（3）操作性条件作用

操作性条件作用是由美国心理学家斯金纳命名的，是一种由刺激引起的行为改变。操作条件反射与经典条件反射不同，操作条件反射与自愿行为有关，而巴甫洛夫条件反射与非自愿行为有关。

为了实验性地分析行为，斯金纳发展了操作性条件作用程序，在这种程序中，他操作有机体行为的结构，以考察它们对有机体后来的行为有何影响。操作性行为指的是任何有机体自发的，能够按照它作用于环境可观察的结构来描述它的特点的行为。操作性行为与经典的条件化行为不同，它不是由特定的刺激所诱发的，这些行为将来出现的可能性可以通过操纵它们对环境作用的结构来增加或减少。

为了实施实验分析，斯金纳发明了一种能让他操纵行为结果的装置——操作箱。当实验者定义的一种适当行为出现或出现以后，如老鼠按压杠杆，该机械装置便释放食物。这种仪器可以让老鼠学或不学他们所定义之行为的变量。例如，若只有当老鼠先在箱中旋转一圈，然后再按压杠杆时，食物才出现，老鼠则会迅速学会每次按压杠杆前先转圈。

☞ 素质提升

大学生一般学业情绪调查问卷

您好！这是一份关于大学生学业情绪的问卷。下面是一些描述学习活动中可能有的情绪体验的项目。请您对照每一个项目，在最符合自己实际情况的项目上标记“√”。答案无对错之分，请您认真据实作答。谢谢您的支持与合作！

请您在答题之前先填好以下资料，选择时在您要选的选项上打个“√”。

表 7－1　学业情绪调查表

① 专业______________② 年级______________③ 性别：男□女□

项目	完全不符合	不太符合	不肯定	比较符合	完全符合
1. 临近考试，我总是很紧张	1	2	3	4	5
2. 我一学习就想睡觉	1	2	3	4	5
3. 我总能安心学习	1	2	3	4	5
4. 有的课程越学越觉得学不好，我感到很无助	1	2	3	4	5
5. 学习让我感到充实，我很自豪	1	2	3	4	5
6. 我觉得自己学习不好对不起家人和老师	1	2	3	4	5
7. 学习让我快乐	1	2	3	4	5
8. 我相信自己的学习会更好	1	2	3	4	5
9. 我很生气别人说我比他学习差	1	2	3	4	5
10. 我觉得自己很有趣	1	2	3	4	5
11. 有些学习内容如基础课记忆内容太多，我学不好，很焦虑	1	2	3	4	5
12. 我在学习时容易心浮气躁	1	2	3	4	5
13. 我能轻松地完成学习任务	1	2	3	4	5
14. 我对学习缺乏信心	1	2	3	4	5
15. 我觉得学习上我不比别人差	1	2	3	4	5
16. 有些课程能学好而没学好感到对不起自己	1	2	3	4	5
17. 有时完成一个作业我会感到很高兴	1	2	3	4	5
18. 我希望自己学得更好一些	1	2	3	4	5
19. 学习中经常受到挫折令我气愤	1	2	3	4	5
20. 我学习时总能集中注意	1	2	3	4	5
21. 我的学习成绩上不去，我很着急	1	2	3	4	5
22. 学习时我容易心烦	1	2	3	4	5
23. 学习时我心情平静	1	2	3	4	5
24. 我一学习就情绪低落	1	2	3	4	5
25. 常能轻松地完成学习任务让我自豪	1	2	3	4	5

（续表）

项目	完全不符合	不太符合	不肯定	比较符合	完全符合
26. 我没考上好大学很愧疚	1	2	3	4	5
27. 我很高兴学习	1	2	3	4	5
28. 我希望能够实现自己的学习目标	1	2	3	4	5
29. 我会为听不懂课而恼火	1	2	3	4	5
30. 我总能专注于学习	1	2	3	4	5
31. 学习使我苦恼	1	2	3	4	5
32. 我憎恨学习	1	2	3	4	5
33. 我能轻松地面对考试	1	2	3	4	5
34. 我对学习感到无能为力	1	2	3	4	5
35. 我对自己的学习成绩很满意	1	2	3	4	5
36. 有时我会为自己的成绩不如别人而感到羞愧	1	2	3	4	5
37. 做作业时我很高兴把题目都做对	1	2	3	4	5
38. 我觉得学习很有用	1	2	3	4	5
39. 学习时受到他人的干扰我会很气愤	1	2	3	4	5
40. 我对学习的每一个新内容都有好奇心	1	2	3	4	5
41. 语言类课如大学英语学不好，很焦虑	1	2	3	4	5
42. 我觉得学习枯燥乏味	1	2	3	4	5
43. 我能心平气和地对待我的成绩	1	2	3	4	5
44. 我对学习感到力不从心	1	2	3	4	5
45. 学习让我丰富了自己的知识，增长了技能，我很自豪	1	2	3	4	5
46. 有时我会因为成绩差而觉得在别人面前抬不起头	1	2	3	4	5
47. 我总是愉快地学习	1	2	3	4	5
48. 我对学习充满信心	1	2	3	4	5
49. 我会为老师不提问我而生气	1	2	3	4	5
50. 我对每一个新的学习领域都有探索欲望	1	2	3	4	5
51. 有时我会因为学习成绩不好很痛苦	1	2	3	4	5
52. 学习时经常头昏脑涨	1	2	3	4	5
53. 我做作业的时候心情很放松	1	2	3	4	5

（续表）

项目	完全不符合	不太符合	不肯定	比较符合	完全符合
54. 我在学习中常受挫折	1	2	3	4	5
55. 学习上我经常受到别人的夸奖和赞扬	1	2	3	4	5
56. 有时我会为自己的成绩不如别人而感到难过	1	2	3	4	5
57. 我学习热情很高	1	2	3	4	5
58. 我对自己的前途很有希望	1	2	3	4	5
59. 不理解学习内容时我会苦恼	1	2	3	4	5
60. 学习任务重让人烦	1	2	3	4	5
61. 我的学习成绩一直很稳定，我感到轻松自在	1	2	3	4	5
62. 有时学习让我产生沮丧感	1	2	3	4	5
63. 学习中我经常觉得自己很聪明	1	2	3	4	5
64. 有时碰到应是自己专业知识能解决的问题而我不能，很尴尬	1	2	3	4	5
65. 有时学习会给我带来惊喜	1	2	3	4	5
66. 别人的鼓励使我对学习充满希望	1	2	3	4	5
67. 我对学习感到焦急	1	2	3	4	5
68. 我觉得学习是件难事	1	2	3	4	5
69. 我能轻松自如地应付学习	1	2	3	4	5
70. 我对自己的前途悲观失望	1	2	3	4	5
71. 学习上我比别人进步快	1	2	3	4	5
72. 我很困惑为什么我总学不好	1	2	3	4	5
73. 学习对我来说是负担	1	2	3	4	5
74. 我对自己的学习现状有满足感	1	2	3	4	5
75. 有时我觉得自己学习不好是因为我很笨	1	2	3	4	5
76. 由于取得了好成绩，我感到自豪	1	2	3	4	5
77. 专业课学习太难，我不知该怎么办	1	2	3	4	5
78. 我对学习没兴趣	1	2	3	4	5
79. 上课时我一般比较放松	1	2	3	4	5
80. 尽管我很努力但是成绩还是没有起色	1	2	3	4	5
81. 我担心自己学习不好	1	2	3	4	5

（续表）

项目	完全不符合	不太符合	不肯定	比较符合	完全符合
82. 我厌倦学习	1	2	3	4	5
83. 我为自己学习不好而发愁	1	2	3	4	5
84. 我讨厌学习	1	2	3	4	5
85. 有些学习内容如数学、方法类课程太枯燥学不好，我很焦虑	1	2	3	4	5
86. 我觉得学习是件苦事	1	2	3	4	5
87. 我担心比别的同学成绩差	1	2	3	4	5
88. 尽管我很努力，还是学得不好，不知该怎么办	1	2	3	4	5

计分方式：计算每个维度的条目均分。

① 焦虑分测验：共 15 项，包括 1、11、21、31、41、51、59、67、72、77、77、81、83、85、87、88；

② 厌烦分测验：共 13 项，包括 2、12、22、32、42、52、60、68、73、78、82、84、86；

③ 放松分测验：共 10 项，包括 3、13、23、33、43、53、61、69、74、79；

④ 失望分测验：共 10 项，包括 4、14、24、34、44、54、62、70、75、80；

⑤ 自豪分测验：共 9 项，包括 5、15、25、35、45、55、63、71、76；

⑥ 羞愧分测验：共 7 项，包括：6、16、26、36、46、56、64；

⑦ 愉快分测验，共 7 项，包括：7、17、27、37、47、57、65；

⑧ 希望分测验，共 7 项，包括：8、18、28、38、48、58、66；

⑨ 气愤分测验，共 5 项，包括：9、19、29、39、49；

⑩ 兴趣分测验，共 5 项，包括：10、20、30、40、50。

第二节　大学生学习能力的培养及潜能开发

大学阶段是学生从校园象牙塔过渡到适应复杂社会的重要环节。随着科学技术的迅猛发展，知识更新速度和获取渠道更加快捷和多元。美国教育心理学家巴斯在 2003 年的研究中发现：“在半个世纪前，人们从大学毕业后，大约有 70%的所学知识一直可以在其退休前运用。而在当今时代，这个数字缩减为 2%。”这是说大学生在校学到的知识将来只有 2%有用，剩下 98%都要通过较高的学习能力来获取，所以通过大学学习来提高学习能力更为重要。

☞身边故事

孙同学是班上的学习委员，从大一开始就是年级第一名，年年获得国家奖学金，在大四成功获得推荐免试研究生的资格。她经常参加社团活动，担任学校晚会的主持人，还在校运动会上夺得女子3000米长跑亚军。同学眼中的孙同学是名副其实的学霸，因为她很少成天泡在图书馆学习，而且从来不会为了考试熬夜看书，但是她的考试成绩却非常优异。同学们都对孙同学的学习能力佩服不已。

☞故事点评

1. 心理分析

孙同学在同学眼里似乎是天才，和有些学习成绩好的同学不一样，她时间管理很有规律，爱好广泛，虽然没有成天学习，仍然能取得优异成绩。事实上，她能如此轻松学习的背后是非常高的学习效率。当然也有很多同学每天花了很长时间去图书馆学习，但是每隔一段时间就和好朋友发几条短信，上网浏览新闻或刷刷微信朋友圈，时间一晃而过，一个晚上事实上只看了几行字，这些同学还非常郁闷，为什么自己花了那么多时间去图书馆，成绩却没有任何起色？其实，他们在图书馆时间是够了，但在时间管理、行为控制、目标设定等方面出了问题。

2. 故事的启发

从孙同学的故事可以看到，决定能不能学好一门学科的主要因素往往并不仅是时间的长短，还有效率的高低。如何让自己保持高效率的学习呢？首先我们要设立一个学习目标，问自己一个问题，经过这段时间学习，希望达到什么样的学习效果。然后给自己制订一份合理的学习计划，按照这份学习计划完成每天、每周、每月的学习安排。最后在执行这份计划时，尽量保证高效率，避免其他因素的干扰。比如把学习时间安排在精力充沛的时候，选择一个安静的学习场所，关闭自己的手机等。

☞心理导航

1. 主题聚焦

学习能力是一个结构复杂、多维度、多层次的心理学概念，包括记忆能力、想象能力、观察能力、思维能力、操作能力等。每一种能力都有很多品质，如：记忆能力有敏捷性、持久性、准确性和准备性等品质；观察能力有客观性、全面性、准确性、敏捷性、创造性等品质；思维能力有广阔性、深刻性、独立性、批判性、灵活性等品质。学校对大学生学习能力的培养可被归纳为培养上述能力的心理品质。

2. 心理理论阐释

(1) 大学生能力培养的原则

大学生学习能力培养是一项系统工程，培养序列要以学生心理发展规律和教学原则为依据。青少年心理发展的连续性和阶段性告诉我们，能力培养既要注意能力的前后联系，又要把某些能力放在合适的阶段。心理学的有关研究表明，学生能力训练的效果如何，取决于该训练是否适合于成长阶段。为此，大学生学习能力培养要遵循实践性、主体性、理论指导性以及渗透性的原则。

① 实践性原则。“纸上得来终觉浅，绝知此事要躬行。”大学生的学习能力主要是在有意识的学习实践中不断形成和发展的，离开实践的能力是不存在的。因此，学习能力的培养要同课堂教学中学生对知识的掌握同步进行，要同课内外学习实践相结合，要从培养学生形成良好的学习习惯开始，逐步让方法内化为习惯，让习惯上升为能力。

② 主体性原则。“人学始知道，不学非自然。”学习能力的形成，学生自身努力是内因，教师指导是外因。教师在教学中要善于激发学生已有学习能力与现实学习需要的矛盾，以强化学生努力提高学习能力的内因；同时，教师在教学中适时而科学地进行学习方法指导和学习态度、学习品质的培养，激发学生在学习能力发展过程中更好地发挥主体作用。

③ 理论指导性原则。“知者行之始，行者知之成。”要避免学生能力发展的盲目性和简单经验总结的狭隘性，就要对学生学习能力发展进行理论指导，例如，对学生有关学习能力知识的传授和学习能力培养方法的指导。

④ 渗透性原则。由于学习能力的形成和发展离不开知识技能的掌握和实践经验的丰富，所以学习能力的培养在方法上要注意渗透性，要在各门课程的教学中，在专业、班级、社团的活动中，在第二课堂和社会实践中，从各学科、各活动的特点和学习实践出发，进行学习能力的渗透教育，寓隐形的学习能力培养于有形的教育教学活动之中。

(2) 大学生潜能的开发

① 潜能的内涵。联合国教科文组织国际教育发展委员会在《学会生存》一书中指出：“人的大脑还有很大一部分未曾开发和利用，而且这种未开发利用的大脑潜能竟高达90%以上。”美国心理学家詹姆斯认为一个正常健康的人只运用了其能力的10%；美国心理学家奥托则认为一个人发挥的能力只占全部能力的4%。可见，人类蕴藏着丰富的潜能，等待着每一个人去开发、去利用。

潜能指人自身潜在的、尚未开发出来的能力，它包括体力潜能和脑力潜能。脑力潜能包括智力潜能（用智商IQ衡量）和情感潜能（用情商EQ度量）。智力潜能是一个人许多能力的总和，包括观察力、注意力、记忆力、想象力、思维力、创造力等。将非智力范畴的一切心理潜能定义为情感潜能，它与人的动机、兴趣、情感、意志、性格、心理倾向有关。情感潜能也是一种思维活动，它主要受人的观念、伦理道德、个性、爱好、兴趣等非智力心理因素的影响，与一个人的世界观、人生观、审美意识关系密切。它还包括信心、恒心、毅力、乐观、忍耐、抗挫折、合作等一系列与个人素质有关的反应程度，说得通俗点就是指心理素质。

② 开发潜能的方法具体如下：

树立远大志向。“非志无以成学”“志不强者智不达”。所谓立志就是激励自己走向一条进取的、迎难而上的、智慧的人生之路。人有了志向，就会对自己严格要求，就会克服前进道路上的任何困难，他的聪明才智才会发挥出来。正如高尔基所说：“我常常重复这样一句话，一个人追求的目标越高，他的才力就发展得越快，对社会就越有益，我确信这也是个真理。”有些同学智商很高，但由于缺乏远大志向，现有的智力都不能彻底发挥，更谈不上开发潜能。例如，“为中华之崛起而读书”是周恩来总理在少年时代立下的宏伟志向，表现了其为国家和民族而奋斗终生的责任感和使命感。“为中华之崛起而读书”不仅是对以爱国主义为核心的民族精神的传承和升华，也是对以共产主义为核心的时代精神的体现和拓展，是激励人们奋发努力、不断进取的强大动力。

提高身心健康水平。健康的身体、充沛的精力、愉快的心情可以使人的智力机能很好地发挥作用；相反，人的智力活动就会受到压抑，可见身心健康是开发潜能的基础。要提高身体健康水平，可以从饮食、睡眠、锻炼三方面调整。要提高心理健康水平，需要涵养自己的性格，建立和谐的人际关系。例如，为抗击疫情做出卓越贡献的钟南山院士在接受采访时这样说过，“运动对我保持身体健康起到了关键作用。”这也是这些年被媒体问及自己为何能够在耄耋之年依旧如此健康时，钟南山院士说得最多的一个答案。据悉，钟南山从小就特别喜爱竞技运动，足球、篮球、跑步都是他的兴趣所在。由此可见，运动对于个体提高身心健康水平具有重要作用。

培养良好的心理品质。心理品质包括道德品质、意志品质、自信心、责任心等。有一位心理学工作者对 1850 年到 1950 年的 301 位科学家进行研究，发现这些人不仅智力水平高，而且在青少年时期就表现得十分坚强，有独立性，充满信心，有百折不挠的坚持精神。可见，培养良好的心理品质对开发人的学习潜能作用重大。例如屠呦呦，首位华人诺贝尔生理学或医学奖获得者，具有治病救人、造福人类的高度责任感，从小立志治病救人，一生以自己的知识和努力为无数饱受疟疾病痛之苦的人们带来生的希望；屠呦呦具有埋头苦干、锲而不舍的科学精神，面对条件简陋、信息闭塞等多重困难，坚持研究，终于开发出人类抗击疟疾的“有效武器”；屠呦呦多年艰苦奋斗，执着地进行科学研究，围绕国家需求，克服困难、一丝不苟，取得了令人瞩目的成绩。

适当给自己加压。压力就是动力。古人云，“草木不经霜雪，则生意不固；吾人不经忧患，则德慧不成”，意思是指草木不经历霜雪，那么根基不稳，生命力也不够顽强。人要是没有经历磨难，那么高尚的品德和国人的智慧也难以磨砺出来。“逼出来的”就是人的潜能，是人的创造力，是创新，是发展。日常生活中，人在“逼迫”之下而发挥出超常智能和体能的事例不胜枚举。例如，“但使龙城飞将在，不教胡马度阴山”的汉代飞将军李广，以善射闻名。据史书记载，有一天李广出去打猎，惊见草中有一只“虎”，情急之下应手放了一箭。过去一看，原来是块大石头，而箭头竟然没入石中。接着他又试射了几次，可箭都触石而落。由此可见，在压力之下，个体可能会释放出巨大潜能。

人是一个复杂的矛盾体，既有求发展的需求，又有安于现状、得过且过的惰性。能够卧薪尝胆，自我警醒的人少之又少。更多的人需要的是鞭策和当头棒喝式的促动，而“逼”就是最自然的好办法。“不待扬鞭自奋蹄。”这就是人们常说的“压力就是动力”。

☞ 素质提升

如何开发潜能

本活动可激发同学拓展思路、集思广益，激励各组同学通过“头脑风暴法”等方法，在个体创造和集体创造活动中付诸行动，激发自我的创造力潜能。

活动名字：“龟兔赛跑”新解。

活动操作：“龟兔赛跑”的寓言故事中，兔子因贪睡而将冠军拱手让给了乌龟。现在请你列举除此外的原因，解释兔子为什么输给了乌龟。每个队员先进行自我潜能挑战，每组选出最有创意的 2 个“新解”与全班同学分享。

领导者示范：①好心的兔子觉得让走路慢吞吞的乌龟输掉太残忍，于是故意等比赛快结束才赶到赛场。②顽皮的兔子得罪了他的领导黄鼠狼，于是在比赛前的晚上，兔子睡着后，黄鼠狼把兔子的闹钟拨慢了 3 个小时。③兔子没有向裁判行贿，结果比赛开始一会儿，兔子因“犯规”被罚，退出赛场。④兔子头天晚上得了感冒，吃药时错吃了安眠药，结果第二天头脑昏昏沉沉，眼皮也睁不开，没支持到比赛结束就睡着了。⑤兔子家境贫寒，欠了乌龟他爸一大笔钱，于是兔子以输掉比赛为条件，偿还乌龟家的钱。⑥兔子邻居家失火了，兔子去帮着扑火，一夜未睡，筋疲力尽，第二天拖着疲惫的步子去参加比赛。

领导者总结：本次创造性思维潜能开发团体心理活动训练，在特定的环境中，接受心理素质考验；在另类的思维挑战中，激发自身潜能；在团队的氛围中，不断提升认识，不仅能够舒缓大学生的心理压力，更重要的是通过项目挑战后对创造力思维的感悟，深切地感受到每个人都具有很大的潜能。通过学习开发和利用潜能，使自己的能力得到充分的发挥，改变、超越自我，从而获得更大的成功。

人的潜能犹如一个待开发的金矿，蕴藏无穷，价值无比。但是，如果我们没有采取行动的话，我们所拥有的潜能再多也是徒然。任何成功者都不是天生的，成功的根本原因是开发了人的无穷无尽的潜能。只要你抱着积极的心态去挖掘你的潜力，你就会有用不完的能量，你的能力就会越用越强。相反，如果你抱着消极的心态，不去开发自己的潜能，那么只能叹息命运的不公，并且越来越无能。

第三节 大学生常见的学习心理问题及成因

大学生在学习动机、情绪、意志、性格和认知等方面的问题和不良倾向，都有可能造成大学生学习心理问题，从而影响大学生的学习质量和效率。大学生在学业上或多或少会遇到一些问题，而这些问题会对大学生产生很多负面的影响。具体来说，同学们会在学业发展中遇到哪些问题呢？造成这些问题的原因又是什么呢？

一、大学生常见的学习心理问题

☞ 身边故事

费同学是一名非常努力的学生，从小到大学习都很优秀，家长和老师都很喜欢他。但是，他的英语很不好，高考也因为英语没及格，和自己梦想中的大学擦肩而过。上大学之后，英语也越来越难，每次上英语课他都像听天书一样，一点都听不懂，尽管他尝试着努力背单词，但成绩还是没有一点起色。上学期期末考试，他又栽在英语上，也因此没有拿到奖学金。随着四级的临近，费同学压力越来越大，不知道怎么样才能通过四级考试，晚上总是在担心英语成绩，经常凌晨三四点才能睡着，早上也没有精神。

☞ 故事点评

1. 心理分析

很多同学在学习英语和数学等一些学科时，会面临一些困难。这些困难或是高中时期基础比较薄弱，或是大学课程难度过大。同学们在面对这些学科时，可能会出现学习障碍，这种情况并不少见。费同学由于中学时期英语成绩就并不理想，在升入大学之后，英语成为他难以逾越的一条鸿沟。尽管为了学好英语他做出一些努力，可是成绩仍然没有提高。因此，他对于英语越来越没有信心，对英语考试也产生了严重的焦虑。

2. 故事的启发

由于学习产生的心理问题是很常见的，同学们或多或少会遇到这些情况。当遇到这些学习问题时，有的同学选择逃避问题，有的同学选择自己解决这些问题，也有的同学会向其他同学或者老师求助。

☞心理导航

1. 主题聚焦

在大学，同学们需要学习很多理论知识，同时也要接受操作训练。有同学可以非常轻松地完成学业，但也有同学面对大学学习有很多困难。每位同学情况不尽相同，同样的付出未必会收获相同的结果。

2. 心理理论阐释

大学学习受到很多因素的干扰，那么大学生的学习心理问题又有怎样的表现呢？

（1）动机不强

学习动机是能引起和维持一个人的活动，并将该活动导向某一目标，以满足个体某种需要的念头、愿望、理想等。大学生学习动机是直接推动大学生进行学习活动的内部动力。它是大学生在学习活动中的一种自觉能动的、积极的心理状态，也是一种学习的需要。这种需要是社会、家庭和学校对学生学习的客观要求在学生头脑中的反映。

在思想上，有学习心理问题的大学生会表现出缺乏责任感，没有抱负；不在乎考试成绩，即使挂科也毫不在乎；缺乏求知欲望，对学习没有任何兴趣；精神萎靡，无精打采。在学习上，有的同学上课迟到、早退、旷课；上课不认真听讲、不记笔记、睡觉、玩手机、上网聊天；课后不复习、抄作业甚至不写作业；考试前临时抱佛脚，熬夜通宵看书，有些同学甚至完全不复习，考试中能抄就抄。在生活上，其表现为懒惰，没有纪律感；经常沉迷于网络、游戏、棋牌之中；喜欢吃喝玩乐、逛街、跳舞、唱歌；浪费金钱于没有实质用处的地方，虚度大好光阴也无动于衷。

（2）注意涣散

根据引起和维持注意的目的明确与否和意志努力的程度不同，注意可分为无意注意、有意注意和有意后注意。大学学习丰富多彩，图书馆是大学生学习的最佳场所，大学生在随意浏览中获得许多知识，这种无意注意所获得的知识是比较零散、不成体系的。所以，在大学学习中，专业课程和科研创造都要依靠有意注意和有意后注意。有意注意可以帮助大学生获得系统的知识，在大学的课程中，理论课和一些专业课比较枯燥无味，但是大学生必须全神贯注地学习，以应付繁重的学习任务，所以必须依靠有意注意。但有意注意也会消耗大学生过多的精力，造成大脑紧张，学习过程中心理压力增大。有意后注意是一种更高级的注意形态，是大学生进行创造性学习的必要条件。

(3) 记忆障碍

记忆力是学习的重要心理条件。没有记忆力，任何学习活动都无法进行。大学学习，在某种意义上来说，仍是在学习记忆。知识具有严格的系统性，旧知识是学习新知识的基础，在学习过程中不断地复习旧知识就是为了和新知识结合起来，促进学习。大学生获得的信息，如果不能保留，也就不可能获得知识和经验，就不能形成概念进行判断和推理，没有记忆，大学生的心理活动将停留在新生儿的水平上，不可能有个体心理活动的正常发展。

记忆障碍往往表现在以下三个方面：记忆的速度、保持的时间和记忆的精度。记忆品质差的学生，往往记忆速度很慢；记忆品质好的学生，可以过目不忘，这就是速度的差异。此外，有记忆障碍的学生往往对于材料保持的时间很短，例如刚学的知识，当时记得很清楚，第二天就忘得差不多了。最后，有些学生的记忆精准性差，他们记忆材料时只能记住大概框架，然而细节方面很多都遗漏了或者记混了。

☞ 素质提升

记忆怎样帮助你准备考试?

学生们在读了有关记忆的内容之后，询问最多的问题是："记忆怎样帮助我准备下一次考试?"让我们来看有哪些建议。

编码特异性：就像你回想起的那样，编码特异性原则表明提取的背景应该匹配编码的背景。在学校的环境里，"背景"通常是指"其他信息的背景"。如果你总是在相同的背景下学习材料，你可能会发现在一个不同的背景下提取它会很困难——所以，如果一位教授以一种稍微不寻常的方式来谈论一个话题，你可能会完全困惑。作为补救的办法，即使在学习的时候你也应该变换背景，重新组织你的笔记的顺序，问自己一些混在一起的不同课程的问题，构造你自己的新异组合。但是，如果你在参加一次考试时遇到障碍的话，试着产生尽可能多的提取线索来帮助恢复最初的背景："让我们想一想，我们是在学习心理概述的那一讲中听到这个内容的……"

系列位置：从系列位置曲线得知，在非常广泛的情景下，呈现在"中间"的信息记忆最差。事实上，大学生对关于一讲内容的中间部分材料的测验题目比关于开始或结尾部分的测验题目遗忘更多。在听课的时候，你应该提醒自己要特别注意中间那段时间。学习的时候，你应该投入更多的时间和精力在要学习的材料上——以确保每次不是以相同的顺序学习这一材料。你可能也注意到了，你现在读的这一章大约在《大学生心理健康教程》这本书的中间。如果你要参加覆盖所有课程内容的一次期末考试的话，必须特别仔细地复习这一章。

精细复述和记忆术：有时当你准备考试的时候，你会感觉像在设法获得“无组织的信息”。例如，你可能被要求记住大脑不同部分的功能。这种情况，你需要自己设法提供结构，设法以创造性的方式使用概念形成视觉表象，或构造句子或故事。精细复述使你可以利用已经知道的东西使新材料更容易记忆。

元记忆：关于元记忆的研究认为人们通常对自己知道什么和不知道什么有很好的直觉。如果你处在一个有时间限制的考试情景下，就应该让直觉来指导你这样分配时间。例如，你可以快速地把所有测验题读一遍，看看哪些题目给你最强的知道感。如果你正在参加一个考试，在这个考试中你会因为给错答案而被扣分，你应该特别注意你的元记忆直觉，这样可以避免回答那些你感觉很可能出错的问题。

二、学习心理问题的成因

在大学生活中，学习是大学生的主旋律。但是，主客观因素导致的大学生学习心理障碍越来越多，值得重视。

☞身边故事

王同学是从大山里走出来的孩子，他以县第一名的成绩考入一所重点大学。来到大学后他发现周围同学的成绩都非常好，他仍然希望自己的大学成绩像高中那样优秀。他除了上课认真听讲，每天还坚持早起背单词和上晚自习，希望在考试中取得优异的成绩。他认为天道酬勤，希望凭借自己的努力提高成绩，不愿意和其他同学交流如何学习，对于向别人请教也觉得羞耻。王同学学习非常努力，但是每次考试还是不如其他同学，自己的成绩在班上也排在最后几名。很多同学看上去都不怎么学习，考试成绩却比他好很多。王同学非常沮丧，很难接受这样的结果，感到自卑，开始怀疑自己是不是比其他同学笨，对学习没有了信心，整天无精打采，整个人开始变得抑郁。

☞故事点评

1. 心理分析

王同学的故事在日常学习生活中并不少见，很多学生在学习上付出了很多却不能得到成绩的回报，最终对学习失去了信心。在心理学中，称这种现象为“习得性无助”。王同学在几次考试中，无论做什么都无法将自己的成绩提高，在这个阶段他会预知自己的考试成绩，产生了动机的缺陷。随着时间的推移，他的情绪慢慢开始低落，无精打采，情绪困扰开始产生，最终产生了认知缺陷，因此王同学在面对其他学科时，也不知道如何去学习了。

2. 故事的启发

其实，很多同学是因为自己的认知观点影响到情绪。在一次考试中失利，如果把结果归因于自己太笨了，就会产生消极的情绪。如果归因于近期活动多影响了学习，就可能产生积极调整的动机。或把结果归因于考试当天没有休息好，这次考试失利对于自己影响就不会那么大了。“梁王堕马寻常事，何用哀伤付一生。”因此，如何解释结果对大学学习非常重要，同学们要积极地去面对学习中的失败。

☞ 心理导航

1. 主题聚焦

随着信息时代的到来，知识更新速度越来越快。大学生需要不断学习，适应社会发展。然而大学生的学习问题，在高校日益凸显，这些问题归纳起来主要是受学生主观因素和客观因素的影响。

2. 心理理论阐释

大学生心理问题的成因主要有：

（1）主观因素

① 学习目标不明确。一些大学生认为考上大学就是人生最大的目标，来到大学后缺乏学习目标，不知道自己为什么要学习，对未来没有任何规划。这些同学不能及时为自己设置目标并为之努力，导致在学校浑浑噩噩。

② 学习动机缺失。很多大学生对于学习缺乏动力，不在意学习成绩的好坏，也不在乎是否能在各个方面提升能力。他们开始“享受”生活，不思进取。

③ 学习方法欠佳。有些大学生在升入大学之后，没有及时调整学习方法，一直难以适应大学学习的节奏。这些同学考试成绩不理想，总是落后于其他同学，慢慢地失去学习的信心，从而产生了对学习恐惧的心理。

（2）客观因素

① 学校教育存在缺陷。大学教育模式和管理模式还存在一些缺陷，例如，很多大学的专业设置和课程安排与时代脱节，很多大学生毕业之后很难找到专业对口的工作；学校教育更侧重理论教学，而非实际操作能力；大学教师对学生的认识也不够，在课堂教学中，和学生交流也很少。这些现实情况都导致大学生在课堂上的学习热情丧失。

② 家庭教育缺失。小学和中学时代，家庭教育是学校教育的重要补充，起着非常重要的作用。然而进入大学后，大学生和家长的联系日益减少。没有了家长的监管，很多大学生开始放纵自己的生活，放松了自己对学习的

要求。

③ 社会舆论误导。随着网络的普及，大学生能接触到各类信息，其中不乏一些负面信息，在面对这些信息时，有些缺乏辨别能力的学生会被误导。例如，一些“读书无用论”和“努力学习不如有个好爸爸”之类的错误观点，严重影响到大学生的价值观，部分学生沉迷其中，对学习产生了抵触的情绪。

☞ 素质提升

学习动力自测

这是一份关于大学生学习动力的自我诊断量表，一共 20 个问题，请根据自己的实际情况，逐一对每个问题做“是”或“否”的回答。为了保证测验的准确性，请你认真作答。

1. 如果别人不督促你，你极少主动地学习。
2. 你一读书就觉得疲劳和厌烦，真想睡觉。
3. 当你读书时，需要很长的时间才能提起精神。
4. 除了老师指定的作业外，你不想再多看书。
5. 在学习中遇到不懂的知识，你根本不想设法弄懂它。
6. 你常想：自己不用花太多的时间，成绩也会超过别人。
7. 你迫切希望自己在短时间内就能大幅度提高自己的学习成绩。
8. 你常为短时间内没能提高成绩而烦恼不已。
9. 为了及时完成某项作业，你宁愿废寝忘食、通宵达旦。
10. 为了把功课学好，你放弃了许多你感兴趣的活动，如体育锻炼、看电影与郊游等。
11. 你觉得读书没什么意思，想去找个工作做。
12. 你常认为课本上的基础知识没啥好学的，只有看高深的理论、读大作品才带劲。
13. 你平时只在喜欢的科目上狠下功夫，对不喜欢的科目则放任自流。
14. 你花在课外读物上的时间比花在教科书上的时间少。
15. 你把自己的时间平均分配在各科上。
16. 你给自己定下的学习目标，多数因达不到而不得不放弃。
17. 你几乎毫不费力就实现了你的学习计划。
18. 你总是同时为实现几个学习目标而忙得焦头烂额。
19. 为了应付每天的学习任务，你已经感到力不从心。
20. 为了实现一个大目标，你不再给自己制定循序渐进的小目标。

上述 20 道题目分为 4 组，它们分别测查你在 4 个方面的困扰程度：

1～5 题测查你的学习动机是不是太弱；

6～10 题测查你的学习动机是不是太强；

11～15 题测查你的学习兴趣是否存在困扰；

16～20 题测查你在学习目标上是否存在困扰。

假如你对某组（每组 5 题）中大多数题目持认同的态度，则一般说明你在相应的学习欲望上存在一些不够正确的认识，或存在一定程度的困扰。

从总体上看，假如选“是”计 1 分，选“否”计 0 分，将各题相加，算出总分。

总分在 0～5 分，说明学习动机上有少许问题，必要时可调整。

总分在 6～10 分，说明学习动机上有一定的问题和困扰，可调整。

总分在 11～20 分，说明学习动机上有严重的问题和困扰，需要调整。

第四节　大学生的学习心理素质提升

大学生的学习心理状况对自身的学习和成长起着非常重要的作用。学习可以开发学生的思维能力，使大学生变得善于思考。思考能力无论是在学习上还是在今后的工作中都非常重要。然而很多时候学习并不是一帆风顺的，在面对学习心理问题时，大学生如何去提高自身学习心理素质就显得格外重要。

☞身边故事

在大一和大二，钱同学是一名沉迷网络游戏的男生，每天都要在网络上和敌人“厮杀”五六个小时。由于经常熬夜打游戏，他白天没有精神，上课就是睡觉。钱同学的学习成绩在班上一直都是垫底，也是年级的挂科大户。在大三的一节实验课上，钱同学和李同学分在了一个小组，需要共同完成一项课题。由于钱同学的学习特别差，很多工作都是由李同学来完成，李同学每天都很累，终于有一天向钱同学大发雷霆。钱同学突然顿悟了，开始认真努力学习。经过共同努力，这个课题取得了优异的成绩，钱同学非常高兴，从学习中收获到了快乐。从此，钱同学不再沉迷网游，开始认真学习，并开始准备参加某知名大学的研究生考试。经过一年不懈的努力，他终于成功考入该知名学府，学习自己所热爱的专业。

☞故事点评

1. 心理分析

现在很多大学生都沉迷于网络游戏，对于学习不闻不问。特别是大一和大二的学生，他们刚从高中升入大学，面对令人眼花缭乱的网络游戏，很容易沉迷其中。然而随着年级的增长，很多学生都会意识到学习的重要性，开始努力学习专业知识。就像上文中的钱同学，一开始对于学习没有目标，但是在大三时学习态度发生了转变，并立志读研深造。钱同学的案例并不是孤例，现实学习生活中，有很多像他一样的同学，在高年级完成了华丽蜕变。

2. 故事的启发

正所谓浪子回头金不换，钱同学的故事告诉我们，尽管有些同学刚刚入学时难以适应大学学习，但是等到适应大学学习之后，他们依旧可以学好专业课程。因此，就算有些低年级的同学现在还难以适应大学学习，也不要对未来丧失信心，一旦适应了学习节奏，依然可以取得优异的学习成绩。

☞心理导航

1. 主题聚焦

大学是学生成才的重要阶段，在这个时期，同学们需要学习专业知识和技能。有的同学仍然沿用高中阶段的学习方法，学习起来似乎不是那么轻松。也有的同学尝试了不同的学习方法，找到了适合自己的方法，轻松面对大学学习。

2. 心理理论阐释

(1) 学习心理问题调适

① 增强学习动机。对于缺乏学习动机的大学生，需要帮助他们树立正确的学习观和价值观。很多同学在进入大学之后迷失了人生方向，失去了学习动机，因此他们需要重新规划人生和学业，寻找并增强内部的学习动机，感受到学习的乐趣。此外，积极地调整心态，用乐观的态度面对学习中产生的问题，必要时求助同学和老师，克服学习困难。最后，对于一些学习方法不当的同学，需要改进学习方法，提高学习效率，增强自我效能感。

② 集中注意力。注意力需要将心理活动长时间指向某事物，这与学习效率有密切的关系。然而注意力的集中并不是无限的，每个人都只能在一定时间内集中自己的注意力。因此，同学们需要将学习内容分成几个部分，一个部分一个部分地完成，在结束每个部分之后稍作休息，补充精力，有利于学习效率的提升。除了目标分解方法，同学们还需要远离其他干扰。比如找一个安静的地方看书，在学习时关闭手机，不要总是被电话、短信给打断。

③ 提高记忆力。相对于无意义的材料，有意义的材料更容易被记住，因此，同学们需要理解学习内容，对知识点进行加工，提高记忆效率。此外在课下，同学们可以尝试去回忆学习内容，如果发现有遗忘的或者记忆不准确的可以及时复习。每个人都会遗忘，而克服遗忘的最好武器就是不断重复。例如，同学们在记忆单词时，需要一遍又一遍地重复，把自己不会的单词挑出来，不断地记忆，达到掌握的效果。

（2）综合提高学习心理素质

① 设立学习目标。期望是对未来的、总体的、模糊的预期与感觉，如果将其具体化为学习目标，就会对学生学习行为起到更有效的指导与促进作用，即学习的目标效应。学习目标本身就是学习强有力的动机。在设立学习目标时，一定要具体明确，例如给自己设定明确的考试分数，在期末考试中高等数学要考到90分。有了明确的目标，同学们才能有努力的方向。此外，这个目标一定要能达到，但需要有挑战性。目标不能定得太高，如果完成不了自己会非常失落；也不能定得太低，否则会没有学习动力。

目标要分为长期目标和短期目标。长期目标可以是半年、一年甚至几年；短期目标可以是几个月、几周、几天甚至几个小时。每个目标都要有时间限制，在截止日期，适时进行评估，看看是否完成了所制定的目标。如果完成了相应的计划，也可以适当尝试给自己一些奖励，例如看看电影或者吃顿大餐。

② 制订学习计划。罗杰斯认为学生是学习的主体，教师是学生学习的推动者。教师应始终坚持以学生为中心，教学过程中体现出学生的主体地位。同时，作为学习的主体者，学生有权制订自己的学习目标和计划，并对自我进行客观的评价。当学生主动意识到学习与他的目标和计划紧密相连时，学生便开始主动学习、有意义地学习，此时学生的学习效率得到大大提升，学习效果也较为明显，学生的心理状态会较以往得到改善。

因此，同学们需要制订一份可以实施的学习计划。在制订计划时要合理，量力而行，不能制订超出自己能力范围的计划。与学习目标相匹配，学习计划也可以制订成长期计划和短期计划。在执行过程中，要把自己完成的任务反馈出来。可以在早上列出当天需要完成的计划，晚上临睡觉前检查自己哪些计划完成了，哪些计划没有完成，如果没有完成，自己需要反思为什么没有完成，在第二天的计划中进行修订。最后在执行计划时要注意持之以恒，切不能半途而废。

③ 学会整理笔记。整理笔记是非常重要的学习能力。大学生需要自主学习，自己摸索知识规律，构建学科理论框架，自己设计实验课题内容。这些都是以整理笔记的能力为基础，清晰的笔记有助于同学们在学习中提高效率，而且这种能力也是今后走向工作岗位的一笔非常有价值的财富。

☞ 素质提升

如何做笔记？

做笔记是非常有效的学习方法，做笔记之所以能够帮助我们理解记忆文章内容，根本原因在于它是一种主动处理信息的方法。要想做好笔记不能被动地接受作者写下来的全部文字信息，而是要将自己的大脑开动起来，思考隐藏在字里行间的所有内容，然后将主要的和次要的信息区分开来，概括出全文的结构脉络。

做笔记的方法有很多，这里推荐的做笔记方法是发散的笔记方法，称之为“思维导图”。顾名思义，“思维导图”是为我们思维提供一张地图，方便我们直观地处理我们的信息结构。那么思维导图和传统的笔记相比又有何优势呢？

比起传统的笔记方式，思维导图更加清晰，逻辑结构一目了然。我们看到传统的笔记需要梳理信息的内容，提取结构脉络，然而当我们看到思维导图时，我们会立刻就能理解这些信息。此外，思维导图提供了更多的图像、图片以及线条的方式，帮助我们替代文字性语言。这种方式可以有效地提高我们的阅读速度，促进记忆。最后，在思维导图中，我们可以随意添加我们想要的信息，因为就算笔记已经做好，还有很多的空白处，当我们想到了任何有用的思想，我们都可以放在笔记中。但是传统笔记却没有地方补充信息，任何笔记已经做完，再添加新的内容就会显得杂乱。那么如何制作思维导图呢？

一共有三个步骤。第一步：把握整体的行文结构。在绘制思维导图时，需要非常清楚笔记的逻辑结构，在脑海中构建一个知识网络。第二步：提取关键词。有了第一步的主干信息，我们往这个知识网络中添加关键词。关键词的选用一定要简洁，一看到关键词就可以联想到文中的内容。第三步：画出逻辑关系。同学们可以使用各种线条和符号来代表逻辑关系，这样在思维导图中各类逻辑关系就会立马被大脑捕捉，同时笔记看上去也非常简洁明了。

第八章 大学生情绪管理

学习目标：

8.1　什么是情绪？情绪包含哪些内容？
8.2　大学生情绪特点是什么？
8.3　大学生情绪特点对大学生的影响有哪些？
8.4　如何觉察自身的情绪以及如何识别对方的情绪？
8.5　大学生常见不良情绪的表现有哪些？
8.6　大学生常见不良情绪产生的原因是什么？
8.7　大学生情绪调控方法有哪些？
8.8　合理情绪理论指的是什么？
8.9　合理情绪理论如何应用到大学生情绪管理中？

情绪如影随形，时时与我们相伴。情绪是个信使，每一封信都来自我们的内心，它诚实地告诉我们当下发生了什么。大学生正处于心理迅速发展的阶段，情绪强烈，且起伏大。如何管理情绪，调控情绪，避免不良情绪，拥有一个良好的情绪状态，做情绪的主人，从而更好地度过大学生活，是每一个大学生的人生必修课。

第一节　情绪概述

人非草木，孰能无情？在日常生活中，我们每个人都会对客观事物产生不同的心理体验。例如：顺利完成任务能使人愉快和轻松；生活中遇到知己会感到欣慰；找到了志同道合的伴侣会感到幸福；无端遭到攻击会感到愤怒；失去亲人会感到悲哀和痛苦；遭遇危险会感到惊慌和恐惧等。面对大千世界，人们还会产生各种欲念，喜、怒、哀、乐、爱、恶、欲都是情绪的不同表现形式。

很多文学作品都体现出了情绪。“泪眼问花花不语，乱红飞过秋千去”表达了伤心的情绪；“人有悲欢离合，月有阴晴圆缺”表达了无奈的情绪；“白日放歌须纵酒，青春作伴好还乡”表达了愉悦的情绪等。

一、聚焦情绪

☞ 身边故事

电话铃响了，秦同学接通电话，一个朋友要在假期与他一起去滑雪，他接受了。然后，他开始想象在白雪皑皑的高山上，从山顶直冲向山底，多么令人兴奋，充满了激情和挑战。但当他真正站在山顶时，兴奋变成了担忧，接着是彻底的害怕：这山真陡啊，还布满了参天大树，这样滑下去，该多危险啊！他的害怕表露在脸上、声音中以及犹豫的行动中。他想逃离这个危险，于是慢慢往下滑，结果摔倒了，冰冷的雪直往脖子里灌。他的害怕转变为难受，为了减少这种难受，他要他的朋友教他如何滑。当技术有了提高，掌握了一定的滑雪技巧时，他的难受变成了骄傲。在这个过程中，他体验了各种情绪，从兴奋到害怕到难受再到骄傲。

☞ 故事点评

1. 心理分析

故事中的秦同学经历了多种不同的内心体验，从兴奋到担心到害怕再到难受，最后由难受转到了骄傲，这些不同的内心体验，通常称之为情绪。实际上，不管是滑雪还是进行其他的活动，情绪似乎总是跟随着我们，总是在发生变化，并且激发我们去适应性地行动。我们时时刻刻都在同情绪打交道，管理恰当，积极的情绪可以让你的生活充满阳光；情绪管理不当，你的生活顿时暗淡失色。

2. 故事的启发

你是否也曾问过：“怒发冲冠”或“不寒而栗”是怎么回事？人为什么会有忧愁和悲伤？怎样才能永远幸福快乐？从古至今，人们经常在围绕“情绪”打转。例如，“春风得意马蹄疾，一日看尽长安花”“剑外忽传收蓟北，初闻涕泪满衣裳”“采菊东篱下，悠然见南山”“不以物喜，不以己悲”等，数不胜数。你体会到情绪在人生中所占的分量了吗？

☞ 心理导航

1. 主题聚焦

情绪是人对客观事物是否符合自己的需要而产生的主观态度体验。情绪有积极和消极之分，当客观事物满足人的需要时，就会产生积极的情绪体验，如高兴、喜悦、满意等；相反，则会产生消极的情绪体验，如悲痛、愤怒、生气等。人类的需要是多种多样的，既有物质需要又有精神需要，涉及方方面面，因而也会产生出复杂多样的情绪。

2. 心理理论阐释

最基本的情绪有四种：快乐、愤怒、恐惧、悲哀。情绪是多种多样的，依据其发生的强度、持续性、紧张度可分以下三种状态。

（1）心境

心境是一种微弱、平静且持续时间较长的情绪状态。如心情愉快、舒畅或心情烦闷、抑郁不快，在相当长的时间内持续下来。这种情绪状态倾向于扩散和蔓延，处在某种心境中的人，往往以同样的情绪状态看待一切事物。譬如，高兴时看什么都高兴，俗话说“人逢喜事精神爽”，似有“万事称心如意”之状态。烦闷、不高兴时，看什么都不顺眼，“感时花溅泪，恨别鸟惊心”，如林黛玉看见落花也伤心，看见月缺也流泪。影响心境的原因是多种多样的。客观方面，社会生活条件的变化是影响心境的根本原因。还有时令季节的气候变化也会影响心境，正如“秋风秋雨愁煞人”之体验。

（2）激情

激情是一种强烈、短暂，然而具有爆发性的情绪状态。狂喜、愤怒、恐惧、绝望等都属于这种情绪状态。激情是由对人具有重大意义的强烈刺激和发生对立意向冲突而过度抑制或兴奋所引起的。在激情状态下，总是伴有激烈的内部器官活动变化和明显的表情动作。如，愤怒时全身发抖，紧握拳头；恐惧时毛骨悚然，面如土色；狂喜时手舞足蹈，欢呼跳跃。

（3）应激

应激是在出乎意料的紧张情况下出现的情绪状态，是人对意外的环境刺激作出的适应性反应。人们在不寻常的紧张状况下把自身各种资源（首先是内分泌资源）都动员起来，以应付紧张的局面时所产生的复杂的生理和心理反应都属于应激状态。应激状态对人的活动有很大的影响。有时应激引起的身心紧张有利于人全力解决紧急问题，维持一定的紧张度，保持高度警觉，有助于认知功能的发挥，使人做出平时所不能做出的大胆判断和动作。但是，有时应激所造成的高度紧张又会阻碍认知功能的正常发挥。紧张和惊恐也会导致人们的感知、注意产生局限，思维迟滞，行动刻板，正常处理事件的能力反而大大削弱。应激状态会改变机体的激活水平，特别是肌肉的紧张度、血压、腺体的分泌、心率、呼吸系统都有明显的变化。这些反应有助于个体适应急剧变化的环境刺激，维护机体功能的完整性。但是，长期处于应激状态也引起人体生物化学保护机制的溃退，会导致某些疾病的出现。据统计，日常医疗工作中有50％～75％都是处理与应激有关的疾病，如头痛、高血压、意外事故、酒精中毒、溃疡病、心脏病及精神病等。人若长期处于应激状态，会对健康不利。

☞ 素质提升

辨别情绪游戏

所需材料：情境卡纸，内容如下：

a. 有人把你的自行车挂在树上； 【愤怒、厌恶、悲哀】

b. 有个同学告诉你，放学后他要找几个人一起来打你一顿；【恐惧、愤怒】

c. 当你在宿舍玩电脑玩得正起劲时，有人通知你，开会迟到了；
【愤怒、羞耻、厌恶】

d. 去食堂的路上捡到100元钱； 【快乐、恐惧、羞耻】

e. 你在公交车上不小心踩了别人一脚； 【恐惧、羞耻】

f. 同学们喊你自己不喜欢的绰号； 【厌恶、愤怒】

g. 在某次竞赛或考试中你获得了第一； 【快乐、惊奇】

h. 在食堂排队时有人插队，而且刚好把最后一份你想吃的菜打走了；
【愤怒、惊奇、厌恶】

i. 刚入睡就有人打电话吵醒你； 【愤怒、厌恶、惊奇】

j. 忙着部门的工作，突然接到电话说你进入了一个重要比赛的决赛；
【愤怒、快乐、惊奇、恐惧】

k. 看到天气预报，家里天气很糟糕，打电话给家里问候家人。【爱、恐惧】

具体操作：

① 组员随机抽取情境卡片，然后按照顺时针进行扮演。

② 扮演过程中，由其他组员辨别扮演者处于一种什么样的情绪状态中，并评判扮演贴切与否。

③ 被评为扮演得不够贴切的组员要重新介绍自己，说出资料卡中没有被扮演出的信息。

④ 总结情绪的四大基本分类：快乐、愤怒、恐惧、悲哀。并发散到复杂情绪，如厌恶、羞耻、悔恨、嫉妒、喜欢、同情等。

⑤ 把情绪分类，确定哪些是负面情绪。

思考与讨论：

① 每个情境代表的情绪，为什么组员会有不同的答案？

② 在扮演这些情境的时候，你有感觉到自己的情绪突然改变了吗？

③ 负面情绪会给我们带来哪些影响？

二、情绪管理与心理健康的关系

☞ 身边故事

赵同学来到大学后过得很不开心，具体原因是：一是有自卑心理，他是农村出身，觉得比城市出来的学生低一等，觉得受家长、老师、同学、亲属的歧视；二是有心理负担，担心出路，由于家庭经济困难，担心毕业后找工作难或继续深造难；三是学习压力重，专业课学习要求学生自学能力、理解能力、实际操作能力要强，而他由于学习基础较差，感觉学习难度大，认为自己很笨，怎么学也学不会，从而缺乏自信心，相继表现出诸多负面情绪的状况，如紧张、烦闷、焦躁、恐惧、失眠及心理障碍等状态，影响了学习生活质量。

☞ 故事点评

1. 心理分析

人的情绪对健康的影响极大。愉快喜悦的心情会给人以正面的刺激，有益于健康；而苦恼消极的情绪会给人以负面影响，诱发各种疾病，使原有的病情加重。现代医学认为，良好的情绪可使机体生理机能处于最佳状态，使免疫抗病系统发挥最大效应，抗拒疾病的袭击。许多医学家认为，躯体本身就是良医，85％的疾病可以自我控制。因此，有的心理学家把情绪称为“生命的指挥棒”“健康的寒暑表”。

2. 故事的启发

美国生理学家爱尔马为了研究心理状态对健康的影响，设计了一个很简单的实验：把一支支玻璃试管插在有冰水的容器中，然后收集人们在不同情绪状态下的“汽水”。结果发现，当一个人心平气和时，呼出的气溶于水后是澄清透明的；悲痛时水中有白色沉淀；生气时有紫色沉淀。他把人在生气时呼出的“生气水”注射在大白鼠身上，几分钟后大白鼠就死了。由此他分析：生气 10 分钟会耗费人体大量精力，其程度不亚于参加一次 300 米赛跑。生气的生理反应十分强烈，分泌物比任何情绪时都复杂，都更具有毒性。因此，动不动生气的人很难健康。

故事中的赵同学是由于情绪上的压力产生了心理上的不健康。而长期消极情绪会削弱人体的免疫力，从而造成人体抗病能力下降。现已知不良情绪与癌症、糖尿病、风湿病等严重危害人类生命的疾病的发生、发展密切相关。良好的情绪能增强机体免疫力，提高机体抗病能力。曾有许多癌症患者都是以乐观向上的情绪，创造了战胜死神的奇迹。

☞心理导航

1. 主题聚焦

情绪是一个极其复杂的心理现象，有独特的心理过程，也有生理唤醒、主观体验和外部表现，它最能表达人的内心状态，是人的心理状态的晴雨计。心理学家认为，情绪是人的心理活动中动力机制的重要组成部分，也是个性形成的重要方面。可见，情绪与人身心健康之间有着重要关系。

2. 心理理论阐释

现代生理医学、心理医学研究成果均表明，情绪对人的身心健康具有直接的作用。

（1）不良情绪危害身心健康

不良情绪主要是指两种情况：一是过度的情绪反应，二是持久的消极情绪。过度的情绪反应是指情绪反应过分强烈，超过了一定的限度，如狂喜、暴怒、悲痛欲绝、激动不已等。持久的消极情绪是指在引起悲、忧、恐、惊、怒等消极情绪的因素消失后，仍数日、数周甚至数月沉浸在消极状态中，不能自拔。过度的情绪冲击，会抑制大脑皮层的高级心智活动，打破大脑皮层中兴奋和抑制之间的平衡，使人的意识范围变得狭窄，正常的判断力、自制力被削弱，甚至有可能使人精神错乱、神志不清、行为失常。许多反应性精神病就是这样引发的。而持久性的消极情绪常常使人的大脑机能严重失调，从而导致各种神经症和精神病，例如焦虑症、抑郁症、强迫症、神经衰弱等。强烈或长久的消极情绪会造成心血管机能紊乱，引起心律不齐、心绞痛、高血压和冠心病等，严重时还可导致脑栓塞或心肌梗死，以致危及生命。消极情绪还会影响消化系统的功能。如人在恐惧或悲哀时胃黏膜变白、胃酸分泌减少，可引起消化不良；而在焦虑、愤怒、仇恨时，胃黏膜充血、胃酸分泌增多，从而引起胃溃疡。消极的情绪常引起肌肉收缩甚至引发痉挛疼痛。不良的情绪还会影响内分泌系统，强烈的情绪刺激会导致内分泌失调，使皮肤灰暗无光，在女性身上还表现为月经不调，甚至发生闭经。

（2）良好的情绪能促进身心健康

欢乐、愉快、高兴、喜悦、乐观、恬静、满足、幽默等都是良好的情绪体验。这些情绪的出现能提高大脑及整个神经系统的活力，使体内各器官的活动协调一致，有助于充分发挥整个机体的潜能，有益于身心健康和学习工作效率的提高。长寿者有一个共同点，就是能够保持心情愉快、乐观豁达或心平气和。心情愉快还会使人容光焕发、神采奕奕，正所谓“人逢喜事精神爽”。良好的情绪可使血压稳定、心跳舒缓、胃张力上升、消化液分泌增强，还能促进心血管、消化等系统的正常运行。从某种意义上来讲，心理障碍就是情绪障碍，因而保持积极、健康的情绪、情感对促进心理健康有着重要的意义。

☞素质提升

影音评荐《变线人生》

《变线人生》是由本·阿弗莱克与塞缪尔·杰克逊共同主演的一部电影。片中他们在高速公路上开车发生碰撞，两人因为都在赶时间，情绪控制不佳，行事失去理智，接下来便相互使用一连串卑鄙手段恶整对方，一个被弄到银行信用破产，妻儿离异；另一个则轮胎螺丝被拔，在高速公路上险些丧命，互斗的结果是两败俱伤，各自饱尝苦果。

塞缪尔·杰克逊饰演一位情绪暴躁又爱喝酒的大老粗，动不动就以暴力解决问题，例如：得知信用破产后，盛怒之下竟砸毁银行电脑泄愤；与人沟通产生挫折时，就把先前在酒吧认识的两位老兄，当作出气筒痛殴一顿。他长期通过酒精排解情绪，因此参加“匿名戒酒协会”，学习控制情绪、戒除酒精的方法与技巧。

思考以下几个问题：

1. 剧中人生气的代价是什么？我曾因生气付出过何种惨痛代价？
2. 剧中人生气的原因是什么？我常因什么缘故生气？这些事是否值得生气？

第二节　大学生情绪特点及其影响

大学生活总体来说是紧张的，社会期望高、心理压力大、学习负担重、竞争激烈，使大学生的情绪易处于紧张状态。一般认为，适度的、情境性的负性情绪反应，如考试中的紧张和焦虑，失意后的悲伤等情绪是正常的。但是，如果大学生不能很好地处理生活和学习中的各种问题，极易产生不同程度的情绪问题，从而影响身心的健康发展。

一、情绪心理问题的表现

☞身边故事

李同学，某高校大一学生，自述每次考试前都会有心慌、失眠焦虑、疲倦等症状，还常伴有身体不适等异常症状，现在主要担心的问题就是在今后的每次考试中都会出现这种情况，影响学业目标。该生担心无法正常毕业，害怕这种焦虑情绪影响自身的前途命运。

☞故事点评

1. 心理分析

这是一例以考前焦虑为主要特征的情绪问题，具体表现为担心未来，担心有不好的事情发生。以无意识的、快速的、自动化的思维逻辑推理、画面想象的形式存在，引发焦虑情绪体验，并伴随一系列身心不适症状。通过积极的心理辅导，该同学基本已经能控制自己的情绪，进行正常的学习生活。

2. 故事的启发

相关调查资料显示，我国大学生心理障碍和疾病的发病率较高，近年因心理疾病而休学、退学的比例呈上升趋势。造成大学生身心不健康的原因是多方面的，但与大学生的情绪关系最为密切，特别是一些强烈而持久的情绪问题，对大学生的危害更大。情绪问题一方面导致大学生大脑神经活动功能紊乱，使情绪中枢部位的控制减弱，使其认识范围缩小，自制力、学习效率降低，不能正确评价自我，甚至产生某些失去理智的行为，造成心理障碍和心理疾病；另一方面，情绪问题又会降低大学生的免疫功能，导致其正常生理平衡失调，引起心血管、消化、泌尿、呼吸、内分泌等系统的各种疾病。

☞ 心理导航

1. 主题聚焦

提高对自己情绪的觉察能力以及对方的情绪觉察能力是情绪管理很重要的方式。情绪属于一种自发性的反应，要用理智去控制它的发生很难，因此进行情绪管理的第一步，就是在情绪来临时，去觉察自己到底处在什么情绪状态，并进一步分化辨识它，了解情绪发生的原因，恰当地表达出自己的感受。

2. 心理理论阐释

情绪问题的辨识有以下两个方面：

(1) 提高对自身情绪的识别能力

提高对自身情绪的识别能力，首先是运用内省法，知道自己的感受即表面情绪，并分化辨识表面情绪背后真正的需求和情绪感受，然后平静地接纳它。

第一，应能及时觉察自己所处的情绪状态。也就是应时时提醒自己注意：我现在的情绪是什么？不管你处在何种负面情绪中，先中断目前的情绪，跳出来，让自己先能察觉自己的情绪，是高兴还是生气，是舒服还是不舒服。如当你因为朋友约会迟到而对他冷言冷语时，就应问问自己：我现在有什么感觉？应自我确认冷言冷语背后的情绪是生气。只有当我们认清自己的情绪，知道自己现在的感受时，才有机会掌握情绪，而不会被情绪所左右。

第二，应分化辨识表面情绪背后真实的情绪感受。由于情绪本身的复杂多变，我们所直接感受或表现出来的可能是已经包装或伪装的情绪，例如以生气的方式来掩藏内心受伤的感觉等，所以我们要学习分化并辨识我们真正感受到的情绪，而不被表面情绪所局限，忽略自己真正的需求或感受。当我们对情绪不够熟悉，或是不够了解的时候，常常无法明确地辨识我们所感受到的情绪。

如有时候我们只能粗略地感受到不舒服、不愉快，至于那个“不舒服”是什么，却说不上来，这时候我们就需要进一步探索情绪，试着问自己：是什么让我感到不舒服？这不舒服是愤怒、悲伤、挫折、害怕、羞耻还是罪恶感受？如果是接近愤怒的感觉，是不平、不满、有敌意、生气，还是愤慨呢？如果是羞耻那类的情绪，是觉得愧疚、尴尬、懊悔还是耻辱？这样一步一步引导自己，就可以将原本模糊、笼统的情绪，分化成比较具体、明确的情绪，也才能进一步利用情绪所带来的线索，加以应对。

第三，进一步澄清复杂情绪，清晰地了解所处的情绪状态。通常我们是处在一种复杂的情绪状态中，如有时会心中意念纷扰、情绪五味杂陈，整个人有心烦意乱之感，此时，就必须中断目前的情绪，冷静地进行澄清。只要情绪中夹杂着两种以上的复杂情绪，就需要进一步加以澄清，应将那些纠葛、混合的情绪抽丝剥茧，辨识出隐藏的真实情绪。理清一层层的情绪，就能比较清楚自己的情绪状态，对症下药，有效解决真正问题。澄清情绪还能帮助我们将注意力集中于内省，有安定情绪的作用。

（2）提高对他人情绪的识别能力

提高对他人情绪的识别能力，有助于清晰地认知自己的情绪，更好地管理自己的情绪，建立良好的人际关系，进而促进身心健康。

首先要了解人类情绪表现，即表情的特点。表情既具有先天遗传性，又受后天社会文化因素制约。表情是情绪所特有的外显行为，它包括情绪在面部、言语和身体姿态上的表现，称为面部表情、言语表情和身段表情。情绪表现具有先天遗传性。世界上所有的儿童当受伤或悲哀时都哭泣，快乐时都发笑。有些面部表情似乎全世界都是一样的，代表着相同的意义，与个人生长的文化无关。一项研究把代表快乐、愤怒、厌恶、恐惧和惊奇的面部表情的照片给五种不同文化的人（美国、巴西、智利、阿根廷和日本）观看，结果表明，他们很容易指出每种表情所代表的情绪。甚至与世隔绝的前文化部族人，与西方文化毫无接触，也能正确地判断面部表情。虽然基本情绪的表现具有先天遗传性，但它们的具体表露却受社会文化因素的制约，特别是复杂情绪的表露更是如此。由于情绪表现能被别人识别，而情绪表现又具有一定的社会价值，因此，在什么情况下表示何种情绪是人们后天学会的。有时我们力图掩盖自己的真正情绪，有时甚至故意表现和内心情绪不一致的表情，有时则力图夸大或修饰表情。这些现象称为情绪“表露规则”。尽管伴随特定情绪的面部肌肉运动模式是由生理决定的，但这种运动显然是受“表露规则”控制的，受社会文化因素制约的。情绪识别实际上并不是针对表情本身的，而是针对它背后的意义。情绪识别是一种复杂的认知过程，包含观察、分析、判断、推理等。

其次要把握情绪识别的规律性。如何准确识别别人的情绪呢？情绪识别的准确度受多种因素的影响。一是从面部表情中识别。从面部识别情绪的主要线索并不在“眉目之间”，而应特别借助面部那些活动性更大的肌肉群的运动来识别。二是有些情绪容易识别，有些则较难识别。一般来说快乐和愤怒最容易识别，而对恐惧、哀痛、厌恶等的识别较困难。三是从情绪行为的前后关系中识别情绪，准确度高；而孤立地识别情绪，准确度低。四是面部表情的识别如果和身段表情结合起来，那就更有利于准确地判断情绪状态。识别身段表情，其中双手的表情占有很重要的地位。识别双手表达情绪的准确度可以达到和识别面部表情一样的水平。在日常生活中，即使我们看不清一个人的面孔，但只要能看清他的身体动作也能了解其情绪状态。如发抖表示紧张，鼓掌表示欢迎、快乐，紧握拳头表示愤怒，等等。五是言语表情的重要性也不可低估。同样一句话，由于说话者口气腔调的不同，往往可以使人就说话人的情绪做出相当准确的识别，而听话人的感受也因之有很大差异。六是要准确地识别一个人的情绪，单凭表情是不充分的，正常成年人的情绪表现是可以随意调节的，情绪可以在没有表情的情况下产生，表情也可以在没有情绪体验的情况下出现。因此，必须结合其他指标（如当时的情境，这个人的个性特征等）综合地进行比较才能达到。

☞素质提升

为方便同学及时准确地把握自身的情绪状态，以下提供抑郁自评量表，以供使用。

抑郁自评量表（SDS）

每一个条目均按 1、2、3、4 四级评分。请受试者仔细阅读每一条陈述句，根据最适合自己情况的时间频度圈出一个分数。20 个项目中有 10 项（第 2、5、6、11、12、14、16、17、18 和 20）是用正性词陈述的，为反序计分（如偶尔计 4 分；有时计 3 分；经常计 2 分；持续计 1 分）；其余 10 项是用负性词陈述的，按上述 1～4 顺序评分。

	偶尔	有时	经常	持续
我感到情绪沮丧，郁闷。	1	2	3	4
我感到早晨心情最好。*	1	2	3	4
我要哭或想哭。	1	2	3	4
我夜间睡眠不好。	1	2	3	4
我吃饭像平时一样多。*	1	2	3	4

我的性功能正常。*	1	2	3	4
我感到体重减轻。	1	2	3	4
我为便秘烦恼。	1	2	3	4
我的心跳比平时快。	1	2	3	4
我无故感到疲劳。	1	2	3	4
我的头脑像往常一样清楚。*	1	2	3	4
我做事情像平时一样不感到困难。*	1	2	3	4
我对未来感到有希望。*	1	2	3	4
我比平时更容易激怒。	1	2	3	4
我觉得决定什么事情很容易。*	1	2	3	4
我感到自己是有用的和不可缺少的人。*	1	2	3	4
我的生活很有意义。*	1	2	3	4

	偶尔	有时	经常	持续
假若我死了别人会过得更好。	1	2	3	4
我仍然喜爱自己平时喜爱的东西。*	1	2	3	4

注：后注*者为反序计分。

抑郁状况可用抑郁严重度指数表述。抑郁严重度指数＝各条目累计分/80（最高总分）。指数范围为 0.25～1.0，指数越高，抑郁程度越重。一般认为，SDS 测验指数在 0.5 以下者为无抑郁；0.5～0.59 为轻度抑郁；0.60～0.69 为中度至重度抑郁；0.70 以上为重度抑郁。

第三节　大学生常见不良情绪的表现

大学生常见的不良情绪包括焦虑、抑郁、孤独、自卑等，这些不良情绪会让学生感到疲惫、无助、能力不足等，导致学习效率降低，进而影响成绩和学业发展。同时，这些不良情绪可能会对学生的社交生活造成负面影响，使他们无法积极融入社会。

☞ 身边故事

小林以当地第一名的成绩考入北京某重点高校，第一学期期末，本来踌躇满志准备获取奖学金的她未能如愿。她的情绪从此一落千丈，变得郁郁寡欢，无心学习，也无法处理好与同学的人际关系，还整夜失眠。最后不得不去医院精神科检查，结果诊断她患了抑郁症。

☞故事点评

1. 心理分析

目前在大学生中有抑郁现象的学生比较多，究其主要原因，是自我价值没有得到很好的体现，对自己进行了过度否定。像小林这样的学生大多在求学道路上一帆风顺，未受什么挫折，对自己前途所定的目标很高，有的甚至是给自己定了一个不太符合实际的目标。进入新的环境后，情况有所变化，需要适应的东西很多，很容易遇到挫折，那么就可能在最终结果上产生很大的心理落差。这需要学生找准自己的位置，正确评价和认识自己。

2. 故事的启发

现在大学生压力要比以前大得多，如果没有找到正常渠道发泄，可能就会产生人生比较失败的消极想法，也可能是从前失败的痕迹与现在的失败产生共振，让这样一种力量成几何倍数扩大，最后把这样一种情绪放在一个点上，导致沉迷于某件事物上，比如网络。这就需要周围的人群主动关注他们，给他们温暖，生活中有这种情绪的大学生也要多和身边的朋友谈心、交流，释放出自己的压力，以缓解这些症状，从而恢复到正常状态。

☞心理导航

1. 主题聚焦

大学生的情绪问题，一般是指大学生的消极情绪，指生活事件引起的悲伤、痛苦长时间持续不能消除的状态。处在心理发展由未成熟走向成熟的大学生，常见的情绪困扰有自卑、焦虑、抑郁、冷漠、易怒、嫉妒、压抑和恐惧。

2. 心理理论阐释

(1) 自卑

自卑是个体由于某种生理或心理上的缺陷或其他原因所产生的对自我认识的态度体验，表现为对自己的能力或品质评价过低，轻视自己或看不起自己，担心失去他人尊重的心理状态。大学生的自卑主要表现在：敏感和掩饰、自暴自弃、逃避现实、自傲、封闭以及逆反心理。

(2) 焦虑

过度焦虑是一种伴随着某种不祥预感而产生的令人不愉快的情绪，是一种复杂的情绪状态，包含紧张、不安、惧怕、愤怒、烦躁、压抑等情绪体验。许多人说不出自己焦虑的原因，但研究表明，事情的不确定性是产生焦虑的根源。焦虑可分为三类：一是神经性焦虑，当人意识到内心的欲望与冲突而无法控制时所产生的恐惧感，有时以无名的恐惧出现，有时产生强烈的非理性的恐惧。二是现实性焦虑，这种焦虑是由现实环境的压力与困难引起的，自我无力应付。例如，无力参与竞争、期望过高、要求过严、社会文化差异悬殊等。三是道德性焦虑，是由社会生活准则引起的对自我的责备与羞愧感，因而唯恐犯错误或触犯不能逾越的规定，时常自责，受到罪恶感的威胁。这三种类型的焦虑不是单一的，有时神经性焦虑与现实性焦虑混合起来；有时道德性焦虑与现实性焦虑混合起来；有时神经性焦虑与道德性焦虑混合起来；也可能是三种焦虑的混合。

（3）抑郁

抑郁是一种感到无力应付外界压力而产生的消极情绪，常常伴有厌恶、羞愧、自卑等情绪体验。抑郁就像其他情绪反应一样，人人都曾体验过。对大多数人来说，抑郁只是偶尔出现，时过境迁很快会消失。但也有少数人长期处于抑郁状态，导致抑郁症。性格内向孤僻、多疑多虑、不爱交际、生活中遭遇意外挫折的人更容易陷入抑郁状态。

情绪抑郁的大学生的主要表现是：情绪低落、思维迟缓、郁郁寡欢、闷闷不乐、兴趣丧失、缺乏活力，干什么都打不起精神；不愿参加社交，有意回避熟人，对生活缺乏信心，体验不到生活的快乐；并伴有食欲减退、失眠等。长期的抑郁会使人的身心受到严重伤害，使大学生无法有效地学习和生活。抑郁是大学生群体中一种比较普遍的不良情绪表现。

（4）冷漠

冷漠是一种对人对事冷淡、漠不关心的消极情绪体验。正处在青年中期的大学生，情绪丰富而强烈是其基本的心理特征之一。但有的大学生却表现出对一切都不关心：对学习漠然置之，听课昏昏欲睡，对成绩好坏满不在乎，对集体漠不关心，对同学冷漠无情，对环境无动于衷。日本心理学家把具有这种冷漠状态的大学生称之为“三无”学生，即无情感、无关心、无气力。

（5）易怒

容易发怒是大学生中常见的消极情绪，它是遇到与愿望相违背的事情，或愿望不能实现并一再受到挫折，致使紧张状态逐渐积累而产生的敌意情绪。有的大学生因一句不顺耳的话、一件不顺心的事，就激动得暴跳如雷，或出口伤人，或拳脚相加。盛怒过后，却后悔不迭。发怒对一个人的身心健康有明显的不良影响。通常当人发怒时，出现心跳加速心律失常，严重时可导致心脏停搏甚至猝死。由于发怒而导致心悸、失眠、高血压、胃溃疡以致心脏病的也不在少数。此外，发怒会使人丧失理智、阻塞思维，导致损物、伤人，甚至犯罪等许多失去理智的行为。

（6）嫉妒

嫉妒是一种因他人在某些方面优于自己而产生的带有忧虑、愤怒和怨恨体验的复杂情绪。表现在不能容忍别人的进步与优点，通过诋毁对方达到心理上的暂时平衡。“妒人之能，幸人之失”说的就是有些人妒忌别人的才华，看到别人的失败又幸灾乐祸。嫉妒的实质是自信心或能力缺乏的表现。有人曾在大学中做过调查，发现大学生中的嫉妒有七类：一是嫉妒别人政治上的进步；二是嫉妒别人学习上的冒尖；三是嫉妒别人某一方面的专长；四是嫉妒别人生活上的优裕；五是嫉妒别人社交上的活跃；六是嫉妒别人仪表上的出众；七是嫉妒别人恋爱上的成功。嫉妒心重的人，从不去赞美别人，有的只是怨恨与傲慢，很难让人接近，人际关系往往紧张，自己也非常痛苦，既不利己又伤害别人。“事能知足心常惬，人到无求品自高。”我们可以通过调整自我价值的确认方式、不盲目与他人比较、增强自信、提高能力、克服虚荣心等方法来克服嫉妒情绪。

(7) 压抑

大学时期是情感最丰富强烈的时期，同时也是一个充满压力和冲突的时期。压抑也是大学生中常见的情绪问题。相当多的大学生常常感到自己的情感不能得到尽情倾诉。近年来，大学中流行的“郁闷”情绪即是压抑的表现。这种感觉有些是由自己意识到的原因引起的，而有些则是自己也不知道的，只觉得自己有一种不满、烦恼、空虚、寂寞、孤独、苦闷、疑惑的感觉。长期的、严重的压抑会诱发胃溃疡、高血压等疾病，还往往会导致心理异常，甚至厌弃人生而自杀。专家们认为，适当的宣泄是防治压抑的有效途径。

(8) 恐惧

恐惧指病理性特点的恐惧，即对常人一般不害怕的事物感到恐惧，或者恐惧体验的强度和持续时间远远超出常人的反应范围。它是对某一类特定的物体、活动或情境产生持续紧张的、难以克服的恐惧情绪，并伴随各种焦虑反应，如担忧、紧张和不安以及逃避行为。恐惧症常常有明显的强迫性，即自知这种恐惧是过分的、不必要的，但却难以抑制和克服。它表现为个体对某一特定事物或情境产生异乎寻常的强烈恐惧或紧张不安的内心体验并出现回避反应。恐惧症是一种常见的情绪性病症，它包括社交恐惧、动物恐惧、旷野恐惧、高空恐惧等多种类型。

常见的大学生恐惧症主要表现为社交恐惧。有些大学生在与人交往时，会不自觉地感到紧张、害怕以致手足无措、语无伦次，有些甚至发展到害怕见人的地步。患有社交恐惧症的大学生往往表现出明显的焦虑和回避行为。有些大学生的社交恐惧常常是以同异性交往的情境为恐惧对象，随着症状的加重，恐惧对象还会从某一具体的异性或情境泛化到其他异性，甚至其他无关的人或情境。

☞ 素质提升

让自己笑起来

① 诱发微笑：每个人在自己手指头上画一个微笑的小人。

② 强制微笑：咬筷子或铅笔。

③ 用心微笑：每天学说一个笑话（每个人想办法让大家笑一次）。

④ 运动微笑。

⑤ 每个人分享自己调节情绪的方法。

第四节　大学生情绪管理的原则和技巧

情绪管理就是用科学的方法，正确的方式，探索自己的情绪，然后理解自己的情绪，调整自己的情绪，放松自己的情绪。简单地说，情绪管理是对个体和群体的情绪感知、控制、调节的过程，其核心必须将人本原理作为最重要的管理原理，使人性、人的情绪得到充分发展，人的价值得到充分体现；是从尊重人、依靠人、发展人、完善人出发，提高对情绪的自觉意识，控制情绪低潮，保持乐观心态，不断进行自我激励、自我完善。

一、情绪心理问题调适

☞ 身边故事

某天上课的时候，杨老师给学生分发数学测验卷。杨老师说："这次的测验成绩整体来说很好，大部分同学的分数都在 80 分以上，还有几位同学取得 100 分。不过，仍然有几个同学不及格，希望成绩不理想的同学更加努力，到期末考时，成绩得以提高。"李同学从杨老师的手上接过他的测验卷，便安静地坐在座位上。正当他战战兢兢把卷子翻开时，分数却被邻座的小马偷看到。小马很不客气地提高嗓门，讽刺地说："志气再高也没用，长这么矮，考的分数也这么少。"李同学这次只得了 50 分，心情本来就已经很差，听到小马的嘲笑后，他的情绪突然失控，把小马狠狠地推倒在地上，并且不断挥拳打他。小马想不到李同学会有这样的反应，在完全没有心理准备的情况下，只有呼叫老师。杨老师转身一看，李同学正在殴打小马，随即用坚定的声音大声地说："李同学，立即停手！"这声音虽然震撼了整个班，但是并没有令李同学停止下来。一直到杨老师走向他们，这场殴打才告一段落。小马不仅被李同学打了十几拳，他所戴的眼镜也被打掉在地上摔碎了。

☞故事点评

1. 心理分析

人的情绪常受外界事物的影响，听到悦耳的歌曲会感到轻松；看到不公平的事情会感到愤怒，这本是正常的。不过，因情绪失控而产生攻击性行为是不可接受的。根据以上案例描述，可以推测李同学属于“自我失控”导致殴打同学。“自我失控”是指随心所欲地发生社会不能接受的行为，一般可能会表现在下列三个方面：①言谈失控。有的学生常常不顾听话者的年龄和个性，不看对方的态度和爱好，高兴说什么就说什么，说话不经过大脑思考，可能言者无心，但听者却觉得其出言不逊。②情绪失控。不能很好地控制自己的情绪，常常喜怒无常，个人经常成为情绪的奴隶，任由情绪来摆布。③行为失控。做一件事情，不考虑行为的后果，冲动、任性，想做什么就做什么，想怎么干就怎么干。甚至有的时候会因为失控产生一些触犯法律的行为，这些都是情绪失控可能带来的危害。面对必须长期坚持的学习、工作却半途而废，面临困难的情境临阵脱逃，碰到人际冲突大动干戈等。

2. 故事的启发

有些人在面对情绪时，完全被情绪控制。当负面情绪产生时，就任由情绪牵制他们的思想、感受与行为。影响层面小一点的包括个人心情不愉快、生活功能受限制；影响层面大一点的包括人际关系出现问题，更严重的可能因为一时冲动，做出严重错误的举动，造成生命财产的损失，后悔莫及；另外，有些人则是对负面情绪感到害怕、恐惧，担心自己若感受到生气、愤怒、悲伤、沮丧、紧张、焦虑等情绪，情况会更加糟糕，甚至会发生无法预测的后果，因而就极力压抑、控制自己的情绪。但是，没有表现出的情绪并不表示没有情绪，所以，原本被引发的情绪仍会影响自己或人际关系等。“喜怒哀乐之未发，谓之中；发而皆中节，谓之和。”意思是我们心中产生的喜欢、愤怒、悲哀、快乐等各种情感不会影响到我们对事物的观点，这种状态叫作“中”；表达（对某事物的）观点及情绪时采用恰当的方式，不会令他人难受的同时将自己的观点表达清楚，这种境界叫作“和”。这也是我们应该追求的两种状态，我们应该努力做好情绪的主人，学会恰当地表达情绪。

☞心理导航

1. 心理聚焦

“情急百病生，情舒百病除。”情绪和人的身心健康息息相关。情绪对人的发展影响极大，情绪的调控不仅与身心健康密切相关，而且与一个人适应社会发展要求、获得事业成功和更好地享受生活有紧密联系。但是对于情绪的调节和控制，并不等于简单地压抑。真正健康、高度发展和成熟的人能尽量避免不良情绪的出现，使自己经常处于良好的情绪状态。要做到自如地调控自己的情绪，必须学习一些情绪自我调控的方法。

2. 心理理论阐释

情绪不易控制，但并不是不可控制的。常见的情绪调控方法有呼吸放松训练法、音乐放松法、合理情绪理论方法、宣泄法等。

（1）呼吸放松训练法

呼吸放松训练的做法是这样的：①假设一个舒服的身体姿势，坐在椅子上是再容易不过的事了。闭上双眼。②让自己感觉到在呼吸，注意自己是在用嘴还是用鼻呼吸，以及自己呼吸的频率。③然后，注意观察身体各部分，要细心注意身体的肌肉群，看自己是否感觉紧张。这样保持一分钟。④回到呼吸上来，用鼻做深呼吸，然后用嘴吐气，连续做几次这样平静而深邃的呼吸。当你吐气时，观察肌肉在干什么，注意观察肌肉是如何开始工作的。继续这样呼吸几分钟。⑤每次吸气，你的横膈膜扩大，腹部收紧；每次吐气，腹部肌肉放松（如果无困难，放一只手在腹上，这样你会感觉横膈膜的运动。吸气时便放开，再吐气时又放上。起初你可以强迫自己用横膈膜呼吸）。⑥现在让我们数四下吸气一次，然后再吐气。此后慢慢数八下吸气一次。缓慢、深沉而平静地呼吸。这样练习几分钟。⑦如果一开始时用腹腔呼吸就有困难，首先练喘气呼吸是有益处的。喘气呼吸是喉管呼吸的一种。用你的嘴做成“O”形状，用嘴快速吸气，短促喘气，快速呼吸。每次呼气，腹部鼓出，在你腹部运动时，同时做喘气动作，呼吸……一，二，一，二，一，二，数“一”时吸气，数“二”时呼气。

（2）音乐放松法

研究表明，音乐对人的情绪有着调节作用，不同的曲调和不同的节奏能使人产生不同的情绪体验。古希腊人认为，不同的曲调代表不同的情绪：A 调高扬，B 调哀怨，C 调和蔼，D 调热情奔放，E 调安静优雅，F 调淫荡，G 调浮躁。有人对近代音乐的乐调进行了研究，发现乐调与情绪有如下关系：

A 调中的 A 阳调：自信、希望、和悦，最能表现真挚的情感，充满对生活的憧憬；A 阴调：女子的柔情似水，恰似北欧民族的伤感和虔敬之心；A 降低阳调：好似梦境中体验到的情感。

B 调中的 B 阳调：嘹亮，表现出勇敢、豪爽和骄傲；B 阴调：悲哀，表现出静静地期待。

C 调中的 C 阴调：纯洁、果断、坚毅、沉稳，有宗教的情调。

D 调：热情。

E 调：安定。

F 调中的 F 阳调：和悦，略带忏悔、哀悼之情；F 阴调：悲伤、忧愁，曲调哀婉；F 提高阳调：嘹亮、柔和、感情丰富；F 提高阴调：热情、神秘，曲调幽深、阴沉。

G 调中的 G 阴调：有时忧愁，有时喜悦；G 阳调：真挚的信仰，平静的爱情，有田园风趣，给人以自然、温馨的感觉。

不同的个体因不同的个性特点、心情、时间和场合而对乐曲有所选择。如：节奏感强的乐曲适合忧郁、好静、少动的人；旋律优美的乐曲适合兴奋、多动、焦虑不安的人。因此，在国外，音乐调节已应用到了外科手术及精神病、抑郁症、焦虑症等病症的治疗了。如忧郁烦恼时可以听《蓝色多瑙河》《卡门》《渔舟唱晚》等意境广阔、充满活力、轻松愉快的音乐；失眠时可以听莫扎特优雅宁静的《摇篮曲》、门德尔松的《仲夏夜之梦》等乐曲；情绪浮躁时可以听《小夜曲》等合适的音乐来调节自己的情绪状况。

（3）合理情绪理论方法

合理情绪理论又称为 ABC 理论，是由美国临床心理学家艾里斯提出的。艾里斯认为，在人们情绪产生的过程中有三个重要的因素，这就是诱发情绪发生事件，人们对诱发事件所持的相应的信念、态度和解释以及由此引发的人们的情绪和行为的结果。情绪并非由导致情绪发生的诱发事件直接引起的，而是人们对这一引发事件的解释和评价引起的，即并非事件引起了情绪，而是人们对事件的认识引起了情绪。如图 8－1 所示。

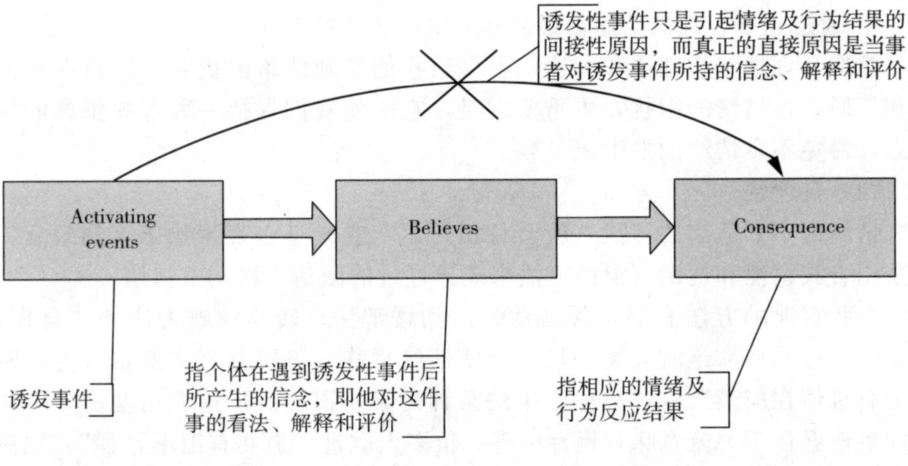

图 8－1　合理情绪理论

合理情绪理论认为，对事件正确的认识一般会导致适当的行为和情绪反应，而错误的认知往往是导致不良情绪产生的直接原因。导致人们对事件发生错误的认识的背后，往往是某些不合理的信念，艾里斯称其为非理性观念。非理性观念会使人陷入情绪的逆境中，而不能自拔。如学生提出了“人活着是为了快乐”并没错，但是提出“人怎样才能快乐？当然就是没有烦恼和痛苦……”这本身就存在着不合理的观念，因为，没有痛苦与烦恼并不等于快乐（有的人并不痛苦，但是也不快乐）；而且有了痛苦和烦恼，也不能说就一定没有快乐。合理情绪理论认为，改变不合理的观念，树立合理的观念，就会产生积极的情绪反应。该理论通过对引起不良情绪的非理性观念的纠正，达到情绪改善的目的。合理情绪理论的应用：

① 将引发不良情绪的事件和认识一一列出。

② 找出引发不良情绪的非理性观念。有以下几种：

绝对化。绝对化即对什么事物都怀有认为必须或不会发生的信念，这种特征常常表现为日常生活中“应该”“必须”“一定”“绝对”等用语上。具有绝对化非理性观念者，在生活和人际交往中，刻板僵化，总是在苛求完美，很容易受不良情绪的困扰。

过分概括化。过分概括化即以偏概全的思维方式，在这种非理性特征中，世界上的事物只有两类，要么正确，要么错误。一次的工作失误，就被认为是不可救药了；朋友的一次失约，就被认为是从来就不可信。

灾难化。灾难化常表现为“一旦出现了……即天就要塌了”“再没有比这更可怕的了”，等等。例如，有的大学生因一次考试的失利，就认为自己已经彻底失败了。

③ 通过对非理性观念的认识和纠正，找出合理的观念。

④ 通过建立合理的信念，最后达到情绪感受的改变。

掌握合理情绪的理论和方法，不仅当我们遇到情绪困扰时可以帮助我们认识和摆脱不良情绪的困扰，更重要的是，它能使我们保持一种客观正确的认知心态，避免不良情绪的发生。

（4）宣泄法

情绪得不到适当的宣泄，就会日积月累，造成身心紧张状态直到致病。可以采用自我宣泄和他助宣泄的方法来疏导过量的激情，以调节情绪。

自我宣泄的方法有眼泪缓解法、运动缓解法、转移注意力法和“合理化”等方法。在悲痛欲绝时大哭一场，可使情绪平静。美国专家威费雷认为，眼泪能把有机体在应激反应过程中产生的某种毒素排出去。从这个角度讲，遇到该哭的事情忍住不哭就意味着慢性中毒。很多人欣赏“男儿有泪不轻弹”，把流眼泪当作软弱的表现，从心理健康角度来考虑，就会发现这种观念是不可取的。很多人都体会到该哭的时候能哭出来，哭过以后心情就好多了。在盛怒愤慨时猛干一阵活或进行剧烈的体育运动，有助于释放激动情绪带来的能量。许多大学生有过在运动场上拼命奔跑以缓解心中郁闷情绪的经验。情绪不佳时，转移自己的注意力，是一种控制情绪的好办法。如转换一下电视频道，做些自己感兴趣的事，如外出散步、看看电影、读读书、打打牌、找朋友玩、换换环境等。“合理化”是一种援引合理的理由和事实来解释所遭受的挫折，以减轻或消除心理困扰的方式。它的表现形式可概括为“找借口”“酸葡萄效应”“甜柠檬效应”

等。情绪不佳时，适度地采取“合理化”的方法自我宣泄得以安慰，也是一种情绪自我调控的方法。

他助宣泄的方式则有倾诉和模拟宣泄等。倾诉既可向师长、同事、同学、亲人诉说心中的烦恼和忧虑，也可用写日记、写信（含 E-mail）的方式倾诉不快，以宣泄自己的烦恼和不快，调节自己的情绪。模拟宣泄是目前新兴的一种调节情绪的方法。

情绪的自我控制还可采用其他方法，如气功疗法、森田疗法、认知疗法、行为疗法中的系统脱敏法等。

☞ 素质提升

故事小哲思

美国著名心理学家马丁加拉德做过一个实验：一个死囚犯蒙着双眼，被绑在床上，身上被放上了各种探测体温、血压、心电、脑电的仪器。法官来到床边宣布对他执行死刑，牧师也祝福他的灵魂早日升入天堂。这时，他被告知将用放血的方法致死。

随着法官的一声令下，早已准备好的一位助手走上前去，用一小木片在他的手腕上划了一下，接着把事先准备好的一个水龙头打开，让他向床下一个铜盆中滴水，发出叮咚的声音。伴随着由快到慢的滴水节奏，死囚心里产生了极大的恐惧感，他感到自己的血正在一点点流失！各种探测仪器如实地把死囚的各种重量变化记录了下来：囚犯出现典型的“失血”症状。最后，那个死囚昏了过去。

在这个故事中，你体悟到了什么？

二、全面提升情绪管理能力

☞ 身边故事

孙同学和李同学一起去面试学生会同一个岗位，结果在第一轮面试就都被刷下来了，两位同学都很沮丧，他们甚至都不愿再去找新的岗位进行面试，避免谈到所有跟面试相关的事。但孙同学仍然是个热情主动的女孩，她的社交生活很正常，健康状况也很好，一周还去三次健身房。相反李同学崩溃了，他甚至不理自己的室友，他把所有时间花在沉思上，并拒绝参加所有活动，他总说自己无法面对任何人。他失去了幽默感，笑话也不能让他发笑，而且整个冬天他都在感冒，他也不再去慢跑了。半年后，部门再一次招新邀请他们尝试，孙同学想：“他们终于认识到没有我不行了。”而李同学却想：“他们大概实在是太缺人手了。”

☞故事点评

1. 心理分析

我们可以看出故事中的孙同学和李同学属于两种解释风格的人。孙同学是乐观型解释风格，她倾向于把好的事情归因于她自己的人格特征或能力，遇到痛苦时开始感觉很痛，但很快痛苦会消失；而李同学属于悲观型解释风格的人，这类人把成功归因于暂时性原因，即使成功了也会放弃，因为他认为那不过是侥幸。当遇到一件困难的事，他们又会将事情灾难化，认为一切都完了，认为自己一无是处。当他们生活中的一根线断掉时，整块布就跟着解体了。

2. 故事的启发

如果你把不幸的事想成“永远”“从来”“总是”，把它归因到人格特质上，那么你是一个悲观型的人。如果你把不幸的事想成“有的时候”“最近”，把它当成偶发事件，你就是一个乐观型的人。面对未来所表现出来的积极情绪包括信心、信任、自信、希望及乐观。乐观和希望可以帮助你在遭受打击时对抗沮丧，在面对有挑战性的工作时表现良好，它们还能使你健康。保持良好的情绪与心态是美好人生的保障。

☞心理导航

1. 主题聚焦

情绪管理就是善于掌握自我，善于调节情绪，对生活中的矛盾和事件引起的反应能适可而止地排解，能以乐观的态度、幽默的情趣及时地缓解紧张的心理状态。国外学者丹尼高曼最先提出情绪管理的概念，他认为通过控制情绪，管理人可以成为卓越的领导人。

2. 心理理论阐释

情绪管理是对个体的情绪进行控制和调节的过程。它是研究人们对自身情绪和他人情绪的认识、协调、引导、互动和控制，是对情绪智力的挖掘和培植，是培养驾驭情绪的能力，建立和维护良好的情绪状态的一系列过程和方法。情绪管理取决于个体对人生价值观总体把握的水平，取决于在个体成长过程中学习、环境认同，身心体验中培养出的情感质地，取决于处理人与人、人与团体之间的人际交往的艺术。情绪管理包括情绪识别、情绪调控、情绪表达、自我激励等很多方面内容。情绪管理中情绪控制贯穿管理的全过程。控制是在情绪发生偏离或出现不良情绪时予以调整和纠正，建立良好的情绪状态。情绪管理的核心是将人本原理作为最重要的管理原理，使人性、人的情绪得到充分发展，人的价值得到充分体现。情绪管理是从尊重人、依靠人、发展人、完善人出发，提高人们对情绪的自觉意识，控制情绪低潮，保持乐观心态，不断自我激励、自我完善。

（1）体察自己的情绪

时时提醒自己注意："我现在的情绪是什么？"例如：当你因为朋友约会迟到而对他冷言冷语，问问自己："我为什么这么做？我现在有什么感觉？"如果你察觉你已对朋友三番两次的迟到感到生气，你就可以对自己的生气做更好的处理。有许多人认为"人不应该有情绪"，所以不肯承认自己有负面的情绪，要知道，人一定会有情绪，压抑情绪反而带来更不好的结果，学着体察自己的情绪，是情绪管理的第一步。

（2）适当表达自己的情绪

再以朋友约会迟到的例子来看，你之所以生气可能是因为他让你担心，在这种情况下，你可以婉转地告诉他："你过了约定的时间还没到，我好担心你在路上发生意外。"试着把"我好担心"的感觉传达给他，让他了解他的迟到会带给你什么感受。什么是不适当的表达呢？例如：你指责他："每次约会都迟到，你为什么都不考虑我的感觉？"当你指责对方时，也会引起他负面的情绪，他会变成一只刺猬，忙着防御外来的攻击，没有办法站在你的立场为你着想，他的反应可能是："路上塞车嘛！有什么办法，你以为我不想准时吗？"如此一来，两人开始吵架，别提什么愉快的约会了。如何"适当表达"情绪，是一门艺术，需要用心地体会、揣摩，更重要的是，要确实用在生活中。

（3）以合宜的方式纾解情绪

纾解情绪的方法有很多，有些人会痛哭一场，有些人找三五好友诉苦一番，另一些人会逛街、听音乐、散步以免想起不愉快的事情，比较糟糕的方式是喝酒、飙车、吸烟等。"抽刀断水水更流，举杯消愁愁更愁。"要提醒各位的是，纾解情绪的目的在于给自己一个厘清想法的机会，让自己好过一点，也让自己更有能量去面对未来。如果纾解情绪的方式只是暂时逃避痛苦，尔后需承受更多的痛苦，这便不是一个合宜的方式。有了不舒服的感觉，要勇敢面对，仔细想想，为什么这么难过、生气？我可以怎么做，将来才不会再重蹈覆辙？怎么做可以减少我的不愉快？这么做会不会带来更大的伤害？根据这几个角度去选择适合自己且能有效纾解情绪的方式，你就能够控制情绪，而不是让情绪来控制你！

☞ 素质提升

快乐其实很简单

1. 活动目标

① 帮助成员掌握调节情绪的方法和技巧，构建愉悦心情。

② 帮助成员懂得自己才是情绪的主人，转换视角、善于发现，一定会发现

生活中的快乐元素。

2. 活动内容

① 镜中人。成员两人一组，一人扮演照镜子的人，要做出各种快乐的表情；一人扮演镜中成像，要模仿对方的样子。一轮表演完成后，双方互换角色。

② 快乐清单。每个成员都要说出几件使自己感觉快乐的事情，越多越好。成员互相分享快乐。

③ 快乐密码。成员分别向大家介绍自己保持快乐心情的方法，成员讨论，鉴别各种方法的可行性，领导者总结成员的讨论结果，向大家推荐保持快乐的策略和技巧。

④ 结束。引导成员分享本次团体活动的收获和体会，领导者对成员表达祝愿，希望其每天都有好心情。

第九章

大学生人际交往

学习目标：

9.1　人际交往的积极意义有哪些？

9.2　人际交往的社会功能有哪些？

9.3　人际关系的类型有哪些？

9.4　人际关系的特点有哪些？

9.5　人际交往的影响因素有哪些？

9.6　影响人际交往的心理效应有哪些？

9.7　大学生常见的人际交往障碍有哪些？该如何调试？

9.8　大学生该如何提升人际交往能力？

马克思在《关于费尔巴哈的提纲》中指出："人的本质不是单个人所固有的抽象物，在其现实性上，它是一切社会关系的总和。"这一论述阐明了人际交往的重要性。尚未出生、作为胎儿的我们便与妈妈开始互动；出生后，我们和爸爸、妈妈形成一个小团体，开始人际交往；之后，我们开始上幼儿园、小学、初中、高中、大学，直至毕业工作、结婚生子，我们无时无刻不与人打交道。因此，人际交往贯穿我们的一生，是一个人成长与社会化过程中的重要组成部分，影响我们生活的方方面面。拥有良好的人际关系，不仅是一个人心理健康水平、社会适应能力的重要指标，也是步入社会、成就自己一番事业和过上好生活的坚实的基础和进步的阶梯。大学生离开父母，与来自天南地北、性格迥异的同学朝夕相处，一起学习生活，难免磕磕碰碰，如何更好地与他人相处呢？

第一节　人际关系概述

人际交往无处不在，人际关系贯穿于人的一生。而大学生活是大学生个人成长和实现社会化的关键阶段和黄金时期。对于大学生而言，拥有良好的人际关系，能使他们享有积极健康、快乐轻松、充满活力的大学学习和生活，为其顺利步入社会、进行角色转换、完成社会化做好必要的心理和行动准备。

☞身边故事

杨同学，女，20岁，某高校大二学生。杨同学父亲打工，收入较低，母亲有慢性疾病，家境较为贫寒。杨同学不善言辞，上大学之后发现学习成绩不再是大学唯一看重的东西，自己也不再是以往的尖子生。她觉得自己处处不如人，十分自卑。杨同学经常独来独往，基本上不和班上同学交流，集体活动也很少参加，与同学的感情冷漠。她发现自己没有一个能相互了解、谈得来的知心朋友，常常感到特别孤独和自卑，长期的苦恼和焦虑让她很痛苦。

☞故事点评

1. 心理分析

人际交往问题，在大学生群体中十分常见。大学生在大学里会遇上许多优秀的人，由于光环效应，我们通常会以为某方面优秀的人在其他方面的表现也是优秀的，让人觉得遥不可及，加上与自认为不算优秀的自己对比，极易让人产生自卑心理。自卑、猜疑、过分敏感等心理，严重影响了杨同学的人际交往。紧张、不安，无法积极地融入周围的环境，无法从容地与同学交往，心理压力大，最终影响她的学习和生活。

2. 故事的启发

人对环境的适应，主要是对人际关系的适应。有良好的人际关系，人才有支持力量，有归属感和安全感，心情才能愉快。首先正确认识自己，找出自己的闪光点并好好地让之成为自己优秀的资本；其次学会心理暗示，适当地给自己积极的心理暗示，比如：我和他（优秀的人）的起点是一样的，他能做到的事我也能做到甚至做得更好；最后积极参与各种活动，拓展自己的兴趣爱好，转移自己的注意力，这会让我们直接感受到自己的成长，进而逐步摆脱自卑心理。

☞心理导航

1. 主题聚焦

德国学者斯普兰格说："在人的一生中，再也没有像青年时期有那样强烈地渴望被理解的愿望。没有任何人像青年那样处在孤独之中，渴望着被人接受和理解。"不敢交往、不愿交往、不善交往的青年大学生不在少数，他们的心理健康和综合素质的提高受到严重影响。因此，加强人际交往，培养亲密的人际关系，是大学生要学会的重要一课。

2. 心理理论阐释

(1) 人际关系的概念

通过社会交往，形成了人与人之间的好恶感以及排斥或吸引等心理关系，这种关系即人际关系。广义的人际关系是指人与人之间的关系，它包括社会中所有人与人之间的关系，以及人与人之间关系的一切方面。从狭义上看，人际关系是人与人之间通过交往与相互作用而形成的直接的心理关系，它反映了个体或群体满足其社会需要的心理状态，它的发展变化决定于双方社会需要的满足程度。

(2) 人际交往的积极意义

人际关系直接决定了一个人的心理健康水平和社会适应能力。心理学家认为，人类的心理适应能力主要体现在人际关系的适应。良好的人际关系对心理健康的积极意义主要表现在以下几个方面：

第一，建立并保持良好的人际关系是人的基本心理需求。马斯洛的"需要层次理论"将人们的需要分成五个层次，认为当人们满足了生存需要和安全需要后，就有了人际交往的需要、尊重和爱的需要以及自我实现的需要。其实人们即便是为了生存和安全的需要也必须进行人际交往。或者说，任何层次的需要的满足都离不开社会、离不开他人、离不开人际交往，都是人际交往的需要。因为在某种意义上，一个人的生活幸福、事业成功，除了个人的努力之外，更重要的是他人和社会成就赋予的。

第二，建立并保持良好的人际关系有利于个体的社会化。个体社会化是指人不断学习和掌握充当社会角色的知识、技能及特定的社会规范、准则，以获得社会有效成员资格的过程。个体社会化程度的高低是衡量其成熟程度与能力强弱的尺度之一。一般来说，人们在社会交往过程中，不是被动地接受生活规范，而是积极主动地在与人、与社会交往中习得社会规范以适应社会生活。对青年大学生来说，良好的人际交往既是完成个体社会化的必备条件，也是完成社会化的有效途径。

第三，建立并保持良好的人际关系可以塑造个体的思想与人格。"广交不如择友，投师不如访友。"一个人的思想和人格主要是后天通过社会学习形成和发展起来的，而人们后天的社会学习，不论是直接知识、间接知识的获得，还是世界观、人生观、价值观的形成，很多都是在人际交往中完成的。近朱者赤，近墨者黑。一个人的思想和人格是他的成长环境塑造的。

第四，建立并保持良好的人际关系有利于个体的身心健康。不少心理学家认为，人类的心理适应最主要的是对人际关系的适应，人类的心理疾病，很多是人际关系失调造成的。良好的人际交往能起到代偿作用，和谐的人际关系可以消除失落感与孤独感；良好的人际交往能稳定情绪，烦恼时有人倾吐，欢乐时有人分享，可以给人带来情感上的稳定；良好的人际交往有助于自我意识的发展与深化，置身于良好人际关系中能使个体具有归属感、安全感，进而满足自尊心，增强自信心和自豪感。

第五，建立并保持良好的人际关系有利于个体事业的成功。美国学者卡耐基在研究人的事业成功因素时，认为在现代社会，一个人的成功仅15%是依赖自身素质，而85%取决于人际交往。哈佛大学曾对几千名被解雇的人员进行综合调查，“人际交往不佳”比“不称职”的高出2倍多，在每年调离的工作人员中，人际关系不好的占90%以上。良好的人际交往有助于个体事业的成功，是因为它能帮助个体完善品格、开拓思维和眼界、提供信息交流机会、获得事业上的合作支持与帮助、促进个体在事业上不断进取，获得成功。

（3）人际交往的社会功能

一是信息沟通功能。古人云：“独学而无友，则孤陋寡闻。”人与人之间的社会交往是沟通信息的最基本形式。英国作家萧伯纳形象地说：“如果你有一个苹果，我有一个苹果，彼此交换，那么每人还是一个苹果；如果你有一种思想，我有一种思想，彼此交换，我们每人就有了两种思想，甚至多于两种思想。”李政道曾说，他和杨振宁合作打破“宇称守恒定律”，就是在吃饭交谈时解决问题的。在信息社会，大学生广泛的交往能以更快的速度获得更多的新思想、新信息，从而可以在更高的层次上充实和提高自己。因此，交往活动是大学生学业进步、事业成功的重要因素。

二是心理保健功能。有人研究生活在孤儿院的儿童，他们平静孤单地生活，得不到正常儿童应得的爱抚刺激，更缺乏良好的社会交往，所以不仅在智力（尤其是语言）的发展上低于同龄正常儿童，而且社会交往能力也相对较差。他们或是对人冷漠，缺乏交往愿望和能力，或是有另一种极端反应，即表现为情感饥饿，狂热地需要得到他人的爱抚。交往是一个人维持精神健康的基本需要。大学生情感丰富，情绪尚未稳定，特别需要他人的关心和理解。英国哲学家培根说：“当你遭遇挫折而感到愤懑抑郁时，向知心挚友的一席倾诉可以使你得到疏导，否则这种积郁会使人生病……只有对于朋友，你才可以尽情倾诉你的忧愁与快乐，恐惧与希望，猜疑与劝慰。总之，那沉重地压在你心头的一切，通过友谊的肩头而被分担了。”

三是自我认识功能。认识自我包括对自己身心特点的认识，对自己在社会中的角色、定位、作用的认识，以及对自己的人生目的、理想、信念的认识等。自我意识的发展，并不是一个自然成熟的过程，而是通过交往，在与别人的相互作用中发生和发展的。“以人为镜”，从与别人的比较中认识自己。一个普通中学的高才生，会高估自己的实力，因为他的交往对象都落后于他。而当他跨进精英荟萃的大学校园，尤其是名牌大学时，很可能一下子失去自我，昔日的光辉不见了，突然发现自己那么默默无闻，甚至常常低估自己的实力。“以人为镜”，人们还能通过他人对自己的态度和评价，以及自己与他人的关系来了解自己在他人心目中的形象和在社会中的地位，并参照别人的评价来客观地认识自己。

四是个性发展功能。人际交往是大学生社会化过程中的重要组成部分。人际交往是促进大学生认识自我和个性发展的基本途径。在交往中，大学生理解生活、丰富知识、学会处事、锻炼能力，从而发展个性，有利于大学生的社会化过程。想在社会上生活，就必须学会适应环境，学习社会长期积累起来的知识、技能和行为规范，掌握处理人与人之间关系的本领，获得和发展自己的社会性。通过模仿学习、主观认同、认识加工、角色扮演等途径实现外在行为规范的个体内化，这些都离不开人与人之间的交往。如果在大学期间不能很好地实现个体社会化，那么走上工作岗位后会茫然不知所从，在步入社会后会感到难以适应陌生的社会。

(4) 人际关系的特点

人际关系具有以下特点：一是互动性，人际关系是在人们精神及物质交往过程中建立、发展起来的，是交往双方的放映，是人际沟通的结构，表现为人们之间思想及行为的互动过程。二是心理性，人际关系是人与人之间的心理距离状态，而这种心理距离状态是由社会需要的满足程度所决定的，人际关系的好坏一般用心理距离来衡量。三是明确性，虽然人际关系多种多样，但每一种人际关系相互之间的关系是明确的，如果相互之间的关系不明确，就无法发展健康的人际关系。四是渐进性，人际关系的发展需要经过一系列有规律的阶段或顺序。如果人们之间的关系没有按照预期的顺序发展，就会引起其中一个或多个当事人的恐慌不安，从而阻碍人际关系的发展。在人际交往中必须遵循循序渐进的原则，不能急于求成。五是多面性（多重性），每个人的文化背景、生活经历、知识结构、性格、需求等多方面的因素不同，必然会表现个性心理及行为上的多面性。六是动态性，人际关系不是一成不变的，无论是人还是人际关系都不可能停滞不前，由于人在发生变化，人际关系也会随之发生变化。七是复杂性，人是由自然属性及社会属性组成的统一体，复杂的生理、心理及社会因素导致了个人的复杂性，而有两个以上的人所组成的人际关系将更复杂。人际关系的复杂性表现为交往动机、交往心理、交往方式等多个方面。

（5）人际关系的类型

如果从心理学角度出发，可以把人际关系划分为四种类型：一是按需求性质，可划分为为了满足相互间情感交流，形成良好心理气氛的情感关系和为了相互协调达到某一目的而建立起来的工具性关系；二是按喜欢程度，可分为相互喜欢、亲近、友好的吸引性关系和彼此心里厌恶、疏远、对立的排斥性关系；三是按双方相互地位，可分为一方对另一方控制的支配性关系和彼此地位平等的平等性关系；四是按关系存在的时间，可分为长期性关系和临时性关系。

从情感状态看，人际交往可以分为四种类型：自负型、自卑型、分离型、联合型。“自负型”人际交往，主动性、进攻性较强。“自卑型”人际交往，被动性、防守性较明显。“分离型”人际交往，表现为冷淡、畏惧、厌恶、愤怒、仇恨、消极、回避、退缩、侵犯、抗拒、疏远、排斥、冲突等情感状态。“联合型”人际交往，表现为亲和、友谊、爱情三种类型。

☞ 素质提升

心理小测验：交往焦虑量表测试

1. 交往焦虑量表（IAS）题目

指导语：请认真阅读下面的每个条目，并决定其陈述对你适用或真实的程度。选择最适合你的选项。

选项：

A：本条与我一点也不符合　＝1 分
B：本条与我有一点儿符合　＝2 分
C：本条与我中等程度符合　＝3 分
D：本条与我非常符合　＝4 分
E：本条与我极其符合　＝5 分

问题：

（　）1. 即使在非正式的聚会上，我也常感到紧张。
（　）2. 与一群不认识的人在一起，我通常感到不自在。
（　）3. 在与一位异性交谈时我通常感到轻松。(R)
（　）4. 在必须同老师或上司交谈时，我感到紧张。
（　）5. 聚会常使我感到焦虑及不自在。
（　）6. 与大多数人相比，我在社会交往中较少羞怯。(R)
（　）7. 在与我不太熟悉的同性谈话时，我常常感到紧张。
（　）8. 在求职面试时我会紧张。
（　）9. 我希望自己在社交场合自信心更足一些。

(　　)10. 在社交场合中，我很少感到焦虑。(R)

(　　)11. 一般而言，我是一个害羞的人。

(　　)12. 在与一位迷人的异性交谈时我会经常感到紧张。

(　　)13. 在给不太熟悉的人打电话时我会显得紧张。

(　　)14. 我在与权威人士谈话时感到紧张。

(　　)15. 即使处于一群和我相当不同的人群之中，通常我仍感到放松。(R)

2. 评定方法

计分方法：将注有（R）标记的评分倒序（即 5 改为 1，1 改为 5）后再计算总分。

3. 解释和常模

量表总分从 15 分（社交焦虑程度最低）到 75 分（社交焦虑程度最高），焦虑程度与总分成正比，大学生平均分为 38.9，标准差为 9.7。

第二节　大学生人际交往及影响因素

大学生的人际交往对于个人的发展和成长非常重要。大学生通过良好的人际交往，可以增进彼此之间的了解和信任，促进友谊和情感发展，有助于塑造积极乐观的心态和个性发展。此外，良好的人际交往也为学生提供了更多的机会和资源，比如能够结交更多志同道合的朋友，扩大社交圈，获得新的信息和技能，有利于学生的全面发展。

☞ 身边故事

林某，男，20 岁，某本科院校二年级学生。生活中常常以自我为中心，而不顾及他人感受，不管做什么事情，首先想到的都是他自己。每次与人交谈的时候，在他人讲话时，不尊重他人，随意插话；谈到自己时，更是滔滔不绝。时间久了，林某感受到自己的朋友越来越少了，愿意与自己交谈的人也越来越少。近日，有一件事很困扰林某，自进入大学以来，他曾经玩得最好的高中同学也离自己越来越远了。林某很是不解：大学同学不愿意与自己交朋友是因为不理解我！为什么曾理解我的人也渐渐疏远了？

☞ 故事点评

1. 心理分析

人际关系问题是困扰大学生的主要问题之一，影响大学生人际关系的因素有很多。从林某个案中可以看出，人际关系出现问题主要归结于以下几点：第一，人际交往中，人与人之间的需求互补是实现良好人际关系的基础。“律己宜带秋气，处世须带春风。”而林某以自我为中心，不能换位思考，不能照顾他人感受，只喜欢谈论自己感兴趣的话题，却忽略他人的心理需要，导致人际关系疏离，没人愿意和他做朋友。第二，大学生的个体能力、性格、品德等个性特征，是构成人际吸引的重要因素。林某有一些不利于人际交往的个人特征：不尊重他人，随意打断他人讲话，进一步阻碍了林某建立良好的人际关系。第三，林某由于和高中同学到了不同高校，空间距离变远，接触和交流变少了，也影响到了他们的亲密关系。

2. 故事的启发

人际关系的建立与保持，受到许多因素的影响，比如林某就因个性特征、时空邻近性等因素，导致与新老同学人际关系不良。大学生需要了解影响自己人际关系的诸多因素，“己自知而后知人”，所以，大学生要首先了解自己的人格特质，了解交往对象的人格特质，并且知道自己与他人的关系状况。其次，大学生还要了解自己和他人的交往特点，扬长避短，充分发挥人际交往的各种有利因素。

☞心理导航

1. 主题聚集

大学生普遍表现出强烈的人际交往愿望，在人际交往中呈现出以下特点：追求平等交往，富于浓厚的理想色彩，注重精神融合，感性多于理性，呈现出独立性、自主性和开放性。大学生在处理人际关系时应注意扬长避短，克服人际交往中不利因素的影响，发挥有利因素作用，积极维系良好的人际关系。

2. 心理理论阐释

影响大学生人际关系的因素主要有以下几个方面：

（1）时空邻近性

俗话说，“远亲不如近邻”。这说明时空距离是形成密切的人际关系的一个重要条件。邻近性是指如果其他条件相同，人们在时空上越接近，双方交往和接触的机会就越多，彼此间就越易形成密切的人际关系。大学生们由于同时入学，或年龄相当，或住在同一个寝室，或经常在同一个教室一起学习，或是同乡等，经常接触，相互交往的次数多，容易具有共同的经验、共同的话题、共同的体会，从而建立起较密切的人际关系。

（2）态度相似性

俗话说：“物以类聚，人以群分。”人与人若具有共同的态度与价值观，不但容易获得对方的支持与共鸣，同时也容易预测对方的感情与反应倾向，在交往过程中彼此容易适应，从而建立良好的人际关系。所谓相似性，包括年龄、学历、兴趣、爱好、态度、信仰、容貌等方面的类似性或者共同性，其中特别是态度的相似性，具有上述某方面相似性的人容易成为朋友，建立亲密关系。

（3）互补性

除了相似性的因素使人与人之间容易接近之外，互补性也是密切人际关系的重要因素之一。所谓互补是指人的个性表面的差异，由内在的共同观点或看法来弥补。如果相似性是客观因素，那么，互补性可视为主观因素，互补实际上是一种主观的需要或动机。有时两个性格很不相同的人相处得很好，并成为好朋友，这就是由于双方都知道自己的长处和短处，都想利用对方的长处来弥补自己的短处，这是一种心理上的需要，基于这种需要，双方可以和睦相处。特别是异性之间，根据互补性原则结为姻缘的相当普遍。常言道，男刚女柔，刚柔结合，既相冲又相容。当交往双方能彼此满足对方的心理需求时，彼此将产生强烈的吸引力，从而使双方互相之间的人际关系更加密切。补偿性需要是密切人际关系的重要条件。

（4）个性特征

大学生的个体能力、性格、品德等个性特征是构成人际吸引的重要因素。“君子之交，其淡如水。”心理学家奥尔波特经过研究发现，人际吸引力第一是人的内在属性，如涵养、幽默、礼貌等；第二是形体的特点，如体魄、服装、仪表等；第三是个人表现出的特殊行为，比如新奇和令人喜欢的动作等；第四是个人的角色地位引起他人的爱慕与尊敬。另外，帕里等人曾以友谊为题访问了4万余人，发现吸引朋友的良好品质有信任、忠诚、热情、支持、帮助、幽默感、宽容等11种品质，其中忠诚是友谊的灵魂和核心。中央教育行政学院心理教研室对3000多名大学生的“择友标准”进行过调查，结果表明，多数大学生把“诚实、坦率”（64.8%）、“品德高尚”（60.5%）和“聪明有才华和富于创造精神”（43.9%）作为择友的首要标准，其他受到重视的品质为：尊重别人、看重友谊、兴趣广泛、助人为乐和风趣幽默等。

大学生的人格力量在人际交往过程中的重要性越来越被重视，它是人际吸引力的重要原因，是大学生们建立良好人际关系的一个非常重要的因素。

（5）个人形体因素

爱美之心，人皆有之。一个人的长相、穿着、仪表、容貌、体态，往往是构成人际吸引力的重要因素，特别是在初次交往和第一印象中。亚里士多德曾经说过：“美丽比介绍信更具有推荐力。”由于首因效应，外表特征在人际吸引力中占有重要地位，尽管我们都懂得“以貌取人，失之于人”的道理，但是，在人们交往活动中外表特征有形无形地影响着人与人之间关系的建立与发展。

大学生在评价异性时，通常是把一个人的外表美与心灵美结合起来加以考虑。一般情况下，开始的时候往往把对方的个体仪表、外貌、特征视为最重要的。但是，随着双方交往的深入，吸引力将会从外在的仪表美逐渐转向人内在的心灵美，把品质特征视为最重要的因素。

（6）才能与专长

大学生比较崇拜和羡慕有真才实学的人。一般说来，一个人的才能出众或有某方面的专长，对别人就有一种吸引力。当然，有时候过于精明强干的人也不一定都受人喜欢。社会心理学家阿伦森的研究结果显示：十全十美的人（实际上不存在）使人感到高不可攀，敬而远之，人们往往不敢与之交往。相反，有小缺点的才能超群者往往更受人们喜爱。有人说："没有缺点本身就是最大的缺点。"所以，个人的才能与专长是指个人某方面的出类拔萃、超群脱凡之处，而并非指十全十美，这也是一个人吸引他人魅力的重要组成部分，是构成人际吸引力的重要因素。

（7）行为因素

个体如果具有一些不良的行为特征，将对人际交往产生严重的影响，如凡事爱打听。对人对事有适当的好奇心不是坏事，这是与他人保持适度交流的必要动力。试想一个人对周围的人和事一概没兴趣，还谈何人际交往呢？但是，如果一个人不分尺度，凡别人的事爱打听、爱议论、爱传播，别人只会对你敬而远之，守口如瓶。

交谈时应多赞赏对方，如只顾沉浸于自我吹嘘的人，爱讲大话吹嘘自己，或过分暴露自己的"隐私"，不顾别人的感受是不受欢迎的。自己的优点最好由别人去发现、去评论。同样，千万不要以为自己喜欢的话题他人同样喜欢，不要认为别人喜欢听你家长里短的故事。

☞ 素质提升

心理距离

20世纪前半期，爱德华·布洛的"心理距离"说在西方美学界具有巨大影响。心理距离是一种解释美感的概念，它意指美感的产生，是来自观赏者主观感知与艺术品之间的心理距离。心理学定义的人与人之间的心理距离：

① 亲密距离。这是人际交往的最小间隔，即"亲密无间"，范围在15厘米之内，彼此间可能肌肤相触，耳鬓厮磨，以至相互能感受到对方的气息。其远范围是15～44厘米，可能挽臂执手，或促膝谈心，体现亲密友好。

② 个人距离。这是人际间隔上稍有分寸感的距离，有较少直接的身体接触。个人距离的范围为46～76厘米，正好能相互亲切握手，友好交谈，这是与

熟人交往的空间。陌生人进入这个距离会构成对别人的侵犯。

③ 社交距离。这已超出了亲密或熟人的人际关系，体现出一种较正式关系。其范围为 1.2～2.1 米。一般在工作环境和社交聚会上，人们都保持这种程度的距离。管理者常用宽大的办公桌，将来访者放在对面，与来访者保持距离，保持谈判的主动。国家领导人之间的谈判，工作招聘时的面谈，要隔张桌子，就是这个道理。

④ 公众距离，范围为 3.7～7.6 米。完全可以对处于这个空间之外的人，视而不见或不予交往。

分组讨论：你与不同的交往对象的心理距离是怎么样的？

第三节　大学生常见人际关系问题

人际交往是生活中最基本的需要，是人类活动的基础。人们在社会活动过程中，相互接触、互通信息、沟通思想、交流情感，从而增进友情，以此实现自我价值，增强社会群体的聚合力。大学生作为社会青年人群体，接触的环境相对单纯，在人际关系的建立中，会遇到许多未曾面对的新问题。这些问题解决不好，不仅会影响学业，还会对大学生的身心健康及今后的人生发展产生不良影响。

一、大学生常见人际关系问题的表现

☞ 身边故事

刘同学是某高职院校三年级的一名男生。该生从小性格内向，不善言辞甚至是笨嘴拙舌。家中有一弟弟却非常外向灵活，特别能说，他很羡慕弟弟。自己平时几乎不开口说话，怕自己说错话得罪人，甚至有时候别人问他话也经常不回答。在大学期间朋友特别少，只跟自己同宿舍的两个同学接触较多，大三了自己班上到现在还有几个同学不认识，与女生更是没有接触，内心感到非常孤独、苦闷，觉得自己就像是行尸走肉，不知道自己活着有什么意义。

☞ 故事点评

1. 心理分析

刘同学由于性格非常内向，认为自己不善言谈，所以拒绝了与人交流和接触的机会，甚至有人主动与他交谈时，他都闭口不言。这样严重影响了他的社会交往功能，阻断了他与外界之间的交流和沟通。人是一种群体动物，需要与他人和社会保持密切的联系，这样才能得以成为一个正常的人。所以，他的内心非常孤独，失去了生活的价值感和意义感。

2. 故事的启发

出于各种各样的原因，部分人很少进行人际交往，久而久之就会演变成孤僻心理。摆脱孤僻心理，首先要主动与人交往，解决孤僻心理最重要的是跨出第一步，而这一步就是主动与人交往；其次要提高自己抗挫折的能力，正确对待人生道路上的得与失、成与败；最后要掌握一定的人际交往技巧，方法得当，事半功倍；相反，方法不得当，则事倍功半。正如戴尔·卡内基所说，“只要你透过循序渐进的方式，由内到外具体实践，就能把自己变成一个受人喜爱、有影响力的人。”

☞心理导航

1. 主题聚焦

青年大学生人际交往的需求迫切，但又苦于缺乏正确的人际交往知识、应有的人际交往技巧、独立生活和为人处世的能力。有的不善交往，不知道如何与人沟通；有的有自闭倾向，不易被交往；有的为交际而交际，不惜牺牲做人的原则而随波逐流；有的不敢交往、不愿交往、不善交往。那么，大学生人际交往主要困惑在哪里？存在的问题及其诱因又有哪些？

2. 心理理论阐释

大学生人际交往的主要困惑：

一是缺少知心朋友。通常多能正常交往，人际关系也不错，但自感缺乏能互诉衷肠、肝胆相照、配合默契、同甘共苦的知心朋友，有时不免感到孤独和无奈。

二是与个别人难以相交。与多数人交往良好，但与个别人交往不良，尤其是与自己关系比较近的人相处不好，经常为此闷闷不乐，情绪低落，成为“心病”。

三是与他人交往平淡。虽能与他人交往，但多属点头之交，质量不高，缺少关系比较密切的朋友，难以保持和发展良好的人际关系，常感到空虚、迷茫、失落。

四是感到交往有困难。渴望交往，但由于交往能力有限、方法欠妥或个性缺陷、心理障碍等原因，交往不尽如人意，很少有成功的体验，社交状况不佳。

五是社交恐惧症。对人际交往特别敏感、害怕，极力回避与人接触，不得不交往时则紧张、恐怖、心跳加快、面红耳赤，难以自制，总是处于焦虑和恐惧状态。

六是异性交往困惑。因为不能正确区别和处理友谊与爱情的关系，划不清友情与爱情的界限，把友情幻想成爱情。“男女授受不亲”的传统思想，加上学校、老师、家长的干预，致使部分同学出现与异性交往的困难。

☞ 素质提升

人际吸引的增减原则

在一家食品店里，顾客们常常喜欢排成长队在一位售货员那里购买食品，而别的售货员却无事可做，一天，店领导问她有什么诀窍。“很简单，”她回答说，“别的售货员称糖时，总是先装得满满的，而后往外取出，而我却相反，先装得少一些，过秤时添上一些，并随便说上一句：‘我送你两颗，谢谢你光顾，欢迎再来’，这就是我的诀窍。”

在社会心理学中，有一个“人际吸引的增减原则”，其大意是：人们最喜欢那些对自己的喜欢、奖励、赞扬不断增加的人或物，最不喜欢对自己的喜欢、奖励、赞扬不断减少的人或物。人们对原来否定自己而最终变成肯定自己的对象的喜欢程度最高，明显高于一直肯定自己的交往对象，而对于从肯定到否定变化的交往对象喜欢程度最低，大大低于一直否定自己的交往对象。也就是说，在人际关系中，我们最喜欢的是喜欢我们的水平不断增加的人，而最厌恶的是喜欢我们的水平不断降低的人。

故事说明每位售货员卖给顾客的东西在斤两上都是不多不少的，但是，如果先装多了然后往外取出，顾客会认为是从他的袋子里往外取，在心理上容易怀疑短秤；相反，如果先把糖装少，过秤时再往里添，顾客对售货员产生信任感，还认为自己占了便宜。这就是典型的影响人际吸引的增减原则。因此，我们要善于应用人际吸引的增减原则，在日常工作和生活中，尽量避免自己的表现不当所造成的他人对自己的印象向不良方向逆转。在形成对别人印象的过程中，要避免受它的影响而失去客观公正性。

二、人际交往心理问题的成因

☞ 身边故事

张同学是一名从边远农村考入大学的男生，性格很孤僻，进校后，常常独来独往，生活非常简朴，几乎很少和同学说话，总觉得别人瞧不起自己。一年级学计算机课程时，他发现全班似乎只有他一个人没有任何基础，因为害怕同学嘲笑他，不敢告诉别人他根本不知道电脑怎么使用，甚至连开机都是在第一次课后，仔细留意其他同学的操作才学会的。看到其他同学自如地在网上聊天、打游戏、做作业，他恨不得挖个地洞钻进去。上课时他小心翼翼地坐在电脑旁听老师讲着，但觉得周围的同学似乎都在嘲笑他的笨拙，他不敢动手操作，只是低着头，默不作声，每次上计算机课他都大汗淋漓，紧张而焦虑。有一次，上课时王同学看到他没有按老师的要求完成相应操作，就在他的计算机键盘上熟练地敲了几个键，他突然感到了莫名的羞辱，愤怒地把电脑关掉了。从此，张同学更加孤僻，不敢抬头看人，害怕与人说话，自己非常痛苦甚至想到了退学。

☞故事点评

1. 心理分析

张同学的问题就源于自我认知的偏差，夸大了自己的不足与不能，自卑导致过度的自我防御，最终使他丧失了与人交往的勇气与信心，类似张同学的大学生并不鲜见。自卑导致孤僻，孤僻导致猜疑。其实，只要改变一下对自我的评价，全面地看待自己的不足，同时，发现自己的优点，在人际交往中就可以抬头挺胸了。

2. 故事的启发

猜疑是人际关系和谐的蛀虫。事实表明，猜疑是破坏人际关系，影响人们正常交往的一个重要因素。猜疑有时甚至还会造成人际关系严重冲突。克服猜忌心理，首先要行为理智，切忌感情用事。当出现猜疑念头后，要督促自己去寻找证据。比如，你在猜疑别人是否议论你时，应先回忆，在最近的一段时间内，自己是否引起过什么事端，是否有人在近期与你发生过争执等。如果疑点很多，证据实在、确凿，你应以诚恳的态度，鼓足勇气找对方坦率交换意见。如果证据不足，主观推测，演绎过多，甚至带有很强的想象色彩，你就该尽快否定自己的猜疑，用暗示法提醒自己不要想得过多，别把人想得太坏。其次要知己知彼，切忌猜忌多疑。猜疑心有时是在相互不了解的条件下产生的。如果一个人能够在短时间内认真观察他人、了解他人，把握其性格特征、处世方法等，你就不会无端地去怀疑他人。比如当你知道某人为人正直、诚恳，极端厌恶说别人坏话时，你就不会怀疑他在你背后捣鬼。当你能正确估计出自己在周围社会关系中的地位，以及留给别人的印象后，也不会随便猜疑别人是否跟自己过意不去。最后要自我开脱，切忌偏听偏信。一旦产生猜疑心时，就暗示自己：人生在世，何能不受他人议论！走自己的路，让他人去说吧！使自己从中得到解脱。此外，还要注意不听信流言，对小道消息或通过不正当渠道传来的、似是而非的信息，只能抱着参考的态度听，不能以此为判断依据。一定要避免偏听偏信，才不会引起误会和猜疑。

☞心理导航

1. 主题聚焦

影响大学人际交往的诱因有很多，有主观的，也有客观的；有情感的，也有人格的；有自身的，也有环境的；有认知的，也有行为的。下面重点分析一下影响大学生人际交往的情感和人格因素，以及影响人际交往的心理效应。

2. 心理理论阐释

青年学生人际交往的感情色彩浓重。人际交往中的情绪表现应是适时适度的，应当与引起情绪的原因及情境相称，并随客观情况的变化而变化。情绪反应过分强烈，不分场合和对象，恣意纵情，会给人轻浮不实的感觉；若情绪变化激烈则会让人觉得过于感情用事；情绪反应过于冷漠，对本可引起喜怒哀乐的事情无动于衷，则会被认为麻木、无情。这些不良情绪反应都会影响交往。人际交往中，人格因素也是至关重要的。不良的人格特征容易给人以不良评价、不愉快甚至危险感，从而影响人际交往。大学生人际交往中常见的不良情绪和人格特征有：

① 自卑心理。自卑的人悲观、忧郁、孤僻、不敢与人交往，认为自己处处不如别人，性格内向，总觉得别人瞧不起自己。过多的自我否定、消极的自我暗示、挫折的影响和心理或生理等方面的不足，使一些人出现了一种自我封闭的状态，喜欢一个人独来独往，不喜欢与他人接触，很难融合到大集体中。

② 自负心理。只关心自己需要，强调自己感受，在人际交往中表现为以自我为中心，目中无人。与同伴相聚，不高兴时会不分场合地乱发脾气，高兴时则海阔天空、手舞足蹈讲个痛快，全然不考虑别人的情绪和别人的态度。往往过高地估计自己与别人的亲密度，讲一些不该讲的话，做一些过于亲昵的行为，反而会使人出于心理防范而与之疏远。

③ 嫉妒心理。嫉妒是指在与他人比较时发现自己的才能、学习、名誉等不如对方而产生的一种不悦、自惭、怨恨甚至带有破坏性的行为。“嫉”的是贤，“妒”的是能。对他人的长处、成绩心怀不满，抱以嫉妒；看到别人冒尖、出头不甘心，总希望别人落后于自己；没有竞争的勇气，往往采取挖苦、讥讽、打击甚至采取不合法的行动给他人造成危害。

④ 孤独心理。孤独是一种感到与世隔绝、无人与之进行情感或思想交流、孤单寂寞的心理状态。大学生虽然生活在多姿多彩的校园中，不免产生孤独与寂寞之感。新同学来到学校，人生地不熟，如果没有人同他交流思想感情，没有人理解体贴他们，就会产生孤独寂寞心理，萎靡不振，不合群，从而影响正常的学习、交际和生活。

⑤ 羞怯心理。羞怯是害羞和胆怯的统称。胆怯是“想交往又怕交往”的心理准备状态，害羞则是胆怯在交往中的心理表现。胆怯必定害羞，害羞加剧胆怯。每个人都有过不同程度的羞怯。羞怯心理较重的同学在人际交往中表现为话未开口脸先红，话语低沉心发跳，在学习训练中遇到问题，宁可憋在肚子里，也不好意思向老师或别的同学请教。

⑥ 猜疑心理。猜疑心理是一种由主观推测而产生的不信任的复杂情绪体验。猜疑会破坏人际关系，影响正常人际交往，有时甚至还会造成严重的人际

冲突。猜疑心人人皆有，只是程度不一。猜疑心重的人往往整天疑心重重，或是无中生有，总以为别人在议论、算计自己，瞧不起自己。认为人人不可信，人人不可交。猜疑是人际关系和谐的蛀虫。

⑦ 冲动心理。大学生处于特定的生理发展期，自制能力较弱，遇事容易冲动，或者有些同学认为自己做事爽快，实则也是冲动表现。像骑车相撞以及类似的许多事情，是大家都不愿意发生的，有时也很难断定谁是谁非，双方谦让一下就相安无事了，即使自己有理，也可以忍让一点，好言相对，然而往往因为一时冲动，气势汹汹，把事情弄糟。

⑧ 报复心理。报复是指用攻击方式，对那些曾给自己带来挫折的人发泄自己的一种不满或怨恨的方式，极具攻击性和情绪性。报复心理和报复行为常发生在心胸狭窄、个性品质不良者遭到挫折的时候。报复者常常以弱者的身份出现，他们没有足够的心理承受能力和公开反击能力，只有采取隐蔽的方式来进行报复。

⑨ 自私心理。在与别人交往时，“我”字优先，只顾及自己的需要和利益，强调自己的感受，而不考虑别人。在与他人相处时，不顾场合，不考虑别人的情绪，自己高兴时，就高谈阔论，眉飞色舞，手舞足蹈；不高兴时，就郁郁寡欢，谁都不理，或是乱发脾气，根本不尊重他人，漠视他人的处境和利益，甚至使个人交往带上浓厚的功利色彩。

⑩ 江湖义气。有些同学对所谓的江湖好汉、义士崇拜得五体投地，与其他同学称兄道弟，拜把子，不惜为哥们两肋插刀，大有豪气冲天的勇者风范。而实际上，这是很不正确的行为和价值取向。在平时交往中，我们一定不能搞小团体、小圈子，应当坚持广泛团结合作，珍惜互相之间的情谊，这样才能做到“人伴贤良智更高”。

⑪ 面子至上。俗话说，“死要面子活受罪”。大学生的很多烦恼是太要面子引起的。大学生的许多人际冲突，都是发生在没有什么原则问题的小事情上，往往是无意的碰撞、不经意的言语伤害，本来只要打个招呼、说声道歉，也就没事了。结果却出言不逊，甚至拳脚相加。仿佛谁先道歉就伤了面子。因为面子导致结果愈演愈烈，实在是不可取的应对方式。

除了以上大学生人际交往中常见的不良情绪和人格特征以外，人们在交往中彼此的感知、理解、判断往往直接影响对被认知对象的印象和好恶的感觉，从而进一步影响人际关系。常见的影响人际交往的心理效应有：

① 首因效应。首因效应就是在交往活动中，最初获得的关于对象的信息，在评价对象时起着重要的作用。也就是我们常说的“第一印象”，它往往左右着对人的印象和评价。心理学实验结果证实了人们首先得到的信息对人的印象形成影响较大。如某人在初次见面时给别人留下了良好的印象，这种印象可能会在很长一段时间内，左右别人对他的心理和行为特征的解释。这种偏见效应的

产生是因为人们在接受外界事物的刺激时，第一次刺激的效应相对于以后的刺激来说要强一些。第一印象常会形成一种分析问题、解决问题时的心理倾向性，即思维定式现象。它对解决同类问题是有利的，但对解决不同类问题则起消极作用。《三国演义》中，孙权因对庞统的第一印象不好而失去了一位很有才华的将相。

② 近因效应。最近的印象对人的特性的评价起重要作用。近因效应在大学生的人际交往中是普遍存在的。有同学平时一贯表现得很好，可就在评优前做了一件错事，犯了一点错误，就很容易给别的同学留下较深的负面印象；也有同学平时表现一般，但一到评优或选班干部时，就刻意表现自己，做一点表面文章，以迎合同学的好感。一般说来，在对陌生人的认知中，首因效应比较明显，而对熟悉的或久别重逢的人的认知中，近因效应更为明显。因此，在识人的过程中，既要注意第一印象，又要注意一贯表现，更要用发展的眼光看人。

③ 晕轮效应。一个人如果被标明是好的，他就被一种积极肯定的光环笼罩，并被赋予更多的好的品质；相反地，如果一个人被标定是坏的，他就被评定更多的坏品质。这就是识人中的晕轮效应或称光环效应。如老师认为某同学在某方面表现突出，印象深刻，由此认定该学生在其他方面也表现突出，从而产生以点概面的现象，或以俊遮丑，或以丑遮俊。不管哪一种情况，都是把他人某个方面的表现看重了，容易模糊其他方面的表现。好像头被光照亮了，身体的其他部分都也照亮了。要预防和纠正晕轮效应，关键是对自己和他人要有透彻的了解，进而有意识地去防止产生晕轮效应。

④ 刻板印象。刻板印象是指社会上对于某一类事物或人产生的一种比较固定的、类化的看法。比如，一般认为北方人为人豪爽正直、吃苦耐劳；南方人聪明伶俐、随机应变；教师文质彬彬，商人唯利是图。在实际与人交往时，如果不分时间、地点、条件而把这些看法套在某人身上，就可能出现识人的偏差。但是，有些具有一定根据的刻板印象，能为我们在交往中识别他人提供一个大概的方向。我们并不反对一般意义上的分类，而是反对模式化的简单归类，尤其反对僵化地看待某一类人的缺点。要纠正这种偏见，关键是要不断地学习新知识，拓宽视野，坚持具体问题具体分析，以逐步清除刻板印象的影响。

⑤ 互酬效应。日常生活中那些相互帮忙的人，其关系总是比较密切，这是互酬效应的体现。在人际交往中互酬效应主要有以下几方面：能力互酬，在人际交往中，能力比较强的人一般总是比较容易成为人们交往的对象；性格互酬，那些乐观、幽默、豁达大度、热情、乐于助人的人总是受欢迎，因为他们给人们带来快乐，提供帮助；感情互酬，同情他人、关心他人、能够听别人倾诉，善于安慰别人，往往朋友比较多，因为他们能给别人带来感情上的满足和补偿；兴趣互酬，兴趣相似会增强彼此交往的欲望；信息互酬，在人际交往中那些见识广，知识面宽、掌握信息多的人往往成为人们喜欢交往的对象，因为他能让

人觉得跟他交往有收获，能开阔眼界。当然，人际交往是一种双向性的信息、感情传导过程，单方面的“酬”，只能表现为单方面的受欢迎；只有双方面的“互酬”，人际关系才能在密切的互动中逐渐深化。

⑥ 期待效应。期待效应也称为“皮格马利翁效应”，它源自古希腊的一个神话故事。传说，古希腊有一位年轻的国王叫皮格马利翁，擅长雕塑。有一次，他雕塑了一尊美丽少女的雕像，并把它当作有生命的人那样和它说话，爱它。结果发生了奇迹：雕像活了！变成了一位真正的美丽少女，并与他结为伉俪。当努力发现某人的优点和长处并且由衷地赞美他时，就会看到他表现得越来越符合所赞美的那种形象；而若将某人视为小人或恶棍的话，那么这个人就的确会以所给他“画”的嘴脸出现。这就是为什么同一个人会被不同的群体做出各异甚至相反的评价的道理。因此“皮格马利翁效应”是有正负的。就像老祖母告诉同山谷回声吵架的孙女那样：“你对它友好，它也会对你友好的！”

⑦ 投射效应。投射效应是指在人际交往中，人们会不知不觉把自身的缺点或优点投射到其他人身上，认为他们也是这样。比如善良的人较容易相信周围的人都是善良的，有害人之心的人整天提心吊胆，怀疑周围的人要害他。

上述各种心理效应中出现的偏差，尽管各有其不同的原因，但在哲学上却有其共同之处，即都是主观地、孤立地、静止地、片面地而不是客观地、联系地、发展地、全面地看问题。所以，在生活中要保持正确的人际知觉，除了努力提高自己的心理素质之外，更为重要的是学习和运用辩证的眼光来识人度人。

☞ 素质提升

小组活动：同舟共济

活动目标：进一步促进成员的团体合作意识，提高人际交往能力。

活动时间：10 分钟左右。

活动准备：报纸。

活动过程：

① 将全体成员分成若干组，每组一张完好的报纸，使全体成员都能站在上面。

② 将报纸对折，尝试让所有成员站在上面，但是任何成员的身体不能接触到地面，否则该组的游戏结束。

③ 将报纸不断折叠，最后报纸面积最小而且成员能全部站在上面的组获胜。

讨论主题：

① 你们怎么办到的？在过程中听到什么？有什么感想？

② 在生活中你们有无类似感受？从过程中你们学到什么？

分享讨论：生活中，我们可能经常会面对像刚才这个游戏一样，需要同舟共济的情况，为了最后的胜利，每个人都需要明白团队的目标，做出最大的努力，甚至需要承受重负。

第四节　大学生人际交往能力的提升

每个大学生都希望自己生活在良好的人际关系气氛中，但良好的人际交往和沟通能力不是与生俱来的。大学生应该从性格品格、能力学识、仪容仪表、交际手段及社会经验等方面锻炼自己，使自己适应大学生活，不断提高社会交往的技巧和能力。

一、人际交往心理问题调试

☞ 身边故事

金同学大学毕业后分到一个单位工作，刚一进单位，他决心好好地积极表现一番，以给领导和同事们留下非常好的第一印象。于是，他每天提前到单位打水扫地，节假日主动要求加班，领导布置的任务有些他明明有很大困难，也硬着头皮一概承揽下来。可是，没过多久，金同学水也不打了，地也不扫了，还经常迟到，对领导布置的任务更是挑肥拣瘦，领导和同事们对他的印象也因此由好转坏。

☞ 故事点评

1. 心理分析

本来，刚刚走上工作岗位的青年人积极表现一下自我是无可厚非的，但问题是金同学此时的表现与其真正的思想觉悟、为人处世的态度和模式相差很远，夹杂着“过分表演”的成分难以持久。领导和同事们对他的印象必然会由好转坏，而且比对那些刚开始表现不佳的青年人印象还要不好。因为金同学一开始的积极表现使得领导和同事对他已有了一个“高期待、高标准”。金同学行为举止的变化，不得不让人认为他刚开始的表现是“假装”的。

2. 故事的启发

金同学违背了“人际吸引的增减原则”，前后的行为反差必然会给人以不诚实、功利心重的不好印象。要知道，“诚实”是社会评定一个人的“核心品质”。人与人之间的交往离不开功利的因素，但在人际交往或交朋友过程绝对不能始终抱着功利的态度，以对自己有用或无用来衡量友谊、选择交友的对象。朋友不是为了利用，更不是拿来出卖的。培根说：“如果你把快乐告诉一个朋友，你将得到两个快乐；而如果你把忧愁向一个朋友倾吐，你将被分掉一半忧愁。有的人出于私利以对自己‘有用’还是‘无用’的势利眼光来择人交友，这只不过是庸俗卑劣的‘人情交易’。”

☞ 心理导航

1. 主题聚焦

人是生活在社会中的，人们为生活而奔波、为事业而奋斗，都离不开与他人的交往。大学阶段是人生的黄金时期，良好的人际关系是大学生身心健康发展的重要条件，人际交往的质量对其学习、生活和未来都有重要的影响。俗话说，“没有规矩不成方圆”，大学生应该遵循诸如正直、平等、诚信、宽容、换位思考等人际交往原则。只有遵循这些正确的人际交往原则才能建立起和谐的人际关系，才能更好地掌握人际交往艺术。

2. 心理理论阐释

大学生人际交往的主要原则有：

① 平等原则。平等主要是指交往的双方人格上的平等，它包括尊重他人和保持他人自我尊严两个方面。彼此尊重是友谊的基础，是两心相通的桥梁。古人云：“欲人之爱己也，必先爱人；爱人者，人恒爱之；敬人者，人恒敬之。”尊重不是单方面的，而是取决双方，既要自尊，又要彼此尊重。

② 正直原则。正直主要是指正确、健康的人际交往能力，营造互帮互学、团结友爱、和睦相处的人际关系氛围。决不能搞拉帮结派，酒肉朋友，无原则、不健康的人际交往。列宁曾说：“欺骗的友谊是痛苦的创伤，虚伪的同情是锐利的毒箭。”

③ 诚信原则。在与人交往时，一方面要真诚待人，既不当面奉承人，也不在背后诽谤人，要做到肝胆相照，襟怀坦荡。另一方面，言必行，行必果。古人云，“精诚所至，金石为开”“心诚则灵”。最好的交往技巧就是没有技巧的，真实的，自然的，没有手腕的。友善的言行、得体的举止、优雅的风度，这些都是走进他人心灵的通行证。真诚待人是人际交往得以延续和发展的保证，人与人之间以诚相待，才能相互理解、接纳、信任，才能团结相处。相互信任、尊重别人、谦虚谨慎、文明礼貌，才能建立良好的人际关系。

④ 宽容原则。俗话说：“金无足赤，人无完人。”交往中，对别人要有宽容之心，以诚换诚、以情换情、以心换心。人际交往中的喜欢与厌恶、接近与疏远是相互的。在一般情况下，喜欢我们的人，我们才会喜欢他们；愿意接近我们的人，我们才愿意去接近。而对于疏远我们，厌恶我们的人，我们的反应也是相应的，对他们也会疏远和厌恶。容人者，人容之。互相尊重、虚怀若谷、宽宏大度才能建立起良好的人际关系。

⑤ 换位原则。在交往中，要善于从对方的角度认知对方的思想观念和处事方式，设身处地地体会对方的情感和发现对方处理问题的独特个性方式等，从而真正理解对方，找到最恰当的沟通和解决问题的方法。2000 多年前，中国古代先哲所持的“己所不欲，勿施于人”的忠恕之道，被西方看作是伦理道德的基础，它与“你希望别人怎样对待你，你就怎样对待别人”的黄金法则，与康德的“按照你认为可以成为普遍行为规则的那个准则去行事”的绝对命令如出一辙。

⑥ 交互原则。这个原则是大学生人际关系处理的一种心理需要，也是人际交往的一项基本原则。大学生在经济生活上还没有独立，依然处在以“学”为主的“学生时代”，因此互补性需求主要体现在精神领域，诸如气质、性格、个性特征等。往往我们会发现不同气质、性格和能力的人能够相处配合得较好，而能力非常强的两个人倒并不一定配合相处得很好。所以“尺有所短，寸有所长”，在交往过程中要勇于吸收他人的长处，以弥补自己的不足。互相帮助是中华民族的传统美德。一方有难，八方支援。一个不愿意帮助别人的人，很难要求别人自愿帮助他。

⑦ 功利作用原则。心理学家霍曼斯指出，人与人之间的交往本质上是一个社会交换过程。只有当一种关系对人们来说是值得的，人们之间的交往行为才会出现，人际关系才可以建立和维持。坚持功利作用原则绝对不是相互利用。“剃头挑子一头热”，你的热情换来的是别人的冷漠，双方的情感达不到共鸣，友谊不可能建立也不可能持续。生活就像一面镜子，如果你想得到一个微笑，你就要先给别人一个微笑。不要一心希望别人为你做些什么，因为事实上别人并没有任何义务。

☞ 素质提升

自我界限

自我界限是指在人际关系中，个体清楚地知道自己和他人的责任和权力范围，既保护自己的个人空间不受侵犯，也不侵犯他人的个人空间。

从心理发展上看，自我界限是逐渐形成的。胎儿在母亲体内，感觉到他和母亲是一体的，母亲就是他，他就是母亲的一部分。出生以后，肉体上与母亲已经分开，但在心理上仍然连在一起。没有母亲或母亲的替代者，他一天也活不下去。

孩子慢慢长大，与母亲的心理距离越来越远。成长的过程，也就是与母亲在心理上分离的过程。分得越开，也就意味着成长得越好。遗憾的是，好多人在成长的过程中形成一种与母亲一部分分开、另一部分还连在一起的状况，这是一种不完全的成长。换一种说法，就是处于这种状况的人，他的自我与母亲之间的界限不清楚。

这种界限不清楚的状况会投射到他的所有人际关系中。具体表现是：一方面，他会过多地在他人面前展露自己的内心世界，过分地渴望他人了解自己，并过度地依赖他人，希望他人在本来该自己做出决定的方面代替自己做出决定；另一方面，他会过多地想了解别人的内心世界，以便获得与别人融为一体的感觉，还想别人依赖自己，希望参与别人即使很私人化的决定等。

在自我界限不清楚的人的内心里，总是存在着成长与不成长之间的冲突。

要在心理上划清与他人的界限，非一朝一夕之功，需要长久的努力。首先需要弄清楚的是，自己在哪些看法、情感和行为上与别人的界限不清楚。然后一条一条慢慢地在那些不清楚的地方画上清楚的线。这样做会有一些痛苦，但会有更多的成长的喜悦。

分组讨论：大学室友之间如何做到“亲密有间”？

二、不断提高人际交往能力

☞ 身边故事

蔡同学是某大学二年级的一名女生。一天，她来到学校心理咨询中心，向中心的老师诉说道：“我入学已一年半了，但和同学关系总是处不好。不知从什么时候起，周围的人好像都不喜欢我，讨厌我。有的人一见到我就掉头走开，有的人还在背后嘀嘀咕咕议论我。为此，我心里很烦，不知道周围的人为什么不喜欢我。老师，您能不能告诉我一个人怎样才能获得他人的好感与尊重呢？”

☞ 故事点评

1. 心理分析

蔡同学的苦恼主要表现在人际关系方面，同学关系处不好，不为别人接纳，认为大家都不喜欢自己，为此心烦。一方面她有与同学处好关系、被他人信任和尊重、让别人喜欢的愿望，但另一方面又缺乏必要的知识。因此她很需要学习和掌握一些人际交往的基本原则和必要知识，冷静地从自己的为人态度、性格特征、思想方法等方面找找原因，态度诚恳地主动找几个同学聊聊，请求他们帮自己找找原因。

2. 故事的启发

人际交往与沟通的能力不是与生俱来的，它需要后天的学习、模仿和实践。积极的人际交往和良好的人际关系建立在对自己的正确认识和准确定位、对社会全面客观的认识基础之上，与此同时也要尽可能多地掌握一些人际交往与沟通的技巧，并且要在积极的人际交往过程中不断地去学习和实践。正确理解和认识人际交往的含义与功能，正确应用和克服首因效应、晕轮效应、刻板印象等影响人际吸引的各种情境效应，锻炼和培养自己的口头表达能力、书面表达能力、与人沟通能力。尤其要掌握一些非语言沟通能力，诸如不批评、不责备、不抱怨；真诚地赞赏和感谢；引发他人心中的渴望；微笑是最好的打扮；设法记住对方的名字；学会聆听；谈论别人感兴趣的话题；不做无意义的争辩等。

☞心理导航

1. 主题聚焦

人的一生其实就是在做两件事：一是做人，二是做事，而且做人比做事更重要。通过学校教育、自主学习、专业训练以及社会实践，掌握一门或多门做事的本领并不是很难的一件事，通过一定时间的训练即可完成。而做人是一辈子的事。准确地定位自我、客观地认识社会，训练和掌握一定的口头表达能力、书面表达能力、与人交往沟通能力以及社会适应能力，对于青年学生的成长成才、身心健康和良好的社会适应至关重要。

2. 心理理论阐释

(1) 人际交往的正确认知

学习人际交往知识，从人际交往的正确认知入手，熟知首因效应、刻板效应、晕轮效应、近因效应、互酬效应、投射效应等各种心理效应对人际知觉的积极和消极影响，了解人际交往因素（如交往目的、交往工具、交往情境）和人际吸引因素（如相似因素、互补因素、特质因素、仪表因素）在人际交往中的作用。

与此同时，注意培养自己健康情绪和健全人格。要有正确的人生追求，要有宽广的胸襟，能够理性地适应生活，能够寻找身边的快乐。还要掌握控制、表达、发泄情绪的适当渠道和方式，变消极、冲突的情感为积极、健康的情感。

(2) 朋友是“交”出来的

朋友很少不请自来，朋友是“交”出来的，就像恋爱是“谈”出来的一样。现实生活中人与人之间需要真情，需要友谊，良好的人际关系离不开真挚的友谊。一个人只有伸出自己的双手，敞开自己的怀抱，主动地与他人交往，积极地适应社会，才会在交往中被他人和社会接纳和认可，而后学会接纳他人和社会，在相互交往和彼此认可与接纳的过程中产生友谊，并随着交往的密切和情感的加深而彼此产生深厚的友谊。

交往产生友谊，友谊加深交往。交往和友谊，皆源于人的情感生活。真正的友谊是人与人之间的亲密情谊，体现的是人与人之间的友爱，是相互间爱的给予。有的人常常不易接受别人的批评，却能接受朋友的规劝。友谊可以成为鼓舞人们前进的力量，使人从情感上把自己与他人的前途和命运联系起来，相互之间开诚布公，畅所欲言，一起分享喜悦，一起分担不幸。友谊还是心灵的默契。人间美好纯洁的情感的缔结是彼此真诚的袒露，需要平等、互尊、互助、互爱的心灵默契，无须任何世俗的合同。在人际交往中，如何才能获得和发展友谊呢？

一是与人为善，以心换心。“人之相知，贵在知心。”友谊是相互的、对等的。人们要获得友谊，发展友谊，首先要与人为善，一个人虽然不能对每一个人都表示爱心，但却能对每一个接触或相处的人表示善意。与人为善就是在播种友谊；与人为善，就能广交朋友；以诚相见，以诚相处，以心换心，在友谊面前，个人不论是感到自己是需要友谊之援或可给人以友谊之援，都主动向前半步，把自己的手伸向对方，表现自己的真诚和善意。

二是学会宽容，善于原谅。《论语》中说：“成事不说，遂事不谏，既往不咎。”大千世界，芸芸众生，各种各样性格、爱好的人都有，不能只用一种标准去要求他人，不能因为他人和自己持有不同的观点和志趣而失去容忍。要获得友谊，须学会宽容。宽容他人也就是在宽容自己，就像苛求他人就是在苛求自己一样。“人非圣贤，孰能无过”。善于原谅他人的人，就是宽以待人、心地坦然的人，原谅他人不是好坏不分、软弱可欺、有失体面，而是磨炼了大度的性格，遇事的涵养，能避免许多无谓的纠葛和争执，生活的路就会越走越宽。善于原谅是一种美德和教养。

三是严于律己，谨慎择友。孔子曰：“益者三友，损者三友。友直，友谅，友多闻，益矣。友便辟，友善柔，友便佞，损矣。”有益的朋友有三种，有害的朋友有三种。与正直的人交朋友，与诚信（谅，诚信）的人交朋友，与知识广博的人交朋友，是有益的。与谄媚逢迎的人交朋友，与表面奉承而背后诽谤人的人交朋友，与善于花言巧语的人交朋友，是有害的。现代生活，人事复杂，交往频繁，要获得真挚的友谊，首先要严于律己，其次要谨慎择友。交朋友应有所选择，要遵循“慎交友，交好友”的原则。

☞素质提升

松鼠“搬家”

活动目的：让学生在游戏中体验竞争和被淘汰的残酷，感受合作的力量。

活动时间：活动 20 分钟，讨论与分享 5 分钟。

活动场地：室内、室外均可。

活动过程：每三人一组，其中两人双手举起对撑搭成一个“小木屋”，另一个人扮“小松鼠”，蹲在“小木屋”里。根据指导者的口令变化，如：“松鼠搬家”，“小松鼠”调换到其他的“小木屋”里。“樵夫砍柴”，搭建“小木屋”的两个人分开，寻找新的“樵夫”搭建新的“小木屋”。“森林大火”，“小松鼠”可以变成“樵夫”，“樵夫”可以变成“小松鼠”。随着口令的变化，大家做出相应的反应，每次活动开始之前安排一个无家可归的“小松鼠”充当竞争的角色。活动结束后，大家一起分享活动感受和自己对活动的感悟。

注意事项：要有足够大的活动空间，便于“小松鼠”“樵夫”跑动变化。被淘汰的“小松鼠”和“樵夫”请他们表演节目，或交流被淘汰的原因及心理感受。

第十章
大学生恋爱心理与性心理

学习目标：

10.1　什么是爱情？

10.2　“爱情三角形理论”是什么？

10.3　健康的性心理标准是什么？

10.4　大学生恋爱、性与心理健康的关系是什么？

10.5　大学生恋爱与性心理有哪些常见问题？

10.6　调适恋爱与性心理技巧有哪些？

10.7　健康的恋爱观和择偶观的内容是什么？

爱情乃世间最美的花朵，爱情能使人内心的憧憬升华到至善之境界。正值花样年华的大学生，离开了父母的管束，没有了老师的叮咛，就如同打开了笼子的小鸟，在蔚蓝洁净的天空中自由地飞翔。随着性生理的成熟和性心理的发展，想谈恋爱已成为大学生中较为普遍的愿望。然而，由于大学特殊的知识文化环境以及大学生们朝气蓬勃的激情，在这人生最美好的时节，许多同学在享受爱情甜蜜的同时也承受着恋爱与性有关问题的困扰。

第一节　大学生恋爱心理与性心理概述

有爱情相伴的人生是多么的美好。爱情是那样的独具魅力，不停地拨动着年轻大学生的心弦，令人心动而神往。在食堂、在教室、在寝室无处不有谈论爱情的话语。花前月下、成双成对的情景成了大学校园里一道独特的风景。可是，在校园里，恋爱方面的困惑竟也是让同学们最烦恼的问题之一，它深深地影响着年轻学子的学习、生活和身心健康。“不求天长地久，但求曾经拥有”

“主观学业第一，客观爱情至上”“只要爱的权利，无须爱的能力”等都凸显了许多大学生对爱情还缺乏正确的认识。

一、认识恋爱心理与性心理

☞ 身边故事

樊同学与路同学是大学城“情侣”中的一对，和身边有的同学一样，他们在校园附近租下一间房子，过起了“小家家”的生活。两人坦言，对共同未来没有太明确的想法，目前如此在一起，更多的是新鲜好奇、“相互取暖”。“哪个女子不怀春，哪个男子不钟情”。大学生的心理和生理已渐为成熟，自然会春心萌动，纷纷涉入爱河。浪漫激情之恋是青年男女内心的美好憧憬，它似一杯甘醇芳馨的美酒，令人如痴如醉，但也很容易让人迷失了方向。

☞ 故事点评

1. 心理分析

恋爱对青年心理的成熟健全具有促进作用，恋爱也是青年人释放性能量的重要途径。恋爱时两个人人格深层接触，自我的概念受到对方的影响而发展，会学着如何在保持自身独立性的前提下调整自身以适应对方。恋爱对一些个性因素和社会情感的发展也有重大意义。恋爱中两人的深层交往为提高交际能力，适应社会生活打下了基础。恋爱是青春晚期和成年早期最重要的事情之一，经过了恋爱，人会变得更加成熟起来。

2. 故事的启发

大学生恋爱是一个很普遍的现象，因为年龄相近，产生感情也是很自然的。然而，这种情感确实与社会上的一些恋爱不同，它是在特定的时间、特定的阶段产生的，这种情感很单纯，几乎不带有功利色彩。现代教育体系下，青年人“知、情、意”发展往往还不够平衡。许多大学生对恋爱与性充满渴望，但是真正把握好并不容易。爱和性不仅是一种心理和生理上的体验和感受，它背后还有一个严肃的责任问题。恰当科学地对待恋爱与性，理智思考并把握自己爱的行为，必然是大学学习生活中很重要的一部分。

☞ 心理导航

1. 主题聚焦

有人说爱是牺牲，有人说爱是奉献，有人说爱是索取，还有人说爱是浪漫的、爱是有激情的、爱是永恒的。究竟什么是爱情？

爱情是人类最美好和最深沉的感情，是人类最富魅力的社会现象。从古至今，爱情被人们蒙上了一层层神秘的色彩，多少文人墨客乃至专家学者都试图揭开其神秘的面纱，探究其内在的本质。中国古代诗词亦有许多对于爱情的描写，“山有木兮木有枝，心悦君兮君不知”描述的是暗恋的故事；“金风玉露一相逢，便胜却人间无数”讲的是久别重逢的爱情；“一日不见如隔三秋”是情到浓时的爱情；“愿我如星君如月，夜夜流光相皎洁”是许下承诺的爱情。爱情也一直是哲学、宗教、心理学、美学和社会学等许多领域中引起激烈争论的课题。

古希腊哲学家苏格拉底认为：爱情是爱一切的善，是一种动人的欲望。

英国哲学家休谟认为：爱情是人的自然本性，是“美貌”“肉欲”“好感”三种情感的结合。

德国哲学家黑格尔认为：爱情是男女双方心灵和精神上的统一。

精神分析学派、奥地利精神病治疗专家弗洛伊德认为：爱情是性本能的表达与升华。

马克思主义认为：爱情的本质是自然属性和社会属性的统一，即性爱和情爱的统一。

众多流派对于爱情都有自己的看法，那么，爱情究竟是什么呢？

综上所述，大家比较认同的是：爱情是一对男女之间建立在性需要基础上的一种强烈的内心情感体验，是基于一定的社会关系和共同的生活理想，在各自内心中形成的对对方的最真挚倾慕，并渴望对方成为自己终身伴侣的最强烈的感情；是两颗心灵相互向往、吸引，达到精神升华的产物；是人类特有的一种高尚的精神生活。

2. 心理理论阐释

(1) 爱情心理

斯滕伯格运用定量分析与定性分析相结合的研究方法，在进行大量文献综述和实证研究的基础上提出了爱情的三角形理论。按照这一理论，爱情这一心理学概念有三种成分，它将三种成分形象地比喻为爱情三角形的顶点。这三种成分分别是亲密、激情和承诺，如图 10－1 所示。

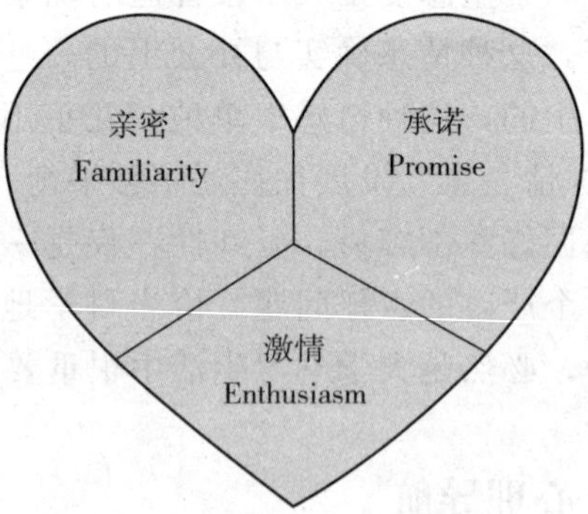

图 10－1　爱情三种成分

亲密，指在爱情关系中能促进亲近、连接等体验的情感，它能引起亲密和温暖的情感体验。这是爱情中的情绪成分。它包括如下内容：①改善所爱人的福利的愿望；②与所爱的人在一起体验到快乐；③对所爱的人高度关注；④在需要帮助时能指望所爱的人；

⑤互相理解；⑥分享一个人的自我和一个人的所有；⑦接受来自所爱的人的情感方面的支持；⑧对所爱的人提供情感方面的支持；⑨能与所爱的人进行亲密的沟通交流；⑩重视对方在自己生活中的价值。斯滕伯格提出的这一成分也广泛地存在于较深的友谊关系之中。邓颖超给周恩来总理的信件里的称呼是“你的知己兼好妻”“恩来——我亲爱的老伴”，这样的称呼让人感到深情，也将爱情的亲密因素淋漓尽致地体现了出来。

激情，指基于浪漫、身体吸引之上的性冲动与性兴奋，是爱情中的性欲成分，是爱情的主要驱动力，也是爱情中的情绪成分。激情能引起浪漫恋爱、体态吸引、性完美以及爱情关系中的其他有关现象。或者说，该成分就是在爱情关系中能引起激情体验的各种动机性的唤醒源以及其他形式的唤醒源。它包括一种激烈渴望与另一个人成为一个统一的状态。在爱情关系中，性的需要是引起这种激情体验的主导形式。马克思这样描述他和燕妮的爱情：“我的爱情就是如此。只要我们一为空间所分隔，我就立即明白，时间之于我的爱情正如阳光雨露之于植物——使其滋长。我对你的爱情，只要你远离我身边，就会显出它的本来面目，像巨人一样的面目。在这爱情上集中了我的所有精力和全部感情。我又一次感到自己是一个真正的人，因为我感到了一种强烈的热情。”这体现了爱情三种成分中的激情。

承诺，这是爱情中的理智成分，它对情绪和动机是一种控制因素。包括将自己投身于一份感情的决定及维持感情的努力。具体来说其包括两个方面：①在短期方面，指一个人做出了爱另一个人的决定；②在长期方面，指那些能维持爱情关系的承诺或担保、义务感或责任心。但是，这两个方面不一定同时具备。爱的决定并不一定意味着对其忠守；同样，忠守也不一定意味着做出决定。现实中，许多人实际上在心理上承担了对另一个人的爱，却未必承认，更不要说做出什么决定了。然而，无论是在时间上还是在逻辑上，大多数的情况都是决定成分优先于忠守成分。这一成分大体上相当于我们中国人常说的“山盟海誓”“天长地久”“忠贞不渝”之类的，但不是指行为，而仅指认知方面。1923年，邓颖超突然收到周恩来从法国寄来的明信片，明信片上印有李卜克内西和卢森堡的画像，明信片上写着：“希望我们两个人将来，也像他们两个人一样，一同上断头台。”这便是周恩来对邓颖超的爱情宣言，形象地体现了爱情的承诺元素。

亲密、激情与承诺组成了爱情三角形的三个顶点，成为对爱情进行描述的维度。圆满的爱包含这三个成分，如图 10－2 所示。在此基础上，爱情可以分成八种类型，见表 10－1 所列。而且，在基本三角形之外还有各种复杂的多重三角形，根据它们能够准确地预测关系的满意度和关系质量。

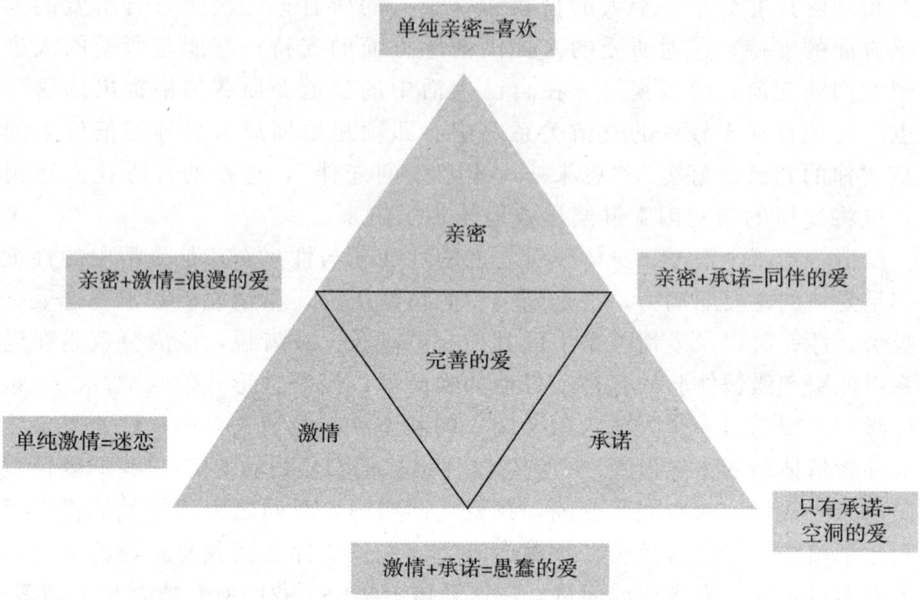

图 10－2　斯腾伯格爱情三角形理论

表 10－1　爱情的八种类型

	亲密	激情	承诺
无爱	低	低	低
喜欢	高	低	低
迷恋	低	高	低
空洞的爱	低	低	高
浪漫的爱	高	高	低
同伴的爱	高	低	高
愚蠢的爱	低	高	高
完美的爱	高	高	高

（2）性心理

性是一种生理需要，也是一种生物本能。性心理是人类个体在性的生理成熟后伴随出现的一系列与性有关的心理现象，主要是指性意识及在此基础上形成的性情感、性兴趣和性意志等。性意识是在性的生理发育成熟过程中个体会逐渐领悟到两性的差异和两性关系，并随之产生从未有过的特殊心理体验。性情感只是对异性的倾慕和好感，渴望了解异性、亲近异性，感到异性对自己的吸引力，也希望自己能引起异性的注意，向往与异性交往。性兴趣是指对性知识的渴求和对性的好奇心。性意志是指男女自我意识调节性冲动的能力。

一般来说，健康的性心理标准是：对自己生理性别的认同与悦纳，并且有相应的性别角色行为，无性别认同紊乱，不怨恨自己的性别；能与同性和异性和谐相处，除非对人类相应年龄的异性外，不对其他生物或物品发生性爱；伴随性器官和生理的成熟，有与年龄变化相一致的性欲和性反应，并能进行有理智的情感实现与控制；能正确认识和处理自己的性行为带来的后果，并有社会责任感；能够自然地高质量地享受在婚姻前提下的性生活。

☞ 素质提升

培养健康的恋爱心理

① 恋爱言谈要文雅。爱的交流要诚恳坦率自然，不要为了显示自己而装腔作势，矫揉造作；不能出言不逊，污言秽语，举止粗鲁；相互了解不要无休止地盘问，使对方自尊心受损，否则只会使人厌恶，伤害感情。

② 恋爱行为要大方。一般来说，男女双方初次恋爱，在开始时常感到羞涩与紧张，随着交往次数的增加会逐渐自然而大方。这个时期尤其要注意行为举止的检点。有的人感情好冲动，常做出不恰当的亲昵动作，使对方反感，影响感情的正常发展。

③ 亲昵动作要高雅。高雅的亲昵能激发爱情的愉悦感，而粗俗的亲昵往往会引起情感分离的消极心理，有损爱情的纯洁与尊严，有损自身的形象，同时对旁人也是一种不良的心理刺激。亲昵避免粗俗化，关键在于具有良好的文明涵养。

④ 学会平等相待，相敬如宾。不要拿自身的优点去贬低对方，以炫耀抬高自己。也不宜想方设法考验对方或摆架子，这可能挫伤对方的自尊心。爱在于身份的平等，更在于内心的尊重。

⑤ 善于控制感情，理智行事。恋爱中产生性的冲动很正常，一方面应善于克制和调节，另一方面要注意转移和升华。多一起参加文娱活动，多与恋人谈谈学习和工作，恋爱的时光必将会更加丰富多彩。

二、恋爱、性与大学生心理健康的关系

☞ 身边故事

小军是某高校大二学生，和高中同学小艾谈了一年多恋爱了，两个人是在不同城市的两所大学，异地恋。暑假的时候两个人还很甜蜜，开学后小艾提出了分手，理由是再也不想受异地恋的折磨了。小军苦苦哀求，但还是被拒绝了。此后小军一直萎靡不振，上课总走神，生活上也邋里邋遢，对生活失去了信心，每天都很痛苦。终于，他走进了心理咨询室……

☞故事点评

1. 心理分析

案例中的爱情有一个美好的开始，却没有一个美好的结果，小军没有调整好失恋后的心理状态，有恋爱的准备，却没有失恋的应对能力，导致自己身心健康受损，生活受到了严重影响。

2. 故事的启发

失恋是指恋爱的一方中止恋爱关系后给另一方造成的一种严重的心理挫折，或者由于各种因素双方不得不中止恋爱关系后给双方带来的一种严重的心理创伤。失恋会引起一些心理反应，如难堪、羞辱、失落、悲伤、愤怒、不甘、孤独，甚至绝望。最主要的情绪是痛苦和烦恼。如果不良情绪得不到及时排除和转移，会严重影响大学生身心健康，反过来，不良的身心健康状况会影响个体的恋爱及性心理的变化，健康的恋爱及性心理和健康的身心状况相辅相成。

☞心理导航

1. 主题聚焦

真正的爱情是美好的、健康的。其表现为：不过分痴情；不咄咄逼人，能够充分尊重对方；将感情给予对方比向对方索取感情更使自己感到欢欣，并因为双方的幸福而感到满足；彼此个性独立。相反，太过痴情、一味地要求对方表露爱的情怀、缺乏体贴怜爱之心、对对方表现出强烈的占有欲、偏重于外表的追求等都不是健康的爱情。不健康的爱情对大学生身心健康的影响也是巨大的，许多人因为无法处理爱情中出现的各种问题而影响了学业和正常的生活。只有树立正确的爱情观，理智地对待爱情，才能和谐地处理好爱情与学习、生活等各方面之间的关系，不会因爱情而产生心理健康问题。

2. 心理理论阐释

恋爱心理是整体心理活动的一部分，与整个心理系统存在着必然的联系。恋爱行为除本能的生理需求外，更多的是受主体心理反应的影响和支配。心理系统中的认知活动、情感状态、意志行为和人格特征，对大学生恋爱心理的发生发挥着不同的作用，构成了大学生爱情活动的心理进程。大学生恋爱及性心理与心理健康是一个交互作用的影响体系，没有健康的恋爱及性心理，谈不上心理健康，如果达不到心理健康的层面，也会影响健康的恋爱及性心理的形成。

(1) 认知活动：恋爱的感性基础

认知状况体现了大学生如何反映爱情的客观世界，恋爱行为中，直接影响着恋爱的唤起过程。感觉良好是产生爱情的基础，眉目传情、一见钟情的视觉默契，是恋爱的重要刺激因子。听觉、触觉引起恋爱双方“触电”的心理感受与体验。记忆、想象、联想导致“梦中情人”的自觉体验的爱欲行为；思维又保持了恋爱对象的选择性和理智性。凡此种种，健康的认知系统对大学生的恋爱心理活动起着感应、唤起和导向的作用。

（2）情感状态：活跃和拓展恋爱的心理体验

男女同学在交往过程中，通过语言的交流，情感的沟通，彼此了解，互生好感，催生了恋爱关系的缔结与延伸。而大学生可塑性强，情绪波动大，情感转换快，又造成了大学生恋爱心理的不稳定。在大学生恋爱心理的形成过程中，愤怒的情绪引发的嫉妒与冷酷，恐惧情绪产生的激情消退，悲哀情绪招致的伤心与失望，常使大学生的恋爱心理失去平衡，引发空虚、无助的心绪。情感状态对大学生恋爱心理的起伏能产生一定的调节作用。

（3）意志行为：对恋爱心理发挥着制约作用

意志系统的差异反映了大学生对待情爱问题的自制力的不同。意志把爱情的缔结与权利、义务和责任结合起来，使恋爱心理更加明智。没有主观意志力的积极作用，大学生就很难调控自己的恋爱认知与情感，也就破坏了爱情的美感，严重的还会引发恋爱心理障碍。

（4）人格特征：恋爱的心理基础

人格特征包括气质类型和性格倾向。性格内向者的恋爱心理大多表现为情感体验深、被动、冷静、悲观和谨慎。性格外向者在恋爱过程中往往主动而狂热、开朗而冲动。不同的气质类型又影响大学生恋爱心理的发展及恋爱表达的方式与程度。人格特征对大学生恋爱心理的影响是显著的，它与认知活动、情感状态、意志行为共同作用于大学生恋爱心理的成长、发展与变化。因此，主体心理活动对大学生的恋爱心理起着感知、催生、调控、导向和整合作用，从整体心理反应上影响大学生恋爱心理的调适。

☞ 素质提升

我的爱情账户

让我们来想象一下：两个人确立了恋爱关系就相当于在对方心里设立了一个“爱情账户”。每一次你让对方开心、让对方感受到爱，就是向对方的爱情账户中存钱。而每一次你让对方痛苦，就是在从对方的账户中取钱。在两个人相爱的过程中，如果对方一直向你的账户中存钱，你却一直从对方的账户中取钱，直到有一天，当对方心中的爱情账户余额清零时，对方就可能会离开你。

试想一下，在你与恋人的相处中，你有哪些存钱和取钱行为？请填入下表中，并将你的行为和同学分享。

表 10－2　我的爱情账户

存钱行为	取钱行为

第二节　大学生恋爱心理与性心理的常见问题

恋爱是复杂的高级的心理活动，它交织着爱慕、兴奋、紧张、期待、渴望、焦虑不安等。这些情绪错综复杂，如果处理不当，极易导致一些心理困惑。当爱情受挫后，应学会用理智来驾驭感情，深入分析原因，总结经验教训，寻找解决问题的方法和途径，提高自己的心理承受能力和思想水平，从而在新的追求中实现自己更多的价值。

一、大学生恋爱心理与性心理问题的表现

☞ 身边故事

李同学与女朋友是同班同学，一年前相恋，但不久前女朋友与他中断了关系，这对他来说是一个沉重的打击，似乎大学生活的所有期待与憧憬也顷刻之间化为乌有。多日来，他借酒消愁，情绪抑郁，心烦意乱，无心学业。这是他的第一次恋爱，而且是对方主动追求自己。相恋后，感情一直很稳定，但因个性不合，观点分歧，又因一些小事而发生了几次争吵，这使对方感到越来越厌烦，对他失去耐心。最后第三者的出现，导致了对方移情别恋，与其分手。但是李同学现在无论如何也忘不了她，很想去挽回恋人的心，每次想起两个人曾经在一起的美好时光就让他泪流满面。失恋的痛苦就像恶魔一样，无情地折磨着他。李同学整天神情恍惚，情绪低落，无精打采。

☞ 故事点评

1. 心理分析

大学生处于青年中后期，性意识增强，有了爱的冲动和爱的需求，渴望得到异性的友谊与爱情。时下有少部分大学生还存在着一些错误的认识：如爱情

至上心理、尝试心理、从众心理等。这些错误认识，可能导致个体心理失调甚至影响大学生的健康成长。

2. 故事的启发

案例中的李同学失恋后表现出的症状是悲伤、失落和抑郁，从失恋的原因上讲是由个体心理因素造成的。双方个性不合、观点分歧，而造成矛盾积累没有能够及时化解，当有了第三者，自然走向分手。遇到低谷时，伤心失望是正常的，关键是应快速调整过来。尤其是除了这段爱情之外，还可以拥有很多，所以应充分享受人生的每一个阶段。

☞ 心理导航

1. 主题聚焦

一些同学对恋爱和性存在不科学的认知。有的同学错把对异性的好感视为爱情，盲目地涉入爱河而没有结果；有的同学不能处理好爱情与学业的关系，为了追求爱情，荒废学业而遗憾终身；有的同学对性无知和愚昧，不知如何科学地排遣性欲望和冲动而困惑；有的同学在欲望和好奇的驱使下，偷尝禁果而悔恨不已；有的同学受封建“性禁锢”思想的影响，把性认为是邪恶、淫荡的东西而加以排斥，导致性心理发育障碍和引发性变态。

2. 心理理论阐释

大学生恋爱心理与性心理常见的问题：

(1) 单相思

单相思是指异性关系中的一方倾心于另一方，却得不到对方回报的单方面的“爱情”。爱情错觉则是指在异性间的接触往来关系中，一方错误地认为对方对自己“有意”，或者把双方正常的交往和友谊误认为是爱情的来临。爱情错觉是单相思的另一种形式，它常会使当事人想入非非，自作多情。单恋者固然会体验到一种快乐，但更多地会体验到情感的痛苦，因为无法正常地向自己所钟爱的异性倾诉柔情，更不能感受到对方爱意的温馨。单相思的痛苦不仅仅为情，真正让自己痛苦的是自我的否定。

一方的倾慕情感苦于不被对方知晓和接受而造成的一厢情愿或对恋爱的渴望，它仅仅停留在个体单方面爱恋而无法发展成双方相恋。这是一种深沉而无望的爱情，在幻觉中自愿奉献一切，具有痴迷的悲哀。“山有木兮木有枝，心悦君兮君不知”讲的就是单相思的故事。

(2) 失恋

失恋是指一方否认或中止恋爱关系后给另一方造成的一种严重的心理挫折。一方已无情意而提出与对方分手，而另一方却仍情意绵绵，沉湎于对恋情的怀念之中。失恋带来的悲伤、痛苦、绝望、忧郁、焦虑、虚无等情绪使当事人受到伤害，这些消极情绪若不及时化解，会导致身心疾病。失恋者的不良心理问题有以下三种：一是自卑心理；二是报复心理；三是渺茫心理。“人生若只如初见，何事秋风悲画扇。等闲变却故人心，却道故人心易变”描述的就是失恋时的心理状态。

（3）自恋

自恋是指一个人只是在自我刺激或自我兴奋中寻求快感，而不需要旁人在场，同时它的性指向是他自己。自恋是人格幼稚、害怕现实生活的一种内化反应，是一种情感生活适应障碍。择偶标准不切实际，选择对象理想化、虚荣心强，恋爱表达方式不得当都是自恋的根源。

（4）网恋

网恋是指沉溺在网恋虚幻、浪漫的情调中，对现实生活采取回避态度，不敢正视学习、生活中的困难，心理上极度依恋网恋对象。一旦网上恋人背叛或与自己理想中的恋人出现差距，自己便陷入痛苦和烦恼的泥潭。

（5）畸恋

恋爱动机不是出于爱情本身，是为了显示自己的魅力，同时和几位异性同学交往、周旋，搞多角恋爱，甚至和谁都不确定恋爱关系，恋爱关系畸形化。择偶动机不良、择偶标准不明确、虚荣心强、不道德的多角恋爱易引起纷争、不幸和灾难，也极易发生冲突，酿造悲剧，最终对所有当事人都将产生不良后果。

（6）性行为失当

在性认识上有偏差，对两性交往缺少责任，抱着“玩一玩”的态度，往往将爱与性割裂开来。一方面具有强烈的性冲动，另一方面对性缺乏充分的认识和有效的控制，性心理矛盾冲突不适应引起严重焦虑或行为失范。

☞ 素质提升

爱的正确处理方式

1. 如何表达爱

在对喜欢的异性表达情意时要注意：①把握好表达的时机；②表达方式要含蓄；③表达态度要坚决；④表达方法要灵活。

2. 如何拒绝爱

当求爱的人是自己不满意或不能当作恋人来喜爱的对象时，不管多么困难，不能接受的爱情总是要加以拒绝的。

①态度要坚决；②尽力维护对方的自尊，不妨把消极原因归因于自己，避免给人造成一个单单拒绝了他的印象；③选择恰当的方式，应该考虑到平常的

关系和对方的个性特点，选择或冷处理，或面谈，或书信等方式，但最好不要采用托人转告的方式；④选择合适的时机。

上述几点都是拒绝真心的求爱时应该注意的。如果对方属于无理纠缠，则应取得师长及同学们的配合，不留情面。

3. 如何中断恋爱

当你发现对方并非自己理想的爱人时，当然要提出中断恋爱的要求，但要讲究方式。方法主要有以下三种：一是选择适当的地方进行有效的面谈；二是通过书信表达态度；三是寻求中间人的帮助。

4. 如何化解性冲动困扰

年轻人在谈恋爱过程中出现性冲动是常有的事，关键还在于有正确的观念和善于自我保护。对女生而言，如果你对他比较满意，希望继续交往，但认为发生性行为的时候还没到，亲昵时就应该适可而止，巧妙地岔开话题。对于男生而言，则要考虑是否做好负责任的准备。可以一起参加一些文娱活动，分散注意力。

5. 如何增强被爱的吸引力

有的同学为自己还没有恋人而自卑，怀疑自己对异性没有吸引力，认为别人瞧不起自己，只好用回避与异性接触的办法保护自尊心。其实爱的魅力更在于自信的气质和阳光的心态。应学会不断提升自己、丰富自己、展示自己，增强爱的吸引力。

6. 如何面对求爱遭到拒绝

出于多方面的原因，求爱遭拒绝是很正常的事情。一方面应分析原因，增强信心；另一方面学会用理智控制感情，在经受痛苦之后，尽快平静下来。千万不要自卑、敏感、执拗，否则会带来更大的打击。拒绝也许还是一件好事，会让你找到更合适的恋爱对象。

二、大学生恋爱心理与性心理问题的成因

☞ 身边故事

受社会一些不良风气影响，有的大学生恋爱时存在着一种游戏人生的心态。怀着浪漫的心情，追求恋爱过程的美丽，而不去考虑过程之后的结果。有研究者调查发现，在回答“大学期间谈恋爱主要是为了什么”时，28%的大学生选择“体验爱情幸福”；37.9%的大学生选择“充实大学生活”；11%的大学生选择“将来结婚成家”；9.8%的大学生选择“赶恋爱风的时髦”；13.3%的大学生选择“不知为了什么”。其中，把恋爱动机指向恋爱过程的第一项和第二项占65.9%，而把恋爱动机指向婚姻的第三项只占11%。

☞故事点评

1. 心理分析

爱情是一个古老而常新的话题，美国著名心理学家斯腾伯格于 1988 年提出了“爱情三元论”。人类的爱情虽复杂多变，但基本上不外乎由三种成分组成：第一，动机成分。爱情行为背后的动机，对人类而言极其复杂。其中，性动机或性驱力，以及相应的诱因，如异性之间身体容貌等特征是重要原因之一。第二，情绪成分。属于爱情的情绪，除了爱与欲之外，肯定还夹杂着其他的成分，所谓酸甜苦辣的爱情滋味。第三，认知成分。爱情中的认知作用，对情绪与动机两种成分而言，是一种控制因素。如果将动机与情绪分别视为电流与火花，认知就是开关或调节器，它可根据爱情之火的热度予以适度调节。

2. 故事的启发

在恋爱观多元化的时代，有的同学恋爱的动机是满足与异性交往的欲望，寻求刺激，填补精神上的空虚，把恋爱当作逢场作戏的手段，当作一种游离于婚姻之外的享受和消费。结果往往是伤了别人又害了自己。有的同学公开宣称，大学期间的“恋爱实习”可以为今后的恋爱积累经验。也有的同学男（女）友不在身边，便一边鸿雁传情，一边续上“替补队员”——猛回首，往往是“一场游戏一场梦”。部分感情脆弱和心理承受能力低的大学生，无法承受失恋的痛苦，甚至因此对爱情失去信心。“从此无心爱良夜，任他明月下西楼”，玩世不恭，迷失了人生的方向。

☞心理导航

1. 主题聚焦

恋爱观是指人们对恋爱、婚姻生活以及婚恋过程中的基本看法。它不但直接影响个体对配偶的选择，还会影响个体对未来婚姻、家庭的责任的承担。恋爱观在人们的价值观念中具有特殊的地位，一旦形成，就不会轻易改变，会长时间存在，甚至影响人的一生。了解大学生的恋爱心理特点，把握、分析大学生恋爱心理活动规律及机制，减少、消除其心理上的困惑，对避免、纠正行为上的盲目性具有重要意义。正确的人生观是理智恋爱行为的基础，爱情学习也是人生观的学习。只有树立远大理想，才能抵制各种不良影响，处理好友谊和爱情、爱情与事业、眼前与未来等方面的关系。

2. 心理理论阐释

大学生恋爱观的变化是社会变化的晴雨表，它受到多种因素影响。

（1）游戏人生的心态

大学生应把握好大学生活的主题，正确处理学习与恋爱的关系，真正的恋爱是有理性、有责任的。恋爱不是游戏，过不了局就放弃，也不是专门营造浪漫气氛的工具。爱情作为人生的港湾，需要投入真心、真情，对爱情持游戏人生的态度将会使自己未来的幸福遭到戏弄。

（2）虚荣和攀比的心理

不少大学生在虚荣心的驱使下互相攀比，看到周围同学成双成对，就产生了羡慕的情绪，把没有异性朋友视为没有人缘的表现，于是便急于谈恋爱，向身边的人证明自己也能得到异性的喜欢。不是出于相互的真诚爱慕，不是渴望对方成为自己的终身伴侣，而是在同别人的攀比中寻求一种心理平衡。有独立人格的大学生对恋爱的目的和意义应有自己的理性认识，拥有的是对生活的信念以及充实的生活。一个人的独立性强一点，在恋爱中的吸引力也就强一分，不必为了满足虚荣心而去盲目攀比。

（3）群体性社会心理

年轻大学生们在校园里学习、生活和交往，加上思想观念的相似性，在恋爱问题上表现出明显的从众趋向。恋爱对象出双入对常令人羡慕和向往，虚荣的浪漫着实让人争相效仿。看到恋爱的同学生病有人照料，生日有人陪伴，委屈有人安慰，便萌发孤独感和攀比心，甚至低人一等的自卑感。在这种群体氛围的影响下，不少本不打算谈恋爱的同学，为表现自己并非无能，也开始寻求异性朋友，如此一来，圣殿里绽放的迎春花种下的是不会结果的种子，必将带来许多困惑和麻烦。

（4）社会大环境的影响

随着社会的发展，大学生和社会有着日益广泛的联系，接受各种思想的挑战和影响。现在描写青年恋爱的文艺作品比较多，影视作品中也常出现情爱的画面，特别是近些年来的很多韩剧更是以初恋、早恋为题材风靡一时。还有互联网的广泛应用，大量关于两性及恋爱问题的讨论，使大学生们眼花缭乱，难辨是非。不健康的小报、黄色书刊、黄色光盘及黄色网站对思想单纯的青年学生产生了很大的消极影响。

☞ 素质提升

正确处理恋爱挫折

1. 正视现实

失恋之苦在于一个“恋”字，爱情是双向的、交互的，以双方的爱情为基础，失去任何一方，爱情就会失去平衡，恋爱即告终止。这时失恋的一方无论对另一方爱得有多深，都没有价值了，作为有理智的大学生应该正视这一现实。

2. 换位思考

要设身处地地为对方着想，这样有助于理解对方终止爱情的原因，有助于接受失恋这一痛苦的现实，及早走出失恋的阴影。

3. 感情宣泄

不要过分地隐藏或压抑失恋带来的痛苦，要找适当的方式进行宣泄。通常宣泄的方法有：①眼泪缓解。在悲痛欲绝时大哭一场，可以使情绪平静。专家认为，眼泪能把有机体在应激反应过程中产生的某种毒素排出去。②运动缓解。剧烈的体育运动有助于释放激动情绪带来的能量。③转移注意力。心情不佳时，可以做些自己感兴趣的事。④文饰。失恋时，援引合理的理由和事实来解释挫折，从而获得精神上的安慰。⑤倾诉。向可以信任的师长、同学、朋友等诉说自己心中的烦恼，也可以写日记或写信。如果感觉心中的积郁实在太深，无法排解，应找心理咨询师进行咨询。

4. 情境转移

失恋后之所以难以摆脱恋情困扰，就在于生活的方方面面都与昔日恋人有着千丝万缕的联系，所以要想摆脱失恋的痛苦，就要换一个崭新的环境，暂时离开曾经熟悉的环境。把自己置身于一个欢乐的环境中去。如多交一些朋友，多参加一些集体性的娱乐活动，或者可以找人去逛逛街，出去旅游散散心等，这样有助于心境的开阔。

5. 自我升华

要尽快把失恋升华为一种奋发向上的动力，尽快投入学习或者工作中去。切不可因为失恋而一蹶不振，认为生活、人生都失去了意义。恋爱是生活的重要组成部分，但不是生活的全部。要正确看待爱情，摆正爱情的位置，处理好爱情与学习、爱情与人生、爱情与婚姻的关系。

第三节 大学生恋爱心理与性心理调适

爱情之花是美丽而娇嫩的，许多大学生热切地追寻它，但有时候又不知道怎样去呵护它，以致许多爱情之花纷纷凋谢了。如何才能让爱情之花开得艳丽而和谐，是一门重要的学问和艺术。

一、恋爱与性心理问题调试

☞ 身边故事

范同学，某高校大二男生，与同为大学生的女孩黄同学恋爱。两人因琐事经常发生矛盾和争吵，黄同学认为两人性格不合，遂提出分手。而后，范同学多次找黄同学复合，被女生拒绝。在此期间，女生开始结交新的男朋友。范同学妒火中烧，痛苦不堪，产生了报复黄同学的念头。这天，他将黄同学叫到宿舍楼后排水沟处，准备用随身携带的水果刀朝黄同学腹部刺一刀。所幸黄同学的同班同学发现并进行制止，学校保安闻讯赶到现场，将范同学控制并报警。

☞故事点评

1. 心理分析

该案例是典型的情感问题带来的报复行为。报复是人常有的一种心理，指的是一个人在与人交往的过程中，对那些曾经给自己带来伤害或者不愉快的人耿耿于怀，从而故意对他人进行恶意攻击以发泄心中怨情、不满的一种心理。报复心理是与人的焦虑反应紧密联系的。当一个人受到了身体或精神上的伤害时，会表现出焦虑、烦躁不安以及恐惧的情绪，当对他人报复成功之后，可能会感受到片刻的放松，紧随而来的就是无尽的痛苦和悔恨。

2. 故事的启发

故事中当范同学得知黄同学有了新的男朋友时受不了，因为他想得到的得不到，别人却得到了，这让他产生了“我不如他”的强烈自卑感，让他感到焦虑、不安和痛苦。他决定进行报复，而他报复的方式就是伤害黄同学。有的大学生在恋爱的过程中过于理想化，感情脆弱，自控力不强，缺乏对社会、对他人的责任感，一旦遭遇失恋打击，很容易一蹶不振，严重影响学业和前途。恋爱挫折对心理冲击很大，因此，大学生恋爱也需要培养一定的心理承受能力。

☞心理导航

1. 主题聚焦

大学生的恋爱，一般只谈爱慕之情，交流对学习、对人生的看法，很少或者根本不讨论结婚、建立家庭、举办婚礼、生儿育女等具体问题。在上学期间，工作岗位尚未确定，经济上还没有独立能力，要依靠国家、父母或者其他亲人的资助，才能维持学业和生计。而恋爱是选择配偶的过程，“恋爱—婚姻—家庭”是个整体。已经走上工作岗位的青年或是农村青年谈恋爱，在明确了恋人关系之后，过不了多久就会商量确定结婚日期、筹办婚礼等具体事项，双方的矛盾往往在这些现实性的问题上暴露出来。而大学生谈恋爱一般不接触这些现实性的问题，带有浪漫色彩。这样的恋爱基础往往不够坚实，一旦遇到实际问题，便很容易产生动摇乃至分手。大学生需正确处理恋爱挫折，分析原因，吸取教训，以更加饱满的热情投入学习生活中去。

2. 心理理论阐释

大学生心理尚未完全成熟，恋情过于理想化，各种情感问题时常出现，应积极面对。

(1) 恋爱心理调适

① 选择的困惑与调适。选择的困惑是大学生恋爱中最常见的问题之一。其中较常见的有下列几种情形。

a. 不知道应不应该谈恋爱。这部分大学生应树立正确的爱情观。如果自己还不知道该不该谈恋爱，那说明在你心里还没有喜欢的异性，只是因为看到许多同学都在谈恋爱，才产生了自己是否谈恋爱的想法。什么是真正的爱情，在此刻应有明确的态度，在真正的爱情还没有来到的情况下，不要盲目去寻找爱情。

b. 自己爱上了别人，但不知道对方是否也爱自己，想表白心迹，又怕遭到拒绝，左右为难。对于这样的困境，要学会正确认识对方对自己的情感。如果经过观察甚至巧妙的考验，发现对方根本就对自己没有那个“意思”，就没有必要向对方表白自己的心迹。因为你的表白不但得不到回报，而且会使对方为难；如果两个人是同班同学，还会影响两个人之间的关系。如果经过考察发现，对方也对自己有一定的感情，就可以大胆地向对方表白自己的心迹。

c. 不知道如何拒绝对方的求爱。面对他人的求爱，当你不准备接受时，一般应当在不伤害对方自尊心的情况下，委婉地拒绝；如果对方进一步追求，而你无论如何也不可能接受对方的爱情，就应该明确地拒绝。另外，大学生也应注意，不要为了害怕伤害对方的自尊心，或者是为了自己的虚荣心，在自己没有产生爱情的情况下，盲目接受对方的爱，因为这不但会伤害对方，而且对自己也是一种伤害。

d. 在恋爱的过程中发现对方不适合自己，而对方还依然爱自己，不知道如何提出分手才不会伤害对方的自尊心。在这种情况下，要明确爱情是不能强求的。如果发现对方不适合自己而准备结束恋爱关系，也无可厚非。当然，最好是让对方有一定的心理准备，比如，用一些暗示性的语言表明两人不合适。在对方有思想准备的情况下，再提出分手，对方可能好接受一些，伤害也会少一些。

e. 能做恋人的异性朋友难寻。这种恋爱心理困境的原因主要在于对友情和恋情的认识还很肤浅，并缺乏对社会中人际关系的科学认识。正确的做法是：认真审视、调整自己的择偶标准，在寻求爱情的过程中，既要主观上用心，又要顺其自然，不可苛求。

② 单相思的苦恼及其调适。单相思是恋爱心理的一种认知和感情的失误。单相思使某些学生陷入痛苦的境地，处于空虚、烦恼甚至绝望之中。如果处理不好，对以后的恋爱婚姻生活都有消极的影响。

单相思的调适方法主要是认知领悟和心理分析，如果是自己有意而对方不知情，并且觉得对方有很大的可能也爱自己，就可以大胆地向对方表白自己的感情。当然，也应做好对方不接受自己感情的心理准备。如果觉得对方根本就没有可能爱自己，就没有必要表白自己的感情，因为这种表白既可能给对方造成心理压力，也会使两个人的关系显得不自然。有些情况下，适当压抑一些自己的感情还是必要的。持久的单相思会给个人的生活带来很大的负面影响，应当学会尽快地从单相思中解脱出来。

③ 失恋的痛苦与调适。失恋带来的悲伤、痛苦、绝望、忧郁、焦虑、虚无等情绪使当事人受到伤害。失恋所引发的消极情绪需及时调适。

失恋的调适方法有很多，譬如积极暗示法，暗示自己还会遇到更好的等；或者转移注意力，例如听听音乐，看看电影，跳跳舞，打打球等，以冲淡内心失恋造成的挫折感和压抑感；升华法，把因为失恋而产生的挫折感、压抑感升华为奋斗的动力；失恋不失德，失恋不失命，失恋不失志。

（2）性心理调适

① 科学地掌握性知识。维护性健康必须自觉地掌握科学的性知识。大学生一般缺乏规范的性健康教育，因此，首先选择阅读一些正规出版发行的性生理和性心理方面的科普书籍或一些性社会学、性伦理学、性法律学等专门论著，使自己构建合理的性知识结构。其次，请教已具备了性知识、性经验的父母或者有关医生。这样，有助于帮助自己消除误解，解除心理负担，进而避免自卑、自责的不良情绪。一些大学生受传统观念影响，有了性的困惑不愿意向家人、老师、医生求助或探讨，而是在地摊、网上寻求有关性知识的内容，这些内容往往是“黄色”的、淫秽的、不科学的、富有煽动性的。这些内容不仅不能帮助大学生掌握健康的性知识，还会给大学生性心理和性行为的形成带来畸形冲击。另外，大学生在学习、交流的过程中应坚持马克思主义的分析方法，批判地对待西方的性文化，冷静分析各种性观念和性思潮，避免盲目追随给自己造成不健康的性心理障碍。

② 积极进行自我调节。维护大学生的性健康，不仅要具备健康的性知识，而且还要进行积极的自我调节。首先，正确认识，端正思想。正确对待性冲动，接受性冲动的自然性和合理性；学习性生理、性心理的有关知识，了解青春期性意识发展规律；树立科学与健康的性意识观念；提高感官刺激阈限，培养挫折耐受力。其次，积极引导，良好适应。通过学习、工作或文体生活等多种途径使生理能量得到释放、补偿、升华以及有效的转移。最后，关注问题，及时处理。性心理困扰是青少年学生常见的问题。所以，一旦发现自己存在性心理问题，就应该及时处理。

③ 拒绝黄色诱惑。人们常把淫秽书刊、淫秽录像对青少年的腐蚀和毒害比喻成“精神毒品”和“杀人不见血的软刀子”。因此，正在成长中的大学生应自觉抵制黄色诱惑，保持健康的性心理。

☞ 素质提升

如何正确调适性心理

① 学习一些性知识，包括性生理和性心理知识、性道德知识、性法律知识、性医学知识。

② 建立正常的异性交往，掌握与异性交往的方法与分寸，明确在异性交往的场合和活动范围中，哪些该做、哪些不该做。在异性面前把握好自己，注意与异性单独接触的空间距离和时间。培养自然、友好、文明地与异性交往的能力，既要尊重对方，又要学会保持交往中的自尊、自主和责任意识。

③ 注意自我保护，外出时应了解环境，避开荒僻和陌生的地方。晚上外出时，应结伴而行，不可轻易在别人家夜宿。如果受到了性侵害，要尽快告诉老师、同学、家长或报警，切不可因害羞、胆怯延误时间而丧失了证据。

④ 培养性适应能力，明白性是人的自然属性，同时又要符合社会规范，学会以科学的态度对待性问题，学会合理地宣泄性能量。比如通过恰当的作息制度、紧张的生活节奏和体育活动，都可减少对性问题的注意并能使性能量得以宣泄。

⑤ 学会性心理有效疏导，碰到性方面的困惑、问题，要及时寻求医生及心理咨询师的帮助。

二、提高爱与被爱的能力

☞ 身边故事

吴同学，某高校大二女生，和林同学在一起感觉很开心。比如林同学会殷勤地照顾她，一起走路时都会站在有车的一面，几乎每天晚上给她打电话，跟她聊他的家乡、他的趣事，总是用欣赏的态度对她。吴同学原先有一个男朋友，但彼此关系总那么不咸不淡的。认识林同学后，吴同学更觉得和他在一起特没劲。一次闹别扭后，吴同学提出了分手。现在吴同学不可能和以前男朋友和好了，因为跟他在一起找不到和林同学在一起的那种感觉。林同学是一个很了解女孩儿心思的人，说话做事都那么让人快乐。

☞ 故事点评

1. 心理分析

随着大学生活的展开以及大学生心理、生理的不断成熟，青春萌动的学生们纷纷开始涉足爱情。爱情是甜蜜的、美好的，生活中人们追求爱情、赞美爱情、渴望爱情，然而要获得爱情应当具备爱和被爱的能力，这些都需要不断学习、提高。培养健康的恋爱心理和行为，正确处理恋爱与学习、工作的关系，恋人与他人的关系，不沉迷于感情的漩涡中，能考虑感情的长远性和现实性。

2. 故事的启发

当今，很多同学都认为恋爱是大学生活不可或缺的一部分。但如果没有高尚的情操，树立坚强的事业心，具有爱与被爱的能力，就不能防止在恋爱挫折时失控，不利于用理智克制自己的情感，减少恋爱挫折的痛苦。大学生应当不断提高爱与被爱的能力，在遇到恋爱的挫折时，学会冷静地分析挫折的原因，振作起来，勇敢地去迎接新的生活，做到失恋不失志，失恋不失德，把自己的精力投入追求理想和事业中，摆脱挫折的阴影。

☞心理导航

1. 主题聚焦

爱情是一种强烈的情感，爱情关系是一种复杂特殊的情感关系。从性吸引的角度去看，产生爱情的冲动是人的本能，似乎爱上一个人是不学而能的，但是在文明社会里能否开始一段爱情、能否得到期望的爱情，却不是无师自通的。可以肯定地说，没有任何人会为爱情做好完全充分的准备。在交往中总是会面临各种各样的问题，能否合情合理地解决这些问题，直接关系爱情的开始和继续。因此，爱情是需要学习的。只有坚持培养爱与被爱的能力，才能不断有爱的收获。

2. 心理理论阐释

爱与被爱的能力包括：

① 认识彼此的能力。男女性别不同，生理构造不同，心理特点也不同。不了解异性的生理构造和心理特点，在交往时就容易产生不必要的误会。性别差异一方面使双方充满神秘感而心向往之，另一方面也成为彼此沟通的壁垒。

爱情的发展不仅仅让每个人要认识到异性的不同，更要去了解认识在自己眼中和心中的那个人。在爱情相处的过程中，个性和性格是重要的影响因素。两个人在一起长久地相处，是否相爱，是不是很快乐，是不是很幸福主要取决于与对方性格和个性的磨合。而个性和性格上的差异在爱情中似乎是必然的，只有充分认识彼此才能避免一些摩擦的发生，在出现分歧和矛盾时才能有效地进行沟通，维持彼此的感情。

② 维持情感的能力。爱情在本质上是一种人际关系，或者说是一种复杂特殊的人际关系。恋爱尽管包含着相互吸引，以及浓烈的爱意，归根结底还是两个人的相处。爱情取决于人格健全和心理健康的程度，也取决于个人人际交往的能力和水平。正因为爱情的强烈，所以肯定不能持久，随着时间的推移，爱情的浓烈程度会下降。这时维持情感的能力就显得尤其重要。

③ 处理矛盾的能力。既然认识到性别的不同、个体的独特，那么彼此相处时，由这种差异带来的分歧和矛盾都不可避免。

面对差异，重要的是彼此接纳。接纳是指真正把恋人看作一个独立的、有生命的个体，尊重对方的生活习惯、以往经历，欣赏对方的理想、目标、价值观念、个人风格，了解对方的不足和缺点。喜欢真实的他（她），爱上真实的对方，不强求他（她）改变，只是鼓励他（她）努力成为自己。

处理矛盾，关键在于理性沟通。爱情就像一条河流，难免碰到波折。遇到矛盾，要给彼此合适的心理空间和心理距离，在适当的时候交流彼此的看法和感受。要相信彼此可以解决这些问题，从理性现实的角度去看待，避免爱情的过度理想化。

☞ 素质提升

走出失恋的“N”个药方

我怎么会失恋？本来很好的，突然之间，怎么就分手了？

失恋是件很平常的事，没什么特别，也没什么大不了的。失恋了，请别怪罪于爱情。别说“我再也不相信爱情了”之类的话，因为爱情从来没有向你保证过什么，如果有什么承诺让你以为你们的爱情一直存在，那么这个承诺只在你与她（他）之间，所以你应该说：我再也不相信他（她）了，才是正确的。

我好痛苦，怎么办？难以控制住的心痛。

失恋了，当然痛苦，这是正常的生理反应。因为对于人类而言，失去永远比得到更容易让人情绪激动。心理学实验表明，当一个人平白无故得到 100 元与无缘无故地丢失 100 元相比，丢失钱的难过远远超过获得钱的喜悦。

总是放不下他（她），怎么办才好？

说着说着，或许还会流下痛苦的眼泪。相信我，你不是放不下他（她），你时时刻刻想起的不是他（她），而是回忆。你惦记的，放不下的，是你自己所塑造的一个人，这个人在你的记忆当中按照你的意愿活着而已，并非真实的他（她），或者说只是他（她）的某一面而已。

那我该怎么办？我懂这些道理，可还是痛苦啊？

时间是把杀猪刀，也是灵丹妙药。刚分手的人总是以为我会如此痛苦一辈子，至少痛苦几年，怎么办啊？可研究结果发现，人总是高估了自己的“痴情”，一周以后，一个月以后，你的痛苦就大打折扣。想想，你喜欢做什么？绘画，音乐，写作，跑步，电影……你喜欢的行为会在短时间内减轻你的痛苦。

第四节　培养健康的恋爱观和择偶观

培养健康的恋爱观和择偶观，对于维护大学生的身心健康和提高他们的心理品质不仅十分必要，而且非常迫切。

☞身边故事

高同学，某高校一名大四女生，临近毕业她在社交平台上公开征婚，要求男方身高一米八，本地有房两套，月收入上万元，并表示自己结婚后会做全职太太，需男方担负起所有家庭开销。

☞故事点评

1. 心理分析

小高的征婚条件反映了当今社会一部分女性的婚姻心理，追求现实物质条件，对外貌和经济条件都有一定的要求，却忽视了在婚姻当中“你的眼中有我，我的眼中有你”的情感因素，因而形成扭曲的恋爱观和择偶观。

2. 故事的启发

物质和利益至上，是当下很多年轻人的婚恋观。然而，我们应该全面、正确地认识爱情和婚姻，树立健康的恋爱观和择偶观。

☞心理导航

1. 主题聚焦

随着社会的发展，特别是改革开放以来，物质条件得到极大改善，人们的思想也在发生改变。有些人开始追逐物质享受，放弃了爱情中的美好元素，用现实的物质标准来衡量婚姻，出现了一些不理智的恋爱观和择偶观。这些问题也在影响着大学生。

2. 心理理论阐释

培养大学生正确的恋爱观和择偶观是高等教育的重要方面。

（1）培养大学生正确的恋爱观

① 树立正确的人生观。健康的恋爱观要求我们尊重对方的情感和人格，平等地履行道德义务。恋爱自由是必须遵守的道德准则，每个人都有爱和被爱的权利，有选择各自爱人的权利；当事人确定恋爱关系时，要彼此相爱，诚实守信，不能有欺骗、隐瞒或其他违背爱情基本要素的行为。

② 忠贞专一。爱情是人的生理性需求与社会性需求的统一，爱情不仅要求

男女双方在相貌、人品、情感、能力等方面能够和谐共鸣，还要求双方共同承担相应的社会责任。因为爱情是相互的。唐代诗人元稹在《离思五首·其四》中说“取次花丛懒回顾，半缘修道半缘君”就体现了对待爱情的忠贞和专一。

爱情具有鲜明的专一性和排他性，爱情包含特有的情感和义务，只能存在于恋爱双方之中，不允许有第三者介入。中华民族历来把忠贞专一视为做人的美德。只有忠贞不渝、始终如一的人，爱情才会幸福，生活才会美满。

③ 自尊自爱。爱情的力量只能在人类非性欲的爱情中孕育，恋人之间特有的神秘感和心灵的震颤是十分珍贵的情感源。纯真的恋爱是两个人彼此的欣赏、相互倾慕、自尊自爱。现实中，一些大学生轻视社会公德，道德滑坡，行为失范而不知。如果把爱情等同于性欲的满足，就是对纯洁高尚爱情的亵渎，失去理智地放纵爱的烈火，只能把爱情葬送。

（2）培养大学生正确的择偶观

有学者在全国各地884名大学生中做了一次调查，发现大学生在恋爱择偶时有以下特点：

① 重视对方的道德品质。把理想志向、诚实、善良、正直放在最重要的位置。希望对方与自己“志趣相投”，追求高品位、高格调的情感生活。单就人格品质而言，调查显示：女生最讨厌的男性缺点中，“不求上进或不学无术”排首位，男生最讨厌的女性人格缺点中排首位的是“轻浮和虚荣”。

② 强调对方的才干。“勤奋学习、刻苦钻研、兴趣广泛、博学多才”的人受人青睐，“组织能力强”“社会活动能力强”“能说会道”“有办法，会办事”的人易受人钦佩。值得一提的是，分别有57.4%、57.3%、45.3%的男生对女生也提出了“能力”“聪明”“才华”的要求标准，“女子无才便是德”等封建传统观念在大学生中不复存在。

③ 男女均重视对方的健康情况。大学生们认为“良好的身体，健康的体魄是事业成功的保证，是爱情婚姻生活美满幸福的基础”。同时认为，异性的“健”与“美”紧密相连，如体态健美、匀称、精力充沛、充满活力等，表现出大学生对健美的认知与追求。

④ 把对方的家庭背景状况放在次要位置。诸如“家庭财产”“父母态度”“兄弟姐妹”等项排序很靠后，大部分学生也没有把经济等条件放在很重要的位置。

择偶标准不是一成不变的固定之物。许多大学生也并不完全按照一个既定的框框去筛选周围异性。一般来说，健康的择偶观有以下几个特点：

健康的择偶观的基础应该是互相爱慕，志同道合；择偶的标准应是全面衡量，品德为重；择偶的态度应是严肃认真。

志同道合：就是有共同的志向，抱负和事业心，具有共同的人生态度、生活理想和生活道路。这是爱情牢固可靠的基础，有了这样一个基础，其他方面的不足可慢慢弥补。

品德为重：品德高尚的心灵美和外表美相比，前者更为重要，在恋爱问题上，应当树立这样一种观念：人不是因为美丽才可爱，而是因为可爱才美丽。

严肃认真：爱情并不是俯首拾来、随手抛去的花朵，绝不能朝三暮四，见异思迁。真正的爱情应当是忠诚的、持久的。青年男女一旦进入恋爱阶段，就不允许任何一方同时和两个以上的异性处于恋爱状态，这就是爱情的专一性和严肃性。青年男女一旦结婚，双方就要互相体贴，互相帮助，互相谅解，同舟共济，共同度过美好的一生。

☞ 素质提升

择偶标准的类型划分

孙守成等在《当代大学生心理学》一书中根据大学生择偶的目标取向把择偶标准分为三类：

①“精神满足型”。这类大学生选择恋人以理想、信念、价值、事业、能力等标准来衡量对方的水平，或将气质、性格、兴趣的相投作为共处的基本要求。他们对外貌、金钱、家庭背景等并不在意，而是以达到高层次的精神满足为标准。孙守成认为，这种高尚的择偶标准在今天的大学生中占大多数。

② 以获得纯粹感官满足为目的的爱情，它是一种对“情欲之爱”的追求。择偶者着重注意恋爱对象的外表（身材、皮肤、相貌）和风度的吸引力。这类受外表吸引的爱情很难维持长久，天长日久的相处会使外表失去新鲜感而降低吸引力。

③ 以社会地位、经济条件为标准。这就是所谓的现实之爱，其实质是一种互惠的理性考虑。现实的择偶标准分为物质型、虚荣型和利用型三种类型。物质型指以经济条件为追求目标，为满足物质需求而恋爱；虚荣型则看重地位、职称等荣誉的东西；利用型择偶更具有指向性，往往是为了达到某一明确目的，达到后则着手将恋爱对象抛弃。

三类择偶标准是客观存在的，但纯粹持一种标准的人很少。大多数人择偶是在三种标准的混合中寻找自己的理想对象。

第十一章 大学生压力管理与挫折应对

学习目标：

11.1　什么是压力？什么是压力源？

11.2　什么是挫折？影响挫折的因素有哪些？

11.3　大学生压力和挫折的主要来源与特点是什么？

11.4　大学生压力和挫折产生的主要原因是什么？

11.5　大学生理解压力与挫折有什么意义？

11.6　大学生如何正确管理压力和挫折？

11.7　大学生减压技巧和挫折应对策略有哪些？

作为社会人，大学生一旦进入社会无不在压力中生存。压力来自“内外”。“内”，是大学生对客观事物的认识所造成的，比如由于对未来的迷茫和恐惧而出现的心理困惑、精神压力等；“外”，则是有形无形的诸多客观环境，如工作、婚姻、家庭、社会等因素造成的。压力与阻力，所起的正负作用取决于个体的视角和观念。比如阻力的作用会使得飞机产生反作用力飞上天空。同样，压力的存在，促使人们开启智慧，激发创造力。“人生逆境，十有八九”。在人的一生中，既有追求、欲望、需求，也会有失败、失望、失落。每个人既能享受成功的喜悦，也应当能经受挫折的考验。挫折与成功一样，是成长与发展过程中不可缺少的，是人一生的“伴侣”。

第一节　压力与挫折概述

当代大学生面临诸多压力，比如父母的期望、学习、经济、就业等各种各样的竞争。在某种程度上，压力虽然可提供动力，但过度的压力却也能造成不良的影响。压力可以毁掉一个学生的自信心，更严重的是会使学生的情绪和行为失去控制。“人间没有不凋谢的花，世上没有不曲折的路。”挫折是生命历程中必须经历的宝贵精神财富。对大学生而言，当生活和你开玩笑时，要面对现实；接受挫折，就是接受成长。使自己的内心强大，才能树立起对未来美好生活的信心。

☞身边故事

李同学是某校大一学生，在中学时代一直优秀的他到了大学更是充满着激情与抱负，希望大显身手。刚进校园的他便积极投入学生会、班干部以及各类社团的角逐中，最终几个岗位都竞选成功，既担任班上的副班长，又是学生会的干事，还是校艺术团的成员。小李对各项工作都投入了十分的热情，干得很起劲，也取得了一定的成绩，一个学期后小李晋升为学生会的副部长和艺术团的骨干。可是，随着课业的加重及工作强度的加大，小李越来越觉得难以应付，顾此失彼。首先是学业受到了影响，大一上学期成绩不理想，还有一门课程挂科；其次，人际关系受到了影响，由于过于繁忙，宿舍内的很多集体活动他都不能参加，与宿舍同学之间产生了隔阂。小李感觉压力很大，突然觉得自己这么忙到底是为了什么？他想到要退出学生组织，但又难以抉择，不知道要退出哪个，想到要放弃自己辛辛苦苦才取得的工作成绩又觉得心有不甘。但不退出又能怎样呢？小李很矛盾。

☞故事点评

1. 心理分析

生活中压力无处不在，人需要保持适度的压力。心理学研究表明，承受压力是人类生活中不可避免的。压力就如同空气和水一样伴随着我们，成为成长进步过程中不可或缺的部分。但是，过度的压力容易导致紧张、焦虑，长期处于高强度的压力之中则会产生身心疾病。

2. 故事的启发

该案例中小李面临很大的心理压力，其主要原因如下：首先，小李不善于进行时间管理，以致承受很大的时间压力。多项学生工作占据了小李大量时间，更让他无法安排出时间和精力来处理生活中的其他事情，以致学习和人际关系都受到较大影响；同时，学习和人际关系的不理想又加重了小李的心理压力。其次，小李不懂得把握大学生活的平衡，把过多的精力投入公益工作中，虽然在这方面取得了一定的成绩，却是以牺牲学习成绩和人际和谐为代价的，得不偿失。小李也看到了这一点，所以他的内心才充满困惑。再次，小李不知道自己的真实需求，什么都想拥有，以致让自己疲于应对。

☞心理导航

1. 主题聚焦

压力和挫折对于个体来说有着积极作用和消极作用两个方面。如果能够把控得当，那么压力和挫折可以促进个体进步，加快个体成长，提升个体能力和素质；相反，如果应对不当导致失控，那么压力和挫折可能会挫伤个体的前进动力，并引发抑郁、焦虑、恐惧、绝望等不良情绪。

2. 心理理论阐释

（1）压力的概念

生活中遇到的压力有精神上的压力和躯体上的压力两种，这里要探讨的是精神上的压力。精神压力是现代社会人们经常会遇到的一个问题，在心理学里，精神压力与“心理应激”通常被混淆使用。什么是压力？我国吉林大学车文博认为，压力也称为“应激”“紧张”，是指个体的身心在感觉受到威胁时所产生的一种紧张状态。张春兴指出：“在心理学上，压力一词有三种解释：①指环境中客观存在的某种具有威胁性的刺激；②指某种具有威胁性的刺激引起的一种反应组型，只要类似刺激出现，就会引起同类型的反应；③指刺激与反应的交互关系，个体对环境中具有威胁性的刺激经认知后所表现的反应。”

综上所述，压力是由一定刺激事件引起的、使个体认为事情已经超出了当时的承受能力时所体验到的一种身心紧张状态，可引起当事人一系列身体上的反应。

（2）压力源

压力源是指导致个体产生压力反应的情境、刺激、活动、事件等。个体在一定社会环境中生活，都会感受到压力源所带来的不同程度的刺激和影响。作为刺激被人感知或接收到了，必然会引起主观的评价，并产生一系列相应的心理、生理变化。如果刺激需要付出较大的努力才能进行适应性反应，或这种反应超出了人所能承受的适应能力，就会引起人心理、生理的平衡失调。从这个意义上讲，使人感到紧张的内外刺激就是压力源。根据压力源破坏程度可分为：

① 日常烦扰。日常烦扰即大多数人常常遇到的小麻烦，可以是长期的、慢性的，如对室友不满、对工作不满、和恋人关系不佳等。虽然是日常小事，但长期积累，最终可能导致和大压力一样的恶果。

② 个人压力源。个人压力源包括消极与积极的事件。消极事件，指消极的、重大的生活事件，如亲人去世、失业、重大的挫折等；积极事件，如升职、结婚等。随着时间的推移，人们感受到的压力会逐渐减小，直到可以从容面对。

③ 灾难性事件。强大的压力源突然出现，难以控制，并且影响巨大。比如龙卷风、车祸、地震等灾难性事件，一次可以影响成百上千人。破坏性压力的

后果可能会导致创伤后应激障碍、灾难症候群、创伤后压力综合征等。在强烈的压力经历过去后才出现的压力反应，是一种延缓压力反应，表现为情绪沮丧、易激动、闪回、做噩梦、注意力难以集中以及人际关系疏远等。

根据压力源复杂程度可分为：

① 一般单一性生活压力。在生活的某一时间阶段内，经历某种事件并努力适应，而且其强度不足以使我们崩溃，我们称这类压力为一般单一性生活压力。单一性生活压力后效往往是正面的，大多有利于人们应对未来的压力。

② 叠加性压力。同时性叠加压力：在同一时间内有若干可构成压力的事件发生，此时所体验的压力，称同时叠加压力；两个以上能构成压力的事件相继发生，前者产生的压力效应尚未消除，后继的压力又已发生，此时所体验的压力称继时叠加压力。

(3) 压力与心理健康

① 压力下的身心反应具体如下。

情绪反应：兴奋、激动、紧张、焦虑、愤怒、自责、羞愧、怨恨、恐惧或害怕、抑郁；

生理反应：交感神经系统活动增加、内平衡状态被打破、生物节律失调；免疫功能受到抑制、大量的能量被消耗，出现衰竭、病变的症状；

长期压力下的行为反应：人际攻击、退缩或回避、反向行为、把自己与他人分离、难以跟其他人相处、对自己喜欢的活动失去兴趣、做事半途而废、行动没有活力或心不在焉；

压力情景中的个体反应：注意力不集中、健忘、担心、沮丧、出勤率下降、不守时、不自信、不合作、不讲道理的抱怨、自我批评过于严格、情绪非常不稳定、吃饭困难或消化不良，大量饮用酒精、咖啡，常抽烟、入睡困难、对工作没兴趣等。

② 压力是把双刃剑。人活着就会感受到压力，没有人是可以避免的。压力研究专家汉斯·塞利将压力分为有害的不良压力和有益的良性压力。不良压力使人感到无助、灰心、失望，而且它还能引起身体和心理上的伤害；良性压力能够给人以成功感和振奋感，促进人们注意力的集中、提高工作效率，引发正向情绪（如兴奋），增加成功后的成就感。

过度压力是座山。当面临的压力超出了心理承受能力，就成了过度压力。过度压力往往带来负面影响甚至破坏性后果。如果说人是一只皮球，压力就是注入皮球的气体，充入皮球里的气体超过一定量，必然会使皮球爆炸。人若承受不了压力，身心必然会出问题。

(4) 挫折的含义

挫折是指一种情绪状态，即个体在从事有目的活动过程中，遇到了难以克服或自以为无法克服的障碍或干扰，致使个人动机不能实现、需要不能满足时所产生的消极情绪反应。广义的挫折除了指需要不能满足、动机无法实现而产生的沮丧、痛苦、失意等心理反应外，还包括心理应激、心理压力、心理冲突等。常见的挫折种类：

① 从程度来分：一般挫折和严重挫折。一般挫折带给个体的心理压力和消极情绪可以通过个体的自我调节得到缓解，它对学习、工作、生活的影响不是很严重。如一次考试没考好，提出的意见上司没采纳、应聘失败等。严重挫折是指对个体的生活有重大影响的挫折。它带给个体很大的精神痛苦和心理压力，使个体表现出较强烈的情绪、行为反应。几个一般挫折同时出现或相继出现，往往可以转变成严重挫折，所谓“屋漏偏逢连夜雨，船破又遭打头风”就是指这种现象。

② 从挫折的现实性来分：实质性挫折和想象挫折。实质性挫折是挫折已经降临，挫折情境是真实的。想象挫折是挫折并未降临，是当事人对未来可能受挫折的想象。伴随想象，当事人会表现出相应的情绪反应和行为反应。

③ 从对挫折的心理准备来分：意料中挫折和意料外挫折。意料中挫折是指事前有所觉察或戒备的挫折；意料外挫折是指人们在毫无准备状态下，突然遇到的挫折。一般来说，意料外挫折对个体的影响更大，给予个体的心理压力更严重。

④ 从挫折心理的持续时间来分：暂时性挫折和持续性挫折。暂时性挫折是指持续时间较短的短暂性挫折，对人的身心影响有限；持续性挫折是指持续时间较长或连续发生的挫折。持续性挫折对个体身心的影响巨大，应该加以关注。

⑤ 从心理学研究习惯分：缺乏性挫折、损失性挫折、阻碍性挫折。缺乏性挫折，主要是指当我们无法拥有自己认为非常重要的东西时所体验到的一种挫折。如大学新生中常见的“缺乏知心朋友”而产生的孤独感和挫折感就是缺乏性挫折；损失性挫折，主要指失去了原来拥有的东西而引起的心理挫折，如失恋、亲人去世等，都是严重的损失性挫折；阻碍性挫折，主要是指那些我们的需求和目标之间出现阻碍或障碍时给我们带来的心理挫折，这种阻碍可能是客观的或物质性的，可能是社会性的，也可能是观念性的。

（5）影响挫折感的因素

影响挫折感的因素很多，主要体现在以下几个方面：

① 动机强度。挫折的产生与否和个体的需要、动机等密切相关。动机一旦产生便引导个体行为指向目标。动机产生的结果一般有四种：第一，动机无须特别努力即可达到目标；第二，动机的实现可能受到阻碍或延迟，但最终可以达到目标；第三，当一种动机正在进行之中，忽然一种较强大的新的动机出现，使个体放弃前一动机而选择后一动机；第四，动机行为受到干扰和障碍，使个体无法达到目标而感到沮丧、失意。第四种结果发生时便产生了挫折，无法达到目标而感到沮丧。

② 自我期望值。期望与现实之间都有一定的差距。如果不从实际出发，只考虑主观愿望，人为拉大两者距离，就会产生挫折感。这种挫折感的表现有三种情况：期望值绝对化——自己只能成功，不能失败。如有的学生将生活中的不快乐、学业中的失利、失恋等都看作不应当发生的，因而缺乏足够的心理准备，当遭遇挫折时，变得束手无策，痛苦不堪。概括化——以偏概全，即使是喜忧参半的事情，看到的只是消极的一面。例如，一次评优失利就认为整个评优体系有问题，从而只看到消极的一面，看不到积极的一面。无限夸大后果——有些人遇到一些小挫折，却把后果无限延伸、夸大，最后难以自拔。例如，一次考试不及格，就对自己全面否定，然后无限延伸到学业不佳，不能考研，不能考研就不能有好工作，没有好工作就没有好的前途等。

③ 挫折容忍力。挫折容忍力即对挫折的适应能力，指受到挫折时避免行为失常的能力。挫折容忍力影响着人们对挫折的感受程度。一般受四种因素的影响：a. 生理条件。疲倦、睡眠不足和饥饿的人更容易体验到挫折感。b. 过去的经验与学习。生活阅历丰富、饱经风霜的人，从小受到良好教育和训练的人，学会了摆脱挫折技巧的人，挫折容忍力就高。c. 对挫折的知觉判断。认识不同，对于同一事物的态度、所造成的打击、压力、威胁也就不同。d. 人格因素。情绪不稳定、意志薄弱的人，在童年时遭受冷遇或受到溺爱的人，容易遭受挫折。

☞ 素质提升

交互作用模型（CPT 模型）

CPT 模型最早是由著名心理学家拉扎鲁斯等人建立与倡导的，代表一种比较整合的观念。这一观点把压力描述为“既不是环境刺激，也不是个体特征或反应，而是环境要求与处理这种要求的能力之间的相对关系”。拉扎鲁斯认为：任何一个事件，只要是环境或内在要求超出了个体的适应性资源，压力就会产生。该理论模型包含如下三个基本要点：①认知的观点，即认为思维和认知是决定压力反应的主要中介和直接动力。换言之，压力感能否产生，以什么形式出现，均取决于个体对其与环境间关系的评估。②现象学的观点，即强调与压力有关的时间、地点、事件、环境以及人物的具体性。③相互作用的观点，包含两大要点：其一，在压力过程中，存在许多中介因素，压力源与中介因素的交互作用将直接或间接地影响个体最后的反应方式和结果；其二，压力产生与个体和环境间的特定关系，若个体认为自己无力对付环境需求则会产生压力体验。

第二节 大学生压力和挫折的产生

压力和挫折是每个人成长道路上不可避免的。引起大学生压力与挫折的原因很多。与高中时期的生活不同，进入大学面临着全新的环境与氛围，学业的竞争、人际交往、就业等诸多现实问题，让很多大学生感受到压力和挫折。

☞身边故事

贾同学，大三学生，父母陆续失业了，家庭经济收入骤减。为了供其读书，父母亲平时总是省吃俭用，生活十分拮据。父母把未来的希望全寄托在自己身上，期望值很高。可是，贾同学最近总是看不进书，坐在教室里东想西想，精神不能集中，对自己的行为很不满意，很烦，非常担心自己就一直这样下去。尝试着想改变自己，但不知从何做起，效果自然也不好。心情越来越坏，对任何事情好像都提不起兴趣。吃饭经常没有胃口，去医院检查，医生说没什么问题。没想过毕业后找工作的事情，还有一年的时间，有点茫然。大学毕业后唯一的目标就是考研究生。父母对他要求非常严格，有时严厉到伤害其自尊，想到此，贾同学更加烦躁。

☞故事点评

1. 心理分析

小贾的心理问题显然也是由压力造成的，家庭变故是小贾的主要压力源。根据西方有关家庭应激（压力）的理论，家庭薄弱性与事件威胁性是与家庭应激相关的两个主要因素，家庭应激增加了家庭成员的易受伤害性。家庭成员感受到的压力取决于他（她）对变化含义的个体意识，同时也依赖个体能够影响（帮助）改变应激源事件过程的程度或其能减小改变冲击的程度。

2. 故事的启发

在本案例中，小贾的父母双双失业，家庭经济收入骤减，而且还必须供其上大学，可见家庭应激（压力）是非常大的。小贾作为一名学生，对事件无能为力，只能消极地承受威胁；持续的家庭压力，直接影响了小贾在日常生活和学习中的行为方式，甚至影响到小贾的某种生理机能。例如，吃饭时没有胃口，很有可能是该事件使其联想到了父母省吃俭用的情景；父母稍微言语过重，小贾便觉得很受伤害；在学习过程中，一旦想起父母和家庭状况，便心烦意乱，再也看不进书了；小贾采取的方式是摇摆于积极和消极两者之间的。一方面，小贾确立了考研目标，希望通过自己的努力，在将来能够提高自己应对家庭危机的能力，这是积极的应对；另一方面，小贾由于害怕面对来自家庭的压力，在受到父母批评后不敢回家，也不想回家，以回避来自家庭的压力，这又是消极的应对。

☞心理导航

1. 主题聚焦

大学生在学习生活中，有着很多压力和挫折源，一旦这些压力或挫折源超过个体承受能力，便会给个体带来困扰，经常影响大学生正常的学习生活节奏。

2. 心理理论阐释

(1) 压力和挫折的主要来源

① 学习上的压力与挫折。大学的学习方式、教学模式与中学有很大的差别，且自主学习占主要地位，许多大学生在自我管理方面欠缺，使曾经成绩优异的自己优势不再明显，现实与理想的落差较大时，就会产生挫败感，产生压力。

② 生活上的压力与挫折。大学生活与以前大不相同，由于同学们来自五湖四海，各地的同学有着不同的观念和生活习惯，难免引起分歧，进而导致关系恶化；贫富差距也会导致大学生产生压力和挫败感。如举行活动或节日庆祝、生日庆祝时，大家凑钱买礼物，自己生活费都有问题，可是为了面子又不能不出钱。由于虚荣心作祟，大学生又存在着攀比心理，“打肿脸充胖子”的行为时有发生，这在一定程度上也给当事人带来了压力与挫折。

③ 人际关系上的挫折与压力。大学生活中，人际关系是非常重要的一方面。良好的人际关系能给大学生带来积极的影响，而消极的人际关系则会有恶劣影响，甚至影响大学生的身体健康与心理健康。

④ 就业方面的挫折和压力。许多学生入学的目的就是找个好工作，但随着高校的扩招，大学生数量的增加，工作难找，好工作更难找。当大学生找不到合适的工作或者求职屡屡被拒时，如果不能很好地调节就会出现压力与挫折。

(2) 压力与挫折产生的原因

引起大学生心理压力与挫折的原因很多，从总体上可概括为两个方面：外部因素和个体因素。

① 外部因素包括：

一是自然环境因素。自然环境因素是指非人力所能及的一切客观因素。例如台风、地震、酷热、洪水、疾病、事故等。

二是社会环境因素。我国正处在社会主义市场经济体制的时期，既有的生活方式、价值观念、评价体系、行为模式等正发生着变化。这种深刻的社会变革在客观上给当代大学生的心理带来了深刻的影响。

三是学校环境的影响。学校环境对大学生的心理影响主要有以下几个方面。

高校校园环境设施的陈旧。大学生在高中时就对大学生活有着美好的憧憬，但现实中的大学校园环境及设施往往与大学生想象中的“天堂”有一定差距。如一些高校校园设施落后，住宿条件、就餐环境等跟不上学生的需求，使大学生的不满情绪增加。尤其是随着扩大招生以来学生人数的增加，许多高校教室、图书馆设施无法完全满足大学生的主动学习需求，给大学生的学习带来了消极的影响。

高校教学内容与管理方式的滞后。作为求知欲、成就动机非常强的大学生，他们往往希望学习最新的知识，能够在社会上大有作为，但是出于各种原因，部分高校的教学内容滞后于现实社会的变化和发展，知识陈旧，教学方法和教学手段与新型人才培养的要求不相适应，使大学生的失望之情、挫折心理油然而生。另外，高校是否能根据学生的个性发展、心理特征来调整对学生的管理模式等，都关系着学生对学校的满意度。

校园文化的偏差。校园文化对大学生心理健康的影响直接而深远。近年来，由于沉重的学业负担和就业压力，校园文化出现气氛不浓、品位不高、频度不足等现象，许多学生社团缺乏实力；校园人际关系也变得庸俗化，同学之间相互猜疑、妒忌，小团体主义、个人主义现象时有发生，人与人之间的金钱关系、利益关系也或多或少地存在，这些现象使不少学生心理难以平衡，产生心灵的孤独感、寂寞感与强烈的不适应感。

四是家庭影响。家庭的人际关系、教育方式、抚养方式以及家长的素质等对大学生的心理挫折产生都有直接或间接的影响。有关研究表明，大学生的不少心理问题与家庭生活的背景、生活习惯、家庭关系等紧密相关。自小娇生惯养和过分受保护、被溺爱的孩子进入大学后，更容易产生心理挫折。家庭贫穷、双亲不和或单亲家庭的孩子，由于父母对他们过分管制或放任不管，上大学后，有些人表现得蛮横无理或做出一些违背社会规范的反常举动；有些人表现出内向、孤僻的性格，很少与人交往，不易表露感情，郁郁寡欢，也容易产生心理挫折。

② 个体因素包括：

一是个体生理因素。生理因素是指个体的身体、容貌、健康状况、生理缺陷等先天素质。例如，身体素质较差的学生难以成为优秀运动员；人际交往等社会活动中可能由于其貌不扬而丧失信心，无法在社交场合中潇洒自如、谈笑风生、展示自己的才能，甚至正常交友也受影响，使自己陷入孤寂境遇等，都可能给大学生带来挫折感。

二是生活环境的不适应。许多学生第一次离开家到一个全新的环境，一时难以顺利地实现角色转换，如水土不服、饮食不习惯、集体生活不适应、难以承受理想中的大学环境和现实中的大学环境之间的反差等，致使有的学生因为生活中遇到的一点困难或不如意的事情，便产生挫折心理，出现孤独、苦闷、烦恼、忧愁等不良心理反应。同时，这个时期是人生由少年向成年过渡的阶段，他们的独立精神、自主精神还没完全成熟，许多学生无法适应新的生活。比如相当多的学生对大学的学习方式不习惯，尤其不能适应大学生活里“充足的自由时间”，缺乏独立自主的学习能力和习惯。

三是自我认知偏差。大学生缺乏社会经验，往往不能正确地认识自我，当取得一点成功时，自我评价偏高；当遇到挫折与失败时，就会产生失败感或焦虑苦恼的情绪而低估自己甚至自我怀疑与否定。

四是人际交往不适。在大学校园这一特定环境之中，大学生具有强烈的归属感，对友谊、对朋友有着热切的依恋和期望。由于交往经验与技巧的不足，交往过程中沟通不足、关系失调、人际冲突等现象时有发生，从而导致心理挫折。如不少大学生都感觉到不知道如何与同学、老师、辅导员交往，产生了“大学同学之间的交往怎么和高中不一样”“在大学里没有知心朋友，感到孤独”的悲叹。

五是动机冲突。在现实生活中，人们常常同时产生两个或两个以上的动机。如果这些并存的动机不能同时获得满足，并且在性质上又出现彼此相互排斥的情况，就会产生动机冲突的心理现象。丰富多彩的大学生活和社会转型期带来的大好机遇，在为大学生的全面发展提供有利条件和广阔天地的同时，也给他们带来了选择的冲突，如在政治方面、经济方面、专业定向方面、社会交往方面、恋爱方面、择业方面的取舍问题。当若干个动机同时存在、难以取舍时，就会形成动机冲突。

六是性与恋爱问题。大学生正处于向成人过渡的时期，有了强烈的性生理和性心理的需要，但是由于社会文化、学校规章制度、家长约束等因素的制约，由此引起的挫折对大学生健康和发展的影响是极其深刻的。大学校园里发生的许多严重问题往往是由爱情挫折引发的。大学生由于性机能的成熟、性意识的觉醒、性心理的发展，校园生活又创造了诸多交往的机会，渴望交友，大学生恋爱得到大多数学生的认同。与恋爱相关的问题如单相思、被动卷入恋爱、失恋等都会增加大学生的心理挫折感，也有的学生因性压抑、性自慰甚至发生性关系等问题而产生严重的心理挫折。

☞ 素质提升

挫折的积极作用

挫折能够增强大学生的聪明才智。失败是成功之母，错误是正确之母。当人们在遭遇挫折之后，总要反省自己，去认真总结经验教训，探究导致失败的原因，寻找摆脱困境的方法。因此，挫折的经历对大学生是十分可贵的。挫折使大学生们“吃一堑，长一智”，它使大学生学会反省、思考、总结和探索，能使大学生不断提高认识、增长才智，变得更加聪明起来。

挫折能激发大学生的进取精神。在复杂的现实生活中，成功和挫折、失败并不是绝对的，两者之间往往仅一步之遥，此时的失败可能连着彼时的成功。如果拒绝了失败，实际上也就拒绝了成功。挫折是使人迈向成功的催化剂。每一次挫折的洗礼，都可能会激发大学生懂得为人处世之道，掌握经纬世事之术，不断深化和提高对自我的认识，特别是对自我的错误与缺点的认识，在思想上和行为上走向成熟。

挫折能增强大学生的耐受力。只有“忍人所不能忍，为人所不能为”，才能获得成功。而且，挫折会对大学生的自傲心态进行无情的打击，使他们不得不对自己的过去进行检讨，从而去掉或降低傲气，变得谦逊一些，为人做事更谨慎一些；不再像以前那样自以为是，而是虚心向别人学习，善于汲取他人的长处。

挫折能磨砺大学生的意志。“自古英雄多磨难，从来纨绔少伟男”。历史上一帆风顺而又有大成就的人是少见的。真正出类拔萃的人，大都是那些历尽艰辛，在挫折中磨炼出坚强的意志，在逆境中不懈奋斗的人。

第三节　压力和挫折对大学生心理的影响

压力和挫折会影响大学生的心理健康，这已经成为共识。面对压力时，大学生在情绪、行为以及认识等方面都会发生变化，遭遇挫折，也会引发大学生产生生理、心理和行为等一系列反应。大学生应端正认识，直面压力和挫折，提升压力管理和挫折应对水平。

☞身边故事

林同学是某大学某系三年级的学生，在英语四级考试失利、恋爱受挫的双重打击下，内心十分痛苦，情绪波动很大，开始以酒精来麻醉自己，几乎天天旷课，拒绝与他人交往，不接任何人的电话。当酒精失去作用的时候他又开始不断以各种消极方式回避内心的冲突或压力。最终时间一天天过去，林同学越来越失去生活的目标，再也打不起精神来，无法从失利、受挫的阴影中走出来。

☞故事点评

1. 心理分析

压力和挫折看不到，摸不着，但每个大学生都能感受到它的存在。在压力和挫折面前，大学生感到困扰、不适应，甚至痛苦，这些都对情绪产生较大的影响。

2. 故事的启发

大学生活中的挫折各种各样，像该案例中小林的情况很多，如何去认识和面对这些问题和困难是值得思考的，因为一次挫折就一蹶不振吗？遇到困难就退缩不前吗？这些都不是好的处理方式。一个迈向成功的人需要有良好的意志力，掌控压力和挫折的能力。失败了重新开始，跌倒了再爬起来，这样才能一步步接近自己的目标。

☞心理导航

1. 主题聚焦

当个体面对压力和挫折时，从生理、心理和行为上都会调动起来进行应对，这些反应可以有积极和消极两个方面。大学生应有意识培养合理管控压力和挫折情绪的能力，培养积极反应的心态，克制或避免消极反应的心态。

2. 心理理论阐释

(1) 压力反应

大学生面对压力，在情绪、行为及认知等方面会发生变化，表现出特有的特征。

① 情绪具有两极性和矛盾性，主要体现在三个方面：一是对事物的认知还不稳定、不完整，情绪易失去控制，易走极端，因此在压力面前表现出矛盾和情绪摇摆不定；二是他们的自我意识正在觉醒，但现实自我和理想自我的不一致常常引发矛盾；三是他们内在的日益增长变化的需求与现实满足要求的可能性之间的非线性关系，使他们在压力面前情绪忽高忽低，激烈多变，表现的外在特征便是忧郁、倦怠和焦虑等。

② 行为幼稚和成熟并存，处于心理过渡时期的当代大学生，其行为表现既有少儿时期残留下来的天真幼稚，又有成年时期的深思熟虑。而两性情感的介入更使他们在压力面前有各种行为的变化。这些变化取决于压力的程度、个体特质环境的改变。轻度压力可以导致正向的行为适应，但是压力若长久不被解决，则会随着时间的累积而加重，引起不良的行为反应。如注意力不集中、缺乏耐心、容易烦躁、学习效率降低等。

③ 认知出现偏差，当个体察觉到某一压力源具有威胁性时，其认知功能就会受到影响。大学生在受到社会转型期各种人生观、价值观、世界观相互碰撞的影响时，在过度压力面前容易导致认知障碍，产生种种困惑和错误的观念。这种消极的负面反应反过来又“放大”了心理压力，造成恶性循环，甚至导致心理危机。

(2) 挫折反应

一般心理挫折的反应可以分为三大类：生理反应、心理反应和行为反应。

这些反应经过强化或重复，逐渐成为个体对待挫折的习惯表现方式。

① 生理反应。个体遭受挫折以后，机体内部的自我调节机制将会最大限度地调动机体的潜在能量，以有效地应对外界环境的变化。比如，受挫后交感神经系统的兴奋性会增强，消耗大量的能量，于是神经末梢释放生物信息，刺激心肌收缩力增强，以促进血液循环，血压升高；刺激呼吸加快，以保证氧气供应；刺激各种激素分泌增加，促进蛋白质、脂肪、糖原分解。

体内潜能大量消耗的同时，机体内部那些与情绪反应无直接联系的器官或系统则得不到必要的能量而不能维持正常功能，如消化道蠕动减慢、胃肠液分泌减少等。如果长期处于挫折情境而得不到消解，上述生理变化将会进一步增强，从而引起身心病变，出现皮肤和面色苍白、四肢发冷、心悸、气急、腹胀、尿少等一系列症状。

② 心理反应。挫折情境中的心理反应包括情绪反应，以及较为复杂的防御性心理反应。

愤怒和敌意。如果受挫者意识到挫折情境来自人而不是自然因素，会产生愤怒和敌意的情绪体验。所谓“怒从心头起，恶向胆边生”，愤怒之后可能还会有进一步的极端行为反应。

焦虑与担忧。通常情况下我们不知道挫折的原因是什么，或者就是知道挫折来源于什么，但是却无法解决，这时我们往往会产生焦虑与担忧的情绪反应。焦虑是挫折后常见的一种心理反应。适度焦虑，如考试前适度紧张，对提高活动效率、发挥潜能有一定的积极作用。而过度的焦虑是有害的，严重的会导致心理疾病，发展成焦虑症。焦虑之外，往往还有对于事情进展能否顺利、目标能否达到的担忧。

冷漠。当人遇到挫折以后，表现出无动于衷、漠不关心的态度，好像没有什么情绪反应，这就是受挫后的冷漠反应。冷漠并非没有情绪反应，相反，是一种压抑极深的痛苦情绪反应。当个人面对亲人、朋友带给自己的伤害，或者面对无法摆脱的挫折情境时，通常会表现出冷漠的反应。

压抑。当无法对挫折情境表达我们的愤怒与不满的时候，需要暂时将消极情绪压抑起来。压抑并不意味着问题的解决，按照精神分析理论，被压抑的情绪进入潜意识，会通过其他途径变相表露出来。

升华。以积极的心态看待挫折，将挫折转化为一种激励的力量。所谓“屡战屡败，屡败屡战”“越挫越勇”就是这种在挫折面前自我激励的情绪状态。

③ 行为反应。人在挫折情境下除了有情绪反应之外，可能还伴随着某种行为反应。

报复与攻击。对于人为造成的挫折，比如他人的恶意阻挠，会激起当事人强烈的反应，可能会直接激发出报复和攻击行为。受网络暴力文化的影响，很多青少年面对挫折具有暴力倾向，比如大学生犯罪。

退行。遇到挫折时，心理活动和反应退回到个体早期发展水平，以幼稚的、不成熟的方式应对当前情境。比如，大学生的活动计划如果受到家长或者老师的反对，可能就会采取赌气、咒骂、暴食、疯狂购物、砸物甚至出走等非积极、不成熟的方式去应对。

习得性无助。习得性无助指个人在面对挫折情境，经多次尝试也无法避免失败的经验，使得个体在挫折面前完全失去任何意志努力的现象。这是心理学家进行动物实验时发现的现象。在现实生活中，由于人们遭受多次挫折和打击，却不能克服苦难、战胜挫折，久而久之就会沮丧，从而倾向于放弃意志努力，听从命运摆布。

补偿。补偿指一个因某方面的缺陷而无法达到期望的目标时，以其他方面的成功来弥补先前的遗憾与自卑的现象。例如，大学生因为家庭经济条件或者自身的相貌条件在恋爱问题上受挫，那么他就可以发奋学习，以学习的成功增加自己的自信心。

幽默。遇到挫折，以看似轻松发笑的语言对挫折的原因或者遭受挫折以后的后果进行解说，使人的心理紧张或愤怒感暂时消失的艺术，就是幽默。幽默反映个人看待挫折成败的一种超然心态和智慧。

宣泄。宣泄指采用道德法律许可的方式发泄心中的不满、愤怒等极端情绪，从而避免发生直接人际冲突和心理郁积的一种方式。常见的宣泄方式有：在空旷空间大吼大叫、摔打物品、打出气袋、跳舞、唱歌等。大学生遇到挫折很容易产生强烈的情绪反应，宣泄是一种很好的应对挫折的方式。

☞ 素质提升

大学生受挫弹性自我测验量表

每个人在生活中都会不同程度地受到挫折，人们在受挫后恢复的能力却各不相同。有些人弹性十足，有些人受挫后一蹶不振，而大多数人则介于两者之间。下列问题则可以测验出你应对困境的能力。在回答这些问题时，请你用“同意”或“不同意”作答。回答越坦白，越能测验出你的受挫弹性。同意画“√”，不同意画“×”。

1. 胜利就是一切。
2. 我基本上是个幸运儿。
3. 白天工作不顺利，会影响我整晚的心境。
4. 一个连续两年都名列最后的球队，应退出比赛。
5. 我喜欢雨天，因为雨后常是阳光普照。
6. 如果某人擅自动用我的东西，我会生气一段时间。

7. 汽车经过时溅了我一身泥水，我生一会儿气便算了。

8. 只要我继续努力，我便会得到应有的报偿。

9. 如果有感冒流行，我常是第一个被感染的人。

10. 如果不是因几次霉运，我一定比现在更有成就。

11. 失败并不可耻。

12. 我是有自信心的人。

13. 落在最后，常叫人提不起进取心。

14. 我喜欢冒险。

15. 假期过后，我需要舒散一天才能恢复常态。

16. 遭遇到的每一次否定都使我更进一步接近肯定。

17. 我想我一定受不了被解雇的羞辱。

18. 如果向我所爱的人求婚被拒绝，我一定会精神崩溃。

19. 我总不忘过去的错误。

20. 我的生活中，常有些令人沮丧气馁的日子。

21. 负债累累的光景让我寒心。

22. 我觉得要建立新的人际关系相当容易。

23. 如果周末不愉快，星期一便很难集中精力学习和工作。

24. 在我生命中，我已有过失败的教训。

25. 我对侮辱很在意。

26. 如果聘任职务失败，我会愿意尝试。

27. 遗失了钥匙会让我整个星期不安。

28. 我已达到能够不介意大多数事情的地步。

29. 想到可能无法完成某项重要事情，会使我不寒而栗。

30. 我很少为昨天发生的事情烦心。

31. 我不易心灰意冷。

32. 必须要有百分之五十以上的把握，我才敢冒险把时间投资在某件事上。

33. 命运对我不公平。

34. 对他人的恨会维持很久。

35. 聪明的我知道什么时候该放弃。

36. 偶尔做个败北者，我也能坦然接受。

37. 新闻报道中的大灾难，使我无法专心工作。

38. 任何一件事遭到否决，我都会寻求报复的机会。

评分规则：上列问题，列入“不同意”者为1、3、4、6、9、10、15、17、18、19、20、21、23、24、25、27、28、29、32、33、34、35、36、37，其余题为“同意”。依上列答案，相符者给1分，相反为0分。

<10分，是易被逆境、失望或挫折所左右的人，你易于把逆境看得太严

重，一旦跌倒，要很久才能站起。你不相信“胜利在望”，只承认“见风转舵”。

11～25 分，遇到某些灾祸或逆境的时候，往往需要相当时间才能振作起来。不过这类人却能找到很多的技巧和策略来获取个人的利益。

＞25 分，你应付逆境的弹性极佳。不理想的境遇对你虽然会造成伤害，但不会持久。这类人在情感上通常相当成熟，对生活也充满热爱，他们不承认有失败，纵或一时失败，仍坚信有“东山再起”的一天。

第四节　大学生压力管理与挫折应对

大学生应学习压力管理和挫折应对的技巧和方法，同时应努力调动自身积极资源，采取有利于对抗压力、应对挫折的行动，提升个体适应力，在面临压力和挫折的情境下努力达到身心平衡的状态。

☞身边故事

容同学是某工科院校大三女生，即将毕业，心中却十分茫然，担心找不到理想的工作，一想到未来就隐隐地感到害怕，有时候也懒得去想这个问题，认为想也没用，徒增烦恼。看到其他同学都在准备考研，她也想考，但又怀疑自己的能力，因为她的学习成绩中等，工科的某些课程让她学起来有些吃力，且学习效率低。近一个学期以来，她坐在教室里总是东张西望，想东想西，精神不能集中，看着别人都在认真看书，而自己却在浪费时间，更加烦躁不安。她对自己的行为很不满，非常担心自己就一直这样下去。小容家在农村，经济状况一般，有一个哥哥和一个姐姐。哥哥在外面打工，姐姐已经嫁人，家里只有自己是大学生，因此她认为自己有责任挑起家庭的重担，但又觉得力不从心，学又学不好，工作也找不着，前途渺茫。她感觉自己完蛋了，对不起父母，不知道该怎么办。

☞故事点评

1. 心理分析

不同的个体对待挫折和压力的反应会有所不同，有的表现很镇定，无明显变化，能够有条不紊地应对变化；有的表现为情绪激烈，言语失控，不能正常思考和应对；有的表现为行为冲动，甚至有暴力倾向，不能有效控制自己的行为举止。

2. 故事的启发

该案例中小容的心理困扰主要是由就业及前途的压力所致。首先，就业压力所造成的心理困境，其实质是由小容自身能力与理想目标之间的落差造成的，落差越大，心理压力也就越大。小容学习成绩一般，对自己缺乏信心，且因家在农村，加上又是家中唯一的大学生，觉得自己责任重大，必须找到一份好工作（考研也是为了更好地就业），又因为缺乏社会支持体系，因而心理压力相当大。其次，就业压力给小容带来较强的不安全感。人面对压力时会作出特定的反应，有积极应对的，也有消极回避的，小容面对压力采取的方式就是回避式的。小容懒得考虑就业问题，希望把问题先放一放再说，但问题依然存在，静不下心看书正是她内心焦虑不安的外在表现。再次，小容的观念中存在不合理信念，因为一时的学习与就业压力便认为自己完蛋了，这种不合理信念直接加重了压力感，以致身心疲惫。

☞ 心理导航

1. 主题聚焦

为了能很好地适应大学乃至今后的学习、生活和工作，大学生群体必须学会有效的压力管理策略，提高自己的压力适应能力。所谓压力管理，是指针对可预见的压力源进行必要的干预，维护身心健康，提高处理问题的效率，保证学习生活目标顺利实现的管理活动。同时，在遭遇挫折时，也要学会合理应对，避免学习和生活受到不良影响。

2. 心理理论阐释

(1) 大学生压力管理

每个人都会遇到不同情景的压力，应对方式也各不相同，大学生可以从以下几个方面着手进行自我压力管理。

① 构建自己的社会支持系统。《古今贤文》（合作篇）提道："一个篱笆三个桩，一个好汉三个帮。"大学生可以从以下几个方面构建自己的社会支持系统：

一是从老师、父母处寻找支持力量，可以向老师、父母求助，他们生活经验丰富，经历较多，有见解，能帮助我们冷静地分析问题，往往能够提出周全的解决办法。

二是从同学、朋友处寻找支持力量，俗话说"当局者迷，旁观者清"，也许当前面临的挫折在别人看来根本不算什么，但我们当时却感觉不到，总是夸大其消极后果，可以向同学、朋友说说感受，或许他们可以提供一些好的建议，即使不能提供好的建议，也可以宣泄不良情绪。

三是从心理咨询机构寻找支持力量，专业的心理咨询机构将给你理解、关心和专业上的指导，引导大学生处理好个人发展过程中遇到的各种问题。

② 觉知和调整自己的生理状态。生理状态是压力最直接的指标。要想有效管理压力，首先要有压力意识，要能觉察压力的信号。人在应激状态下，本能

会驱动机体的防御机制，这是自发形成的。有效的压力管理，需要建立一个对付压力——尤其是那些慢性压力的预警机制。

有意识地觉知自身的紧张、焦虑等情绪状态。当处于应激状态时，自己的生理和情绪上会有什么样的不适反应？记录自己的这些压力反应，然后锁定这些反应指标，以后每当产生这些不适反应时，便对自己发出警告。压力预警，就像战争中的雷达一样，让自己保持必要的警惕。

学会控制自己的不良生理指标。当压力知觉性提高时，也需要提高生理指标控制力，比如心跳、呼吸、血压等。这实际上就是生物反馈过程，当然，提供反馈的不是机器而是你自己的觉知能力。

③ 认知重组，是一种积极的压力应对策略。其重要性在于能够改变个体对某个事件和情境的评价，从而消除或减小压力。就拿乐观主义来说，它是一种感知过滤镜，使许多情境都改变了原有的色彩。

正确认识压力源，对压力进行有效管理。首先要认识到万事万物皆有阴有阳、有利有害，看问题不要片面化，应当多角度、全方位地看；黑中有白、白中有黑，好中有坏，坏中有好，并无纯粹的东西，看问题不要绝对化；黑可变白，白可变黑，任何事情都会变化，因此应当以发展的眼光看问题。认为好事绝对好，容易乐极生悲；认为坏事永远坏，则会悲观绝望。其次，要了解自己的压力应对方式，是积极应对还是消极逃避。例如，大学生的人际交往是困扰学生较多的问题，原因在于很多学生进入大学后，依然按照过去的交友观念和方法与同学相处，导致矛盾冲突。此时，对大学生来说，需要因环境的改变而学会调整和改变自己人际交往的观念和方法，改变固有应对压力的经验和方式，这样才能有效解决自身的困惑和压力。

辩证地看待压力。加拿大医学教授塞勒博士曾说："压力是人生的香料。不要认为压力只有不良影响，人们应该转换认识和情绪，多去开发压力的有利方面。"适当的压力可以使人思维活跃，积极调动身心潜能去改变环境，迎接挑战。比如，面对考研压力使英语学习成绩提高，伴随着英语学习状况的改变和新的责任，这样的压力是有好处的。当一个人正视压力，压力就会表现出多方面的积极意义。压力能使大学生正视自己，积累人生经验，变得更加成熟；压力可以使人发现自身潜力，在大学期间依据自身的学习发展目标，制订合理的规划，充满自信，不断挑战自我，身体力行逐一实现目标。孟子在《生于忧患，死于安乐》中提道："天将降大任于斯人也，必先苦其心志，劳其筋骨，饿其体肤，空乏其身，行拂乱其所为，所以动心忍性，曾益其所不能。"可见苦难和挫折可以激励我们的斗志，使性情坚韧，增长才干，这也提醒我们要辩证看待压力。

④ 进行有效的时间管理，日常学习、生活和工作中的许多压力，都来源于事情和任务本身。因此，对压力源进行管理，也是压力管理的重要策略。压力

源管理常常与时间管理相关联。大学生的时间管理，是大学生对大学生活时间（包括学习时间和闲暇时间），采用科学的手段，围绕学习生活事务及其进程，进行有计划、有系统的控制、调节，最终达到有效利用时间来实现自我发展的管理活动。《论语·子罕》中说道："逝者如斯夫，不舍昼夜。"这是孔子对时间流逝的感慨，也提醒我们要珍惜时间。

⑤ 其他积极的减压方式。

直面问题，解决问题。直接面对问题，而不是逃避、压抑、转嫁或迁怒于无关的人或事；理性地评价、选择解决问题的方案；解决问题的策略要与现实相符，其出发点是对问题的真实估计，而不是自我欺骗或自暴自弃。

坚持适当和必要的体育锻炼。尤其是感到有压力的时候，自己需要做的不是坐在那里发愁或者抱怨，走出去活动活动。你可以慢跑，请注意，一定是慢跑！慢跑的过程中，呼吸缓慢而有节奏，一边跑一边意念，让神经和身体彻底放松。体育活动是非常有效的减压方式，它基本不产生额外花费，但是却可以迅速改善某些生理系统及其功能，让自己充满生命活力，找回控制感。

置身于文艺世界。可以看电影、听音乐、欣赏书画作品，任何让自己真正能够感受到美的东西，都可以尝试。在欣赏和感受美的过程中，让自己找回人性的光辉、世界的美好和生活的希望。

郊游或者远足。可以根据时间表和经济条件，把自己交给大自然。请记住：大自然永远是人类最宽宏慈爱的母亲！当面对她的时候，可以完全抛开自己在社会中因为防御需要戴上的层层面具，重新思考过去没有考虑到的东西，真实面对自己。

户外体验或者拓展训练。可以个人报名或者组织同学、朋友，进行一次户外体验或者拓展训练，这同样可以让自己放松减压。

阅读书籍，吸取榜样的力量。当面对压力感到不知所措的时候，可以从榜样身上寻找力量。杰出人物毫无疑问经历了无数的挫折与压力，那么他们是怎么做的？去看看人物传记吧。

（2）大学生挫折应对

① 善于调节自我抱负水平。自我抱负水平是指个人对未来可能达到的成功标准的心理需求，是指人们在从事某种实际活动之前，对自己所要达到目标规定的标准。如果一个人对自己规定的标准高，那么他的自我抱负水平就高；如果对自己规定的标准低，那么他的自我抱负水平就低。可见，自我抱负水平是自定的标准，仅仅是个人愿望，与个人的实际成就不一定相符合。一般而言，自我抱负水平直接影响个人的学习和生活，一个抱负水平较高的人，往往对自己的要求也较高，因而其学习、工作的效率也就较高；一个抱负水平低的人，对自己的要求也就低，缺乏积极性、主动性，因而其学习、工作的效率也就较低。但是，个人的自我抱负水平必须建立在对自己实际能力正确认知的基础之

上，如果一个人的抱负水平总是高于自己的实际能力，那就很难达到预期的目标，很容易遭受挫折。

坚持目标，继续努力。当我们遇到挫折后，可以根据自己的知识和经验通过分析、发现自己追求的目标是否现实、合理，再根据实际情况克服困难，认真总结经验教训，从而实现自己的愿望，达到预定的目标。正如爱迪生所说："伟大人物最明显的标志就是他坚强的意志，不管环境改变到何种地步，他的初衷与希望仍不会有任何改变，而终于克服障碍以达到所期望的目的。"马克思《资本论》中说道，"在科学上没有平坦的大道，只有不畏劳苦沿着陡峭山路攀登的人，才有希望到达光辉的顶点"，也是鼓励大家不断努力，坚持就是胜利。

降低目标，改变行为。当我们经过多次努力后，还是达不到既定目标时，可以调整原有的目标，改变方式，这样就有可能成功。

改换目标，取而代之。当确定的目标由于自身条件或社会因素的限制，不能实现并受到挫折时，可以改变目标，用其他的目标来代替，或通过另一种活动来弥补心理的创伤，驱散失败造成的内心忧愁或痛苦，增强前进的信心和勇气。

② 确立合理的自我归因。在生活中，人们对行为的成功与失败进行归因是一件很平常的事，然而在这一过程中形成的归因倾向则对人的心理承受力有很大的影响。心理学家研究表明，在归因中，有些人倾向于情境归因，认为外部复杂且难以预料的力量是主宰行为的原因。如一个学生认为自己成绩不好主要是由于教师教学水平或是考卷难度太大。有些人倾向于本性归因，即认为自身的努力、能力是影响事情的发展与行为结果的主要原因。例如，一个学生认为自己成绩不好是由于学习不够努力。

不同的归因倾向，会给人们的心理和行为带来积极或消极的影响。根据韦纳的归因理论，归因维度可分为内外因、稳定性、可控性几个方面。能力、努力、兴趣、方法等是内因，任务难度、运气、环境条件、人际关系等是外因。能力、任务难度等是稳定因素，努力、运气、身心状况等是不稳定因素。根据可控性把行为成败归结为努力等可控因素，把运气、他人支持等归结为不可控因素。当遭遇失败和挫折时，我们尽量寻找自身内在、可控的和不稳定的原因。

归因对人的行为有重要作用。成败的关键是内因，一味强调外因，就会忽视自我的力量，失去自信和责任心，导致失败。归因时遵循"三要与三不要"原则：

要客观分析影响成败的原因，不要主观臆断。

要先从自己内部找原因，激发自我责任感，不要一味埋怨环境，也不要一味自责。

要尽量找自己可以改变的因素，不要过多归因于不可改变或太难改变的因素。

③ 构建成熟的心理防卫机制。心理防卫机制是挫折发生后人在内部心理活动中所具备的有意或无意地摆脱挫折造成的心理压力、减少精神痛苦、维护正常情绪、平衡心理的种种自我保护方式。

受挫后的心理防卫机制有很多，但有利于大学生成长的积极的心理机制表现为升华、补偿等。升华的心理防卫机制能够使大学生在遭遇挫折后，把内心痛苦化为一种动力，转而投入有益的生活学习中，这无疑是人们在挫折后的最佳应对方式。补偿、文饰、幽默、升华等心理防卫机制能使大学生获得平衡心理，保持自尊，减轻内心的痛苦和焦虑，因而也不失为受挫后较理想的心理防卫方式。另外，合理的情绪宣泄也是缓解大学生受挫后心理紧张和焦虑，保持其身心健康的有效机制。

☞素质提升

音乐冥想放松训练

1. 操作步骤

① 选择一首轻松而舒缓的音乐，配以想象意境的指导语；

② 选择一个安静的环境，仰卧在床上，将四肢伸展放平，有舒服的感觉；

③ 随着音乐和指导语的播放，呼吸保持深慢而均匀；

④ 意念随着指导语的播放，同时伴随着想象的意境，在想象的同时，感觉到有股暖流在身体内运动。

2. 指导语

我躺在美丽的大海边，沙子又细又柔软，我感到很舒服。我躺在温暖的沙滩上，一缕阳光照射过来，我感到温暖、舒服。耳边想起了海浪的声音，我感到温暖而舒服。一阵微风吹过来，我有一种说不出的舒畅的感觉。微风带走了我的思想，只剩下一片金色的阳光。海浪不停地拍打海岸，我的思绪随着海浪的节奏，涌上来，又退下去。温暖的海风吹过来，又离去，带走了我的思绪。我感到沙滩柔软，海风轻缓，阳光温暖。蓝色的天空和大海紧紧地笼罩着我。

轻松暖流，流进我的脖子，我感到温暖和沉重。我的呼吸变慢变深。轻松暖流，流进我的右肩，我感到温暖和沉重。我的呼吸变慢变深。轻松暖流，流进我的右臂，我感到温暖和沉重。我的呼吸变慢变深。轻松暖流，流进我的右手，我感到温暖和沉重。我的呼吸变慢变深。

轻松暖流，又流回我的脖子，我感到温暖和沉重。我的呼吸变慢变深。轻松暖流，流进我的左肩，我感到温暖和沉重。我的呼吸变慢变深。轻松暖流，流进我的左臂，我感到温暖和沉重。我的呼吸变慢变深。轻松暖流，流进我的左手，我感到温暖和沉重。我的呼吸变慢变深。

我的呼吸变慢，变得越来越轻松。心跳也越来越慢，越来越有力。轻松暖流，流进我的右腿，我感到温暖和沉重。我的呼吸变慢变深。轻松暖流，流进我的右脚，我感到温暖和沉重。我的呼吸变慢变深。轻松暖流，流进我的左腿，我感到温暖和沉重。我的呼吸变慢变深。轻松暖流，流进我的左脚，我感到温暖和沉重。我的呼吸变慢变深。

我的呼吸越来越轻松，越来越深。轻松暖流，流进我的腹部，我感到温暖和轻松。我的呼吸变慢变深。轻松暖流，流进我的胃部，我感到温暖和轻松。我的呼吸变慢变深。轻松暖流，流进我的心脏，我感到温暖和轻松。我的呼吸变慢变深。轻松暖流，流进我的全身，我感到温暖和轻松。我整个身体变得平静，心里也平静极了。我已经感觉不到周围的存在了，我安静地躺在大自然中，感到非常轻松、非常自在。

第十二章 大学生生命成长与心理危机应对

学习目标：

12.1 什么是心理危机？有哪些分类？
12.2 危机应对有哪些阶段？
12.3 大学生生命困惑的主要方面有哪些？产生困惑的原因有哪些？
12.4 大学生产生心理危机的原因？
12.5 大学生心理危机常见的表现有哪些？
12.6 大学生如何处理心理危机事件？
12.7 自杀的个体有哪些前兆？如何干预身边具有自杀倾向的个体？

在高中的时候，很多人幻想大学的生活是自由自在地学习，同学充满热情，乐于助人，学校里有丰富多彩的社团活动。大学生都是曾经班里的佼佼者，各方面自我感觉良好，比较自信，自我定位较高，家庭和社会也对大学生的期望较高，希望通过考上大学拥有理想的生活。然而，当大学生面对繁重的学习、迷茫的前途、寝室人际关系矛盾时，难免会感到挫败和压抑，甚至对自己的能力产生怀疑。无人理解的孤独，枯燥单调的上课自习，难免会感到无聊和烦闷，大学生长期处于这种消极情绪，很可能会对未来长达四年的生活感到悲观和无助，严重的会出现心理疾病，甚至出现自伤和自杀的危机事件。因此，认识心理危机、了解心理危机的类型，是学校做好尽早发现、及时预防、有效干预的关键，对大学生心理健康教育工作具有重大的社会和现实意义。

第一节 心理危机与生命价值

心理危机指当一个人面对困难情境时，先前处理问题的方式及其以往的支持系统不足以应对眼前的处境时，即必须面对的困难情境超过了自己的能力时，这个人就会产生心理困扰，这种暂时性心理失衡状态就是心理危机。心理危机的产生不但与应激事件有关，而且与个体拥有的有效资源及个体对困难情境的评估有关。因此，是否对个体造成心理危机不是个体经历的事件本身，而是对自己经历的困难情境的情绪反应状态。结合大学生群体的特点来说，心理危机是大学生个体或群体面临或认为自己面临某种重大生活事件，并认为自己不能解决、处理和控制时产生的严重心理失衡状态。大学生心理危机往往对个体、他人产生强烈的破坏性影响，尤其是近几年出现的高校学生伤人、伤害动物以及自伤自残行为在社会各个层面上引起巨大的影响。因此，提高大学生的心理承受能力，面对并解决心理危机十分重要。

一、聚焦心理危机

☞ 身边故事

贾同学入学前是某地区重点中学学生，成绩一直名列前茅，但高考的失利，对就读学校与专业的不满等使其产生极大的失落感，同时为自己高考没有发挥好十分自责。贾同学进入大学以后发现自己对专业没有太大兴趣，上课像应付差事一样，没有任何动力。高等数学期中考试他竟然挂科，想起曾经的自己对成绩一向很自信，如今成绩不及格，开始责怪自己没有好好学习。为了寻求心理平衡，贾同学选择全力以赴竞聘班委，不幸落选，他便认为是很多同学不喜欢自己。在贾同学看来，学校、专业和班委选举的问题都不顺利，他心情十分郁闷，觉得活着没有意义，想自杀又觉得对不起父母。在没人的时候，一个人偷偷流泪，却又不敢让父母和朋友知道。

☞ 故事点评

1. 心理分析

贾同学刚进入竞争激烈的大学，暂时找不到自己的位置，心理落差较大，对大学生活产生不满情绪。另外，就业形势十分严峻，很多大学生对未知的生活充满恐惧。因此，很多大学生没有充分的自信适应大学的生活，引发心理危机。

2. 故事的启发

大学是半个社会，不同于高中的生活，面对新的环境，很多大学生会觉得陌生，甚至面临着各种未知的挑战和困难，难免会产生挫折感、迷茫感、失落感；甚至产生心理危机。因此，当身边有很多优秀的同学时，你是否也找不到自己的位置？面临各种挑战时，你是否觉得自己一无是处？甚至对自己的能力产生怀疑，内心充满挫败感？

☞心理导航

1. 主题聚焦

心理危机往往是突然发生的，个体不可控制的，需要个体在较短时间去应对，经历心理危机的个体往往觉得很痛苦，甚至失去尊严，这种痛苦很难被常人理解，个体会觉得无所适从，充满无助感；同时，危机可能会打乱个体原有的计划和设想，让个体陷入慌乱和迷茫的状态。由于个体在高度应激的状态下，无法顺利完成日常生活和学习，导致考试发挥失常等情况，心理危机也常常产生人际冲突，导致人际关系紧张，严重者可能会危及自己和他人生命。

2. 心理理论阐释

心理危机指个体面临突然或重大创伤时出现的心理失衡状态，即由个体无法避免的、强大的事件引起个体急性的心理失衡状态，个体往往无能为力。从大学生常见的心理危机来看，心理危机往往表现出不同的类型，每种类型具有不同的内容和特点。

(1) 发展性危机

发展性危机指在大学生成长和发展的不同阶段，个体面对急剧的转变产生的异常反应。发展性危机是成长过程中自然遇到的，不可避免的，尤其在每个人生的重要阶段都会遇到。依照心理学家埃里克森的理论，人生是由不同的阶段组成的，在每个不同的人生阶段，每个人都面临着身心发展的课题，例如18～25岁的年轻人面临着自我同一性的发展，完成自我的统一，当转换到下一个阶段时，原有的行为和能力不足以完成新课题的挑战和危险，新的行为和能力又尚未发展起来，导致个体常常处于行为和情绪的混乱无序状态，产生发展性危机。发展性危机每个人都会遇到，有些人容易渡过，有些人则停留在其中的某个阶段，需要外界帮助才能够跨越。很多学生希望通过上大学实现自己的社会价值，过上自己期望的生活。然而，进入大学以后，发现大学里竞争十分激烈，高手云集，很难找到自己的位置；离开熟悉的家人朋友，除了学习之外，还需要重新学习如何独立生活，这一系列的挑战会给大学生个体的心理健康带来影响，甚至引发心理危机。

(2) 境遇性危机

境遇性危机指人的力量无法控制的，或罕见的、突发性事件导致的危机，例如爆炸、地震、禽流感、交通事故、家人患重病、火灾、亲友去世等，境遇性危机的特点在于随机性、突然性、震撼性、强烈性和灾害性等，很多人无法在短时间内应对突发的状况，产生各种心理问题，有时候在遇到危机以后，很多人才会出现焦虑情绪、失眠、内心痛苦等反应，即创伤后应激障碍。

(3) 存在性危机

存在性危机指大学生在日常生活中遇到人生目的、责任、独立性、自由、承诺和未来发展出现矛盾时产生的心理危机。存在性危机往往是持续性的、压倒性的体验，不具有突发性的特点，往往伴随着重要的人生问题，例如大学生对自己的专业是否容易就业，今后的工资待遇是否达到预期水平，是否应该读大学等问题心存疑问。由于过度担心，内心出现很大的冲突，对生活和学习感到焦虑，存在性危机可能是现实情况引起的，也可能是自己对生活的不满引起的。存在性危机对大学生的心理影响很多时候会持续整个大学阶段，不单影响大学生的心理健康，而且还会让个体对生活失去兴趣，严重者产生反社会心理。

（4）障碍性危机

障碍性危机指大学生自身固有的心理问题、人格障碍，甚至较为严重的精神疾病引起的心理危机。障碍性危机通常具有潜在性和痛苦性，个体患有心理疾病时间较长，个体内心有强烈的痛苦感，最常见的是抑郁症、强迫症和人格分裂等疾病。很多心理疾病是有家族遗传倾向，即家族内有精神疾病的患病史。另外，很多人对主观上的情绪感受常常不重视，或者存在深深的“病耻感”，只有当心理上的不适引起躯体上的疾病时，才会选择到医院就医，这样导致心理疾病的潜伏时间较长，当遭遇强烈的现实压力时，产生心理疾病。

☞ 素质提升

心灵游戏：写出“我的五样”

1. 活动目标

通过“舍弃”和“选择”，帮助学生澄清价值观，明确生命的价值和意义。深入探索生命中什么是被自己所真正重视的、什么是最难以舍弃的，并进一步思考怎样让自己的生命更有意义。

2. 活动规则

① 请同学们在面前的这张白纸上一笔一画地写下“我的五样”，然后将“我”替换成你的名字。

② 请大家闭上眼睛，在头脑中搜索与你的名字，也就是与你自己相关联的记忆片段。在你的生命中，有没有一些东西是特别重要的呢？有没有一些人、事、物、有形的、无形的，是最被你所重视、最不可或缺的呢？接下来请各位选择其中的五样，写在你面前的这张白纸上。

3. 交流分享

① 现在这张白纸上不再是空荡荡的了，它承载了你最重要的五样东西。你都选择了什么呢？我们首先来相互分享一下。

② 选择与舍弃。请大家将目光投向你的五样。现在，你的生活中出现了一个变故，五样中的一样保不住了，你必须舍弃一样，请选择。选好了之后，用

黑色的签字笔将它彻底盖住。或者一个方块，或者一个洞，总之你再也看不到它，同时，它在你的生命中，也将不复存在。现在你的五样只剩下了四样。注意，你的生活又面临一次严峻的挑战，现有的四样也保不住了，还要再舍弃一样，请选择。游戏进行到这里，聪明的同学们应该可以猜到游戏的规则了。但请大家不要让它分散你的注意，我们要投入其中，以真正获益。看着你的三样。生活再次和你开了个不小的玩笑。你必须再放弃一次，请慎重选择。现在你面前只剩下宝贵的两样了。我们来做最后的、最艰难的选择。请大家保留其中的一个。

好了，现在你的纸上只剩下宝贵的一样。那么这个游戏要告诉我们什么呢？

4. 我思我想

① 现在纸上剩下的一样，是你最先写出的那一样吗？

② 你依次舍弃的都是什么呢？能谈谈你的想法吗？

③ 你最终保留了什么？它为什么对你如此重要？

二、危机与心理健康的关系

☞ 身边故事

付同学高中成绩非常出色，是父母的骄傲，老师的宠儿，同学心中的榜样。刚进大学时付同学参加了期中考试，结果成绩远远低于预期，想到自己曾经的辉煌不由得失落感倍增。他强烈地想把成绩搞上去，总怕自己上课漏听什么，结果，他一听到上课铃声心脏就会猛烈跳动，整个上课过程就像得了严重的心脏病似的，很难受，可一下课一切就正常了。每次考试他都想着要证明自己的实力，可事实是成绩一次比一次差，甚至拿到试卷手就会发抖，脑中一片空白。从此，他一度萎靡，上课提不起精神，甚至连头也不敢抬，总感觉老师和同学都在笑话他，都在歧视他。渐渐地，他感觉到胸闷、心慌、头痛和厌食，甚至出现失眠。最后，他觉得自己快要崩溃了，想买张火车票到没有人认识的地方去流浪。

☞ 故事点评

1. 心理分析

付同学主要是面临着大学学习适应的问题，由于高中和大学的学习内容不同，付同学原来的学习方式不适应新的学习环境，需要重新调整学习方法。然而付同学未能认识到自己需要改变，而是有强烈的愿望提高自己的成绩，希望通过成绩证明自己的学习能力，每当上课的时候就会非常紧张，当考试成绩不如意时，他就会更加怀疑自己的能力，出现焦虑、紧张状况，甚至出现厌食和失眠的情况。因此，大学生中常见的学习危机引发了个体的心理健康问题，导致个体产生心理危机。

2. 故事的启发

学习是大学生最重要的事情，在学习过程中难免遇到学习成绩不理想、找不到合适的学习方法、对所学专业不感兴趣等状况，因此，学习问题是引发大学生心理危机最常见的因素。除此之外，还有人际交往、恋爱情感、生涯规划等，也会引发大学生的心理危机。因此，同样身处大学的你，是否依然重视每次考试？父母对成绩的关注是否会给你带来压力？当表现不好的时候，你是否能够宽容自己的错误？在大学里尽管面临各种考验，你是否仍然能够保持理性平和的心态？

☞心理导航

1. 主题聚焦

经历心理危机以后，大学生会遇到三种结果，第一种是顺利度过心理危机。大学生通过自身努力，并在外界的支持和帮助下，危机问题得以解决，大学生恢复到危机前的心理平衡状态，重新回到以前的生活状态。在应对危机的过程中，如果个体学会了新的应对技巧，心理状态会比以前更加成熟，心理素质总体会提升很多，在今后的生活里，度过心理危机的成功经验也会应用到其他的事情上面，促进个体的心智不断成熟。第二种是看似度过心理危机，但只是表面的。很多时候大学生压抑着自己的痛苦情绪，在同学老师面前强颜欢笑，不愿意提及自己的困难，长此以往，反而会留下后遗症。当再次遇到与危机事件类似情况时，相似的情景会唤起个体曾经的负面感受，让大学生重新体验到危机带来的内心波动，有些时候甚至会雪上加霜，出现新的不适应状况。第三种是没有顺利度过。大学生陷入痛苦之中难以自拔，对周围人不能理解自己的处境感到伤心绝望，认为他们不愿意帮助自己，往往选择主动疏远，变得孤独、多疑，甚至抑郁、自责和焦虑，严重的情况可能发展成神经症或者精神病。当个体走向极端，感觉到遗世孤立的时候，有可能会采取自伤或者自杀行为。

2. 心理理论阐释

危机事件并不一定能够带来心理危机，危机事件是否导致心理疾病，主要取决于大学生自身如何看待危机，这种主观的看法才会导致个体产生心理问题。另外，危机对个体的影响程度与个体自身的社会支持和应对方式有关。具体来说，影响大学生心理危机的主观因素主要有三个方面：第一，危机事件对个体的重要性以及事件对自己将来的影响程度；第二，个体生活里是否有良好的社会支持系统，例如良好的人际关系和家庭支持；第三，个体自身应对困难的方式，例如哭泣、生气、向他人倾诉、提出自己的要求等。个体在过去经验中掌握的解决问题的有效方法越多，个体的危机应对能力越强。

大学生在经历危机时往往有不同的表现和特点，具体来讲，危机应对过程一般有四个阶段：

① 冲击期。个体为发生的事情感到震惊，不敢相信眼前发生的事情，内心感到不知所措，不知道该如何应对。

② 防御期。个体否认眼前发生的事情，例如，“这件事情怎么会发生在我身上?”为了逃避当下的危机事件，个体会出现吸烟、喝酒等物质滥用情况，甚至出现容易激怒，喜欢打架，用暴力解决问题的现象，有时也会出现退行行为，例如举止行为像小孩子一样。

③ 解决期。个体尝试各种方法去解决危机，例如向信任的家人、朋友寻求帮助，接受他人的支持，经过一段时间的痛苦煎熬，个体逐渐接受事实，焦虑程度随之减轻，而当个体准备面对的时候，危机所带来的影响就会相应地降低。在解决期，个体会重新找回自信，调动各种资源积极应对眼前的危机。

④ 成长期。当个体找到应对危机的方法时，个体会有新的成长和变化，因为积极的应对危机方法会让个体产生有效的应对经验，更加相信自己的能力，而消极的应对，很多时候不仅不会给个体带来成长，反而会因为长期的痛苦而让个体产生退行，行为表现较为幼稚。如果危机暂时难以解决，当个体不断成长，应对危机的能力越来越强，在今后能够顺利解决曾经的危机，那么，当初的痛苦也会成为自己宝贵的成长经验。

☞ 素质提升

数一数我的“护卫舰”

人人都可能遭遇心理危机，当个人难以应对时，家人、朋友和老师都是我们强有力的后盾。每个人在生活中所构建的社会关系网就像护卫舰一样，为我们保驾护航，提供温暖、关爱以及问题解决办法，帮助我们顺利度过危机，促进我们身心健康发展。请思考：假设某天遇到危机，你会第一时间向哪些人寻求帮助呢?

① 当我遇到学业方面的问题时，我可以求助的两个人是________。

② 当我遇到恋爱方面的问题时，我可以求助的两个人是________。

③ 当我遇到个人未来发展问题时，我可以求助的两个人是________。

④ 当我与同学或室友产生矛盾时，我可以求助的两个人是________。

⑤ 当我遇到与父母关系方面的问题时，我可以求助的两个人是________。

三、认识生命价值

☞ 身边故事

小梅来自农村，曾就读于某大学。小梅家庭较贫困，父母亲是农民，靠在外打零工谋生。该生家庭为组合家庭，父母在40多岁才有了小梅，对其十分偏爱，期望值非常高。正因为如此，小梅的同父异母兄长与家庭断绝了关系。该生成绩在班上名列前茅，但大三上学期有一门课程考试没发挥好，同时在是否考研问题上，小梅受父母亲的不同意见影响而犹豫不决，母亲支持其继续读书，但父亲要求其参加工作以减轻家庭压力，加上较复杂的感情恋爱经历，小梅觉得自己无法面对现实的压力，于是有了轻生的念头。

☞故事点评

1. 心理分析

小梅面临多方面的压力，首先父亲的过高期望，以及自己哥哥与家里断绝关系给小梅带来了家庭方面的痛苦。其次，大三的小梅面临毕业选择，在继续深造还是选择就业上承受了很大的压力，一份是自己需要作出选择去面对的压力，另一份是来自家里父母的压力。最后由于感情生活不顺利，进一步产生了情感压力。多方面的压力源导致小梅产生了自杀意念，面临生命危险。

2. 故事的启发

大学生自杀的发生主要是家庭关系、经济压力、学习压力、感情困扰、就业压力及异常心理等因素引起的。当面临压力事件时，由于每个个体抗压能力不一样，所以最后产生的后果也不一样。部分人会选择结束生命的方式来回避压力，那么结束了生命就真的回避掉了压力吗？《道德经》第四十四章有云："名与身孰亲？身与货孰多？得与亡孰病？甚爱必大费，多藏必厚亡。故知足不辱，知止不殆，可以长久。"道家学派老子认为人的生命宝贵而不可替代，生命价值是第一位的，人应当珍惜生命，不要因眼前虚荣与名利自贱其身。因此，我们需要认识生命价值，理解死亡，对生命怀有敬畏之情。

☞心理导航

1. 主题聚焦

人与动物最大的不同在于人会寻找生命的意义和价值。人为什么而活着？人的存在价值是什么？人生要追求什么样的生活？人生的真谛是什么？这是人类不停求索却又常解释不清、思考不透的问题。心理正在成熟中的大学生也不例外，由此也带来大学生对生命的困惑。

2. 心理理论阐释

（1）认识生命

人的生命是人的生理、心理、社会属性的复杂统一体，分为生理生命、心理生命、社会生命。①生理生命：人的生命首先是作为一种生物体生存，它由蛋白质组成，是一种生命迹象，主要活动包括新陈代谢、生长、发育、遗传、变异、感应和运动等。生理生命是人之为人的基础。②心理生命：人的心理生命也是人的精神生命，心理学认为生命即意识到自我，从婴幼儿时期开始缓慢发展，它指人具有自我意识，能够通过自己的认识、情感、意志、想象等内在心理活动，自觉地思考、调控、引导生命活动，人的心理生命超越了人的生理生命，使人和动物区别开来。③社会生命：指生命的存在以一种社会关系存在，社会关系决定了人的潜能和创造力的实现，决定了生命的自由、尊严等价值，决定了生命的权利、义务和责任。生命的这三部分并不是完全独立的，而是紧密联系在一起的，共存于一个生命体中，作用于人的整个生命活动中。

生命是一切生物得以生存的根本前提，要理解生命的深刻内涵和本体价值，就要探究生命的特性。生命主要有以下特性：①神圣性，生命是神圣的，这种神圣体现在每个生命诞生的偶然性，以及成长过程中的复杂性和多样化。②有限性，人作为一个生命体存在的时间是有限的，它包括生命的唯一性、不可再生性和不可换性。③独特性，每个生命都是独特的，世界上没有两个生命是完全相同的。不论是从生理、心理以及社会生命的角度出发，每一个生命都是独特的。④自主性，人的生命不同于动物的生命那样被动地适应环境，人有自主意识，能够发挥主观能动性去适应、改造环境。⑤创造性，人可以创造出高于生命本身的价值。孔子说“志士仁人，无求生以害仁，有杀身以成仁”，告诉我们宁可牺牲自己也要恪守仁义。

人的生命价值具有两个特征，首先，人既是生命的主体，也是生命的客体；其次，人可以创造高于自己生命的价值。每个生命都是有价值的，其价值大小取决于在实践中的努力和创造。

（2）理解死亡

对死亡的恐惧一直盘踞在人们的精神活动中，多数人都惧怕死亡，甚至很多人畏惧与“死”有关的很多事物。其实，人有出生必然伴随着死亡，那什么是死亡呢？

死亡在生物医学上的传统解释是身体机能、脏器、器官及所有生命系统的功能永久地、不可逆转地停止。在生物医学上分为三个阶段：濒临死亡期、临床死亡期和生物学死亡期。目前国际上公认的医学观念以脑干死亡作为死亡的标准，一旦出现脑死亡现象，就意味着一个人的实质性与功能性死亡。死亡在社会学上的解释是人类有意义的生命的消失，即没有思想，没有感觉。

死亡的特性决定了生命的性质。首先，死亡具有必然性，人的生命是一个有机体新陈代谢的过程，凡是生命都存在着死亡的必然性，属于生命的自然规律；其次，死亡具有不可抗拒性，死亡来临时，人是无法选择的，无法抗拒死亡的到来，人能做的只是通过一定的方式延缓死亡，但不可抗拒死亡的最终到来；最后，死亡具有一定的偶然性，死亡是必然的结果，但人以什么方式，在什么地点和时间死却是偶然的，人无法预测自己在什么时候遇到什么危机事件会丧失生命。死亡的偶然性揭示了生命的脆弱。

正因为有了死亡，才有了我们对生命的思考；因为有了终结，才突出过程的重要；因为死亡的必然性，才显得生命可贵。所以死亡可以使我们更好地珍爱生命，过有价值的人生。

(3) 大学生生命困惑

① 生命意义感的缺失。生命意义感是个体对自己存在目的和价值的感知，是个体对自己生命中的目的、目标的认识和追求，以及从过去的经验或已经完成的目标中得到的满足感和成就感，生命意义感本质上是一种主观体验。意义治疗与存在主义分析的创办人弗兰克尔认为，寻找生命的意义是人类首要的动机，当其寻找未果时，就会产生无生命意义的空虚感，使人深陷痛苦，甚至影响人类的工作、创造和承受苦难的能力。当前，生命意义感缺失是部分大学生出现心理问题的深层原因之一。

② 生命目标的失落。目标是生活的动力。一些大学生不知道自己学习、生活为了什么。为了国家民族的前途？这个目标太大、太远。为了个人的幸福快乐？这似乎太虚太空，感受不到。当找不到一个生活目标时，一些大学生就会受到周边环境和同学的影响，例如受社会浮躁心理的诱惑，追逐名利，把打工挣钱作为自己的主业，荒废学业；也有人在现实中找不到目标，即上网消磨时间，成为“屏奴”。

③ 生命价值感的欠缺。价值感是一个人生活的意义，是一个人生活动力的来源。一些大学生不能正确认识自我，接纳自我，很自卑。当他们看轻自己、觉得自己没有价值时，生活上遇到挫折便极易产生心理问题，甚至放弃自己的生命。

④ 生命态度的倦怠。心中缺少明确的人生目标，生活就会缺少动力。当大学生面临繁重的学业、复杂的人际关系、纷扰的爱情、艰难的就业时，就会出现种种情绪上的倦怠：孤独、寂寞、痛苦、烦恼、失意、迷茫……它们剪不断，理还乱。

(4) 大学生生命困惑产生原因

① 人类本身的困惑。人类对生命及自我的探索经历了漫长的过程。从古希腊哲人苏格拉底提出著名的“认识你自己”，并创立古希腊“人”的哲学，到柏拉图、亚里士多德、黑格尔、费尔巴哈等人，都在相当高的层次上概括了生命及人的本质。之所以这些学者及每个个体都积极地探索生命，首先是因为人的欲求和社会制约之间有一定的矛盾；其次是人的社会适应与学习任务的矛盾，最后是人的自觉思维必然会给人类自身带来迷惑和烦恼。

② 生命发展过程中外部环境的变化。当代大学生成长在社会生活剧烈变迁的大环境中，信息的充斥、知识的翻新使他们眼花缭乱；社会的浮华、名利的诱惑使他们失去了父辈的从容和淡定，出现了越来越多的认知误区和生命困惑。

③ 大学生自身的心理因素。大学生正处于身心迅速发展但思想尚未成熟的年龄阶段，其自身心理不成熟是造成大学生生命困惑增多的内在原因。首先表现在青少年时期自我认同的迷茫；其次是利己主义价值观的影响，使得学生凡事以自我为中心，遇到事只考虑自己利益，稍有不满足，便抱怨社会，指责他人；再次是大学生由于缺乏社会历练，思维方式还呈现不成熟的状态；最后，由于经历的缺乏和环境的突变，很多大学生经受挫折的能力有限，生活中遇到挫折，便会感慨人生道路的艰难，对人生失去信心。

（5）尊重生命，活出价值

生命是最为宝贵的，死亡是最大的不幸，因为它不仅使一切希望破灭，而且使已经具有的一切都统统失去意义，正因为如此，生命才显得弥足珍贵。

① 关爱自我，尊重生命。爱自己而后爱他人，创造的同时享受，这是生活的真谛。尊重生命，首先要自爱，接纳和善待自己，追求不断的自我成长和发展，在生命的实践中不断地开发自己的潜能。其次，要关爱他人，每一个生命都不是独立的存在，人们都是在社会整体当中，都在爱与被爱中成长，因此关爱他人是人生的必修课之一。最后，要心系家国。“物格而后知至，知至而后意诚，意诚而后心正，心正而后身修，身修而后家齐，家齐而后国治，国治而后天下平。”这段话出自《礼记·大学》，告诉我们国家、社会、家庭和个人的命运是一个密不可分的整体，我们应该具有追求人生理想的家国情怀。

② 热爱生活，活在当下。美好的生活只属于热爱生活、创造生活的人。生命是生活的基础，生活是生命的显现。对生活的热爱，就是对生命的珍爱。热爱生活，首先要做到用心享受周边环境和生命的美好，感受生命的丰富和快乐；其次，要能够体验自己生命的点滴，生活中有快乐也有烦恼，有顺境也有逆境，当能够体验和接纳不同状态时的自己，也就体验到生命的奇迹；最后，活在当下，不为预见的烦恼忧愁，只为当下能够充实和精彩。

③ 学会感恩，心态和谐。感恩是生命给予的礼物，是对生存状态的释然，常怀一颗感恩的心，就会发现生活的美丽，感受生命的快乐。感恩是一个爱的链条，人们付出爱，接受爱，感受爱，再付出爱……生命就在这种爱的传递中得到滋养和成长。作为大学生，需要有发现生命中“贵人”的眼睛，感激生命中每一个帮助自己成长的人，感激所拥有的生活，让生命因爱而精彩。

④ 直面压力，挑战命运。大学生应学会理性对待生命中的挫折和不如意。“天生我材必有用，千金散尽还复来”表现了李白面对人生失意时的自信与豁达；“古之成大事者，不惟有超世之才，亦必有坚忍不拔之志”体现了苏轼的坚忍不拔。这些诗词淋漓尽致地表现出古人遭遇挫折和失意时的坚韧态度，值得我们学习。现在社会，压力无处不在，大学生要想在社会竞争中立足，就必须正视压力，直面挑战，敢于战胜困难，不断超越自我。

☞ 素质提升

生命之光——我的墓志铭

目的：协助参加者反省个人价值观及了解人生目标。

时间：约50分钟。

准备：白纸、笔、“墓志铭”内容。

操作：介绍练习背景，使参加者投入活动了解何谓墓志铭。举例如何写墓志铭（可以简单至只有姓名、生年及卒年，也可长篇论述。）

说明：

① 你得病即将离世了，现在要替自己写墓志铭，反映自己的一生。墓志铭将会刻在墓碑上，供人凭吊。

② 墓志铭除了生年、卒年外，最低限度要包括以下几点：

a. 一生最大的目标；

b. 在不同年纪时的成就；

c. 对社会、家庭或其他人的贡献；

d. 我是一个怎样的人。

填写好的表格张贴起来（不必写名），然后讨论。讨论大纲：

① 看完这么多墓志铭后，你觉得有哪些人的人生目标吸引你并值得尊重？为什么？

② 哪些人的成就是“真正”的成就？为什么？

③ 你认为对社会或他人最有贡献的人是谁？

④ 假若你要替自己重写墓志铭，你会怎样写呢？

第二节　大学生心理危机的常见表现

遭遇心理危机时，很多大学生都会觉得无所适从，感受到无助，甚至体验到内心的痛苦。大学生学习生活和就业压力、情感挫折、家庭变故等诸多因素，会导致心理危机的发生。大学生心理危机可能引发自伤、自杀等极端行为。了解大学生心理危机状况，需要了解大学生心理危机的常见问题，这也是解决心理危机的前提。

一、心理危机的成因

☞ 身边故事

姜同学进入大学以来，虽然没有遇到什么挫折，但最近总是很郁闷，对生活失去了热情，觉得干什么都没意思，什么也不想做，感觉只是为了活着而活着。本来很开朗、对学习生活都充满热情的，但不知为何现在变得郁郁寡欢了。夜里睡不好，有一点光亮，一点声音都会受影响，越睡不着就越烦躁。不知为什么，他在上课时也总是不能集中精力，不是打盹，就是想入非非；思维也处于几乎停滞状态；脑袋总处于混沌的状态，有点不转弯。他不知自己到底怎么了，怎样才能集中精力听课，排除外界的干扰？

☞故事点评

1. 心理分析

姜同学出现了情绪低落、缺乏学习兴趣、上课无法集中注意力、失眠、思维迟缓等症状。然而，导致危机的原因不清楚，进而不清楚该如何解决。心理危机的产生可能不是单一因素，有时是多个因素交互作用的结果。同样的事件发生，每个人对危机的反应有很大差异，即相同的刺激引起的个体反应是不同的。例如失恋，有的人平静坦然；有的人无所适从。因此，大学生心理危机的程度受到很多因素的影响，包括个体的个性特点、对事件的认知和解释、社会支持状况、以前的危机经历、个人的健康状况等都会影响危机反应。

2. 故事的启发

有研究指出学生心理危机的产生有其个体自身内部因素和外部因素，内部因素主要包括自我认同危机和个性特点，外部因素则包括学业、就业、人际关系紧张等方面的压力。

☞心理导航

1. 主题聚焦

大学生中常见的心理危机有学习危机、情感危机、职业生涯危机等，这些心理危机主要呈现出突发性、紧急性、痛苦性、无助性、危险性等特点，不难看出大学生心理危机的产生是内、外部因素共同起作用，进而导致其成为影响大学生的成长、成才的重要因素。

2. 心理理论阐释

在大学生活中，心理危机产生的原因包括内因和外因两个方面。外部原因主要是各种可能造成个体产生危机的事件，即危机源；内在原因是个体自身的人格特点、社会支持情况、对危机源的认识、应对危机的方式等。综合起来，心理危机的成因有以下几种：

（1）个体与自我产生冲突引发心理危机

个人内在的心理因素对自我造成困扰，形成个体的压力来源，例如完美主义、虚无感、孤独感等，都有可能引发大学生的心理危机。尤其是当下互联网的使用帮助大学生接触多元文化与价值观，同时也冲击着传统的文化与观念，导致进入大学之后，个体内心原本的适应被打破，需要重新开始寻找并建立新的自我，而大学生在这个没有参照、没有归属的缺失自我的境地里，内心不自觉地滋生空虚、失落、绝望和恐惧。具体来说，可以从以下两个方面理解。

① 个人心理发展的冲突。首先是人生观和世界观的形成过程不是一蹴而就的，大学校园多元的文化价值观念的碰撞，大学生需要接受、比较、摘取、整合、内化，在这个过程中，个体如果长期处于消极情绪中，很容易出现心理危机；其次，大学生对危机事件的认识和主观感受对个体的心理危机产生影响，由于不同的认知会产生不同的心理反应，当判断过于悲观或乐观时，个体的状态会受到影响；最后，大学生认知发展不成熟，抽象逻辑思维较强，导致脱离现实，想法和认识较单一，带有强烈的主观性、片面性和绝对性，常常认为事情非此即彼、非善即恶，甚至会偏执等，导致大学生对现实情况产生怀疑和不满，对生活产生失控感，进而怀疑自己。

② 人格发展不完善。由于应试思维影响，大学生很多时候将学业成绩作为评价自身价值的唯一标准，导致个体忽略自身人格方面的培养，总觉得大学里有很多优秀的同学，而自己一无是处，频繁地比较导致个体遭遇心理危机。陷入心理危机的大学生往往具备人格的特异性，具体表现为看问题消极片面，情绪不稳定，判断问题时犹豫不决，缺乏自信。

（2）个体与他人产生冲突引发的心理危机

① 人际关系问题。大学生统一住宿，突然进入集体生活，很多同学担心是否能跟室友和谐相处。室友都是来自不同的地方，每个人的性格和兴趣都不一样，很多生活习惯和细节需要磨合，难免产生摩擦。出现人际冲突时，大学生怀疑自己与人交往的能力，进而动摇对自我的认识，从而引发心理危机。

② 情感问题。恋爱问题在大学生中十分普遍，每个人对待恋爱的态度各不相同，有些人保守，有些人开放，当双方的恋爱观存在偏差时，常常会出现各种情感挫折。另外，恋爱需要大量的时间和精力，跟学业容易产生冲突，恋爱虽然会给个体带来很多的情感支持，但是当失恋的时候，突然撤去情感支持，个体会体验到伤心难过，甚至遭遇心理危机。

③ 社会支持问题。社会支持即来自亲人、朋友、同学等多方面的心理支持，很多人遇到问题是先选择自己解决，不愿向家人倾诉，怕家人担心，而且每个人都有自己的事情要忙，不想轻易打扰他们，导致问题长期积压在心里。一旦超越自己的心理承受能力，缺乏有力的社会支持，个体容易陷入危机难以自拔。

（3）个体与环境产生冲突引发心理危机

① 个体与社会环境的冲突。社会的急剧变革，导致人们心理上的强烈变

化。大学生有很强烈的社会参与感和爱国情怀，在各种社会公共安全事件的发生时，容易引发无能为力、报国无门的挫折感。

② 个体与学校环境的冲突。首先是学业压力，学习是大学生的主要任务，很多大学生希望自己学习成绩优异。大学课程的内容较难，学生的挂科率较高。出现挂科，很多学生担心成绩影响毕业和评优评先，产生自责、内疚心理，降低大学生上课的积极性，甚至引发心理危机。其次是就业压力，严峻的就业形势让大学生大一就担心未来的就业，由于能力的不足，专业知识的欠缺，个体出现焦虑、紧张、压抑和烦躁等情绪。

③ 个体与家庭环境的冲突。家长往往关注学生的物质生活，给学生提供充足的经济支持，对学习的关注更多集中在学习成绩，忽略对大学生心理健康问题的关注，甚至很多家长一直坚信自己的孩子是最棒的，主观上不接受或者故意忽略孩子会遇到的各种问题，尤其是心理问题。很多学生为了不让家长失望，一方面努力学习，呈现自己好的一面；另一方面隐藏起内心的脆弱无助。

④ 个体与网络环境的冲突。网络的出现方便了人们的交流和沟通，但对网络的过度依赖导致很多人只擅长通过网络进行交流，在现实中很难面对面地与人交往。另外，爆炸性的网络信息会让个体自身的价值观、人生观受到巨大冲击，当个体面临多元化的价值观时，很容易产生认知冲突，甚至产生心理失调，引发心理危机。

☞ 素质提升

抗挫折能力测试

下面有一些句子，它们描述了你目前的某些想法。请判断每一句陈述和您自身情况的符合程度，并在该句话后面方框内的相应数字上打“√”，1 代表“完全不符合”；2 代表“比较不符合”；3 代表“说不清”；4 代表“比较符合”；5 代表“完全符合”。（该量表由胡月琴、甘怡群编制）

表 12－1　抗挫折能力测试表

题　目	选　项				
1. 失败总是让我感到气馁。	1	2	3	4	5
2. 我很难控制自己的不愉快情绪。	1	2	3	4	5
3. 我的生活有明确的目标。	1	2	3	4	5
4. 经历挫折后我一般会更加成熟、有经验。	1	2	3	4	5

（续表）

题　目	选　项				
5. 失败和挫折会让我怀疑自己的能力。	1	2	3	4	5
6. 当我遇到不愉快的事情时，总找不到合适的倾诉对象。	1	2	3	4	5
7. 我有一个同龄朋友，可以把我的困难讲给他/她听。	1	2	3	4	5
8. 父母很尊重我的意见。	1	2	3	4	5
9. 当我遇到困难需要帮助时我不知道该去找谁。	1	2	3	4	5
10. 我觉得与结果相比事情的过程更能够帮助人成长。	1	2	3	4	5
11. 面临困难，我一般会制订一个计划和解决方案。	1	2	3	4	5
12. 我习惯把事情憋在心里而不是向人倾诉。	1	2	3	4	5
13. 我认为逆境对人有激励作用。	1	2	3	4	5
14. 逆境有时候是对成长的一种帮助。	1	2	3	4	5
15. 父母总是喜欢干涉我的想法。	1	2	3	4	5
16. 在家里，我说什么总是没人听。	1	2	3	4	5
17. 父母对我缺乏信心和精神上的支持。	1	2	3	4	5
18. 我有困难的时候会主动找别人倾诉。	1	2	3	4	5
19. 父母从来不苛责我。	1	2	3	4	5
20. 面对困难时，我会集中自己的全部精力。	1	2	3	4	5
21. 我一般要过很久才能忘记不愉快的事情。	1	2	3	4	5
22. 父母总是鼓励我全力以赴。	1	2	3	4	5
23. 我能够很好地在短时间内调整情绪。	1	2	3	4	5
24. 我会为自己设定目标，以推动自己前进。	1	2	3	4	5
25. 我觉得任何事情都有其积极的一面。	1	2	3	4	5
26. 心情不好也不愿意跟别人说。	1	2	3	4	5
27. 我情绪波动很大，容易大起大落。	1	2	3	4	5

计分方式：题目 1、2、5、6、9、12、16、17、21、26、27 为反向计分，请将反向计分转换后将每道题目的分值相加，即选项的数值总分，108～135 分说明抗挫折能力强；81～108 分说明抗挫折能力较强；54～81 分说明抗挫折能力较弱；27～54 分说明抗挫折能力弱。

二、心理危机的表现

☞身边故事

朱同学年仅19岁，因患有急性白血病，救治无效死亡。他的离世给同学带来很大冲击。同班同学中普遍表现出强烈的震惊和自责情绪，很多人认为该生去世自己有责任，因为作为同学，没有主动关心他，生病期间没有主动联系关心，甚至有同学认为，如果多一点关心，可能就不会发生这样的惨剧。尤其是跟他关系亲密的同学，很自责，认为自己没有办法帮助他，觉得自己很无能，改变不了这个事实，而且也没有来得及跟他告别。部分学生觉得生活没有什么意义，死亡离自己很近，怎么学习、怎么努力也逃不过死亡的威胁，索性不上课了。班级正常的日常学习和生活秩序被打乱了。

☞故事点评

1. 心理分析

大学生的心智虽然已经很成熟，但是心理承受能力仍待提高，尤其是面对死亡问题，当身边的同学突然离世时，很多同学很难接受这一事实，自责、内疚等情绪都可能出现，后悔在事件发生之前自己做得不够好。经历死亡以后，个体正常的悲伤过程需要释放，最好进行正常的哀悼过程，当哀悼过程被阻止以后，个体很多情绪和行为需要释放，否则会造成进一步的情绪和行为困扰。学校可以鼓励学生通过适当的仪式向逝者告别，以健康的方式重新投入新的关系里，重新开始新生活。

2. 故事的启发

死亡很多时候会不期而遇，当身边的亲人朋友突然逝去的时候，你是否能够坦然面对？当遭遇生活危机的时候，你是否有信心解决眼前的困难？心理危机有一定的表现，当身边的人身处痛苦中时，你是否能够有效识别并帮助个体有效应对心理危机？接下来，我们共同了解心理危机的表现。

☞心理导航

1. 主题聚焦

大学生心理危机往往表现为情绪突然改变，认知功能受到损害，行为明显不同于往常，身体健康水平下降等，进行大学生心理危机干预的前提是了解心理危机的各种表现，以便进行危机评定。

2. 心理理论阐释

大学生心理危机的表现概括归纳为情绪、认知、行为、躯体四个方面。

(1) 情绪方面

情绪是心理健康的重要指标之一，当大学生发生心理危机时，个体的情绪会出现高度的焦虑、紧张、悲观失望、焦虑不安，甚至出现意识范围狭窄，喜怒无常、自我评价丧失，伴随着愤怒、罪恶感、羞愧等情绪。例如，课堂上心不在焉、交往上封闭退缩、经常闷闷不乐、整日垂头丧气等。如果状况持续存在，长期处于不良情绪的困扰，大学生的正常生活与学习状态将受到影响，导致心理健康水平下降，产生各种心理问题，严重的甚至出现神经症与精神疾病。

(2) 认知方面

处于心理危机的大学生，感知觉功能可能受损，容易出现思维反应迟钝，语速变慢，做决定和解决问题的能力降低，甚至出现偏执的想法，记忆能力受损，记忆的质量和记忆的速度下降，有时候很担心自己控制不了自己。生活变成一团乱麻，难以区分自己的体验。这些都是在心理危机状态下，认知功能受到损害的表现。

(3) 行为方面

行为是心理活动的外在反应，通过观察行为就可以了解一个人的心理健康状况，当大学生出现行为异常，例如上课不能集中注意力，听课效率下降；不愿意与人交往，回避集体活动；不断产生人际冲突，故意制造对自己或者对别人的破坏性事件；行为与过去不一致，出现吸烟酗酒等情况；行为和思维情感不一致，喜欢一个人却故意表现得很疏远，甚至讨厌；饮食和睡眠出现反常，不修边幅，生活变得邋遢等情况。当发现大学生出现异常行为时，应给予重点关注，及时辨别是否处于心理危机状态。

(4) 身体方面

身体上的常见症状有失眠、胸闷、头晕头痛、胃部不适、食欲不佳等症状，很多时候大学生身体上的不适症状仅仅被当作身体上的疾病，很多人会选择到医院进行药物治疗，而心理上的因素往往不被重视，容易被忽略，最终导致隐藏时间较长。俗话说心病还需心药医，应从源头上找到疾病的根源，才能够有效解决心理危机。

陷入心理危机的大学生，这四个方面的表现往往是相互交叉，相互作用，应综合起来评估心理危机状况，评估心理危机状况对个体心理健康水平的影响程度。

☞ 素质提升

躯体化疾病的表现与识别

躯体化症状可涉及身体的任何部位或器官，具体指各种医学检查均不能证实有任何器质性病变，甚至很多检查结果显示正常，但常导致患者反复就医行为，同时引起明显的社会功能障碍，常伴有明显的焦虑、抑郁情绪。常见症状可归纳为以下几类。

疼痛：部位可以是头、颈、胸、腹、四肢等，部位不固定，疼痛性质一般并不强烈，与情绪状况有关，情绪好时可能无疼痛或减轻。可发生于月经期、性交或排尿时。

胃肠道：可表现为反酸、恶心、呕吐、腹胀、腹痛、便秘、腹泻等多种症状。有的患者可对某些食物感到特别不适应。

泌尿生殖系统：尿频、排尿困难；生殖器或其周围不适感；性冷淡、勃起或射精障碍；月经紊乱、经血过多；阴道分泌物异常等。

呼吸：循环系统常见的有气短、胸闷、心悸等。

假性神经系统：有肢体瘫痪或无力、吞咽困难或咽部梗阻感、失明、失聪、皮肤感觉缺失、抽搐等转换症状，有时也可出现遗忘或意识改变状态等分离症状。

伴随症状患者常用夸大的言辞描述他们的症状，并且对自身的所有症状感受深刻。由于患者主诉多、检查多、治疗多及病程长，常伴有焦虑或抑郁情绪；个别患者可伴有人格障碍；有的患者甚至因长期接受止痛剂、镇静剂治疗而产生依赖。

识别心理疾病的躯体化可通过以下三个途径，首先是躯体症状（主诉），关注与体征、检查结果不符的症状。其次，伴随精神心理症状，例如焦虑、抑郁、失眠、过分担心紧张、坐立不安、深感痛苦、对健康和躯体问题过分关注、反复求医检查、医学检查结果和医生的合理解释往往不能打消其疑虑，甚至有疑病观念。最后是某些特征性表现，例如感觉躯体某些部位异常、不对称、要求整形（体像障碍）；担心肥胖；产后躯体不适；季节性、气候性、心因性疾病；游走性（生动形象）等。

第三节　大学生心理危机的预防与干预

大学生心理危机的产生不是偶然和孤立的，心理危机的背后往往有深刻的、内在的诱因，心理危机发生前大多也有一定的征兆。因此，尽早发现和识别潜在的或现实的危机因素，对心理危机状态进行合理评估，及时干预，并采取相应的措施，就能限制或减小危机对个体的影响。

一、心理危机干预调试

☞身边故事

2020年春节，新冠肺炎突袭而至。当时，28岁的大连小伙蒋文强本想去长沙出差，在经过武汉的高铁上，误入了外地回武汉人士专门车厢，阴差阳错滞留在武汉。蒋文强表示那是他人生中第一次感觉到绝望和害怕，至于害怕的原因有两个，一是知道武汉当时疫情严重，二是不知道他将面对什么。他想到了寻求志愿者的帮助，拿出手机搜索时却找到了征集志愿者的广告，随后也成一名医院隔离病区的志愿者，并在医院上演了一幕幕温情剧情，从恐惧到坚强，成为一名专业抗疫的志愿者。后来他回到家乡，又遭遇大连突发疫情，他再次走进隔离区重新干起了“老本行”，为隔离观察人员送餐，同时做起保洁志愿服务。他说，要为家乡做点事！

☞故事点评

1. 心理分析

新冠肺炎疫情在各方面都给很多人带来了严峻的挑战，这场没有硝烟的战争让很多人的生活一下子进入诸如高压、疾病、生活困难等不利环境。在危机情境下，人们产生了不同的反应。但也有很多人和故事中的蒋文强一样，能够在不利环境中发现转机，积极乐观地去面对，比如听说有鸡汤就学小鸡跑的佛山女护士，有某方舱医院集体跳“鸭子舞”的医护人员，还有送康复患者出院后跳起小天鹅舞的安徽医护人员……当然，也有一些人感觉可能要崩溃了，每天焦虑、担心、害怕，甚至恐慌，一些陷入困境的人有了比较极端的行为，面临很大的心理危机。

2. 故事的启发

为指导各地科学、规范地开展新冠肺炎疫情相关心理危机干预工作，2020年1月26日，国家卫生健康委下发《关于印发新型冠状病毒感染的肺炎疫情紧急心理危机干预指导原则》，将心理危机干预纳入新冠肺炎疫情防控整体部署工作中，以减轻受疫情影响人员的心理伤害。

☞心理导航

1. 主题聚焦

遭遇心理危机的个体往往沉浸在痛苦中，很难有力量独自走出危机。危机干预是给处于危机中的大学生提供有效帮助和支持的一种技术，通过调动大学生自身的潜能来重新建立和恢复其危机前的心理平衡状态，即及时帮助处于危机中的学生恢复心理平衡。

2. 心理理论阐释

心理危机干预六步法是在危机干预中使用最多的方法，用于帮助各种类型的心理危机学生，使用该方法时应注重实效，避免生搬硬套。

(1) 确定问题

确定和理解危机学生遇到的问题，应该从危机学生的角度看待问题，看待问题对他的意义。应积极倾听他说话，少表达自己的看法。告诉危机学生如果接受帮助，也许能减轻他的痛苦，帮助他恢复到正常的状态。

（2）保证危机学生的安全

确保危机学生是安全的，这是危机干预的首要原则。有心理危机的个体常常有自伤或者他伤的念头，应保证他和周围人的安全，将危险性降到最低。条件允许的话，尽可能确保有人陪伴在危机学生周围。

（3）给予支持

尽可能与危机学生进行沟通和交流，为其提供宣泄的机会，鼓励他说出内心的想法，告诉危机个体，你愿意陪着他，听他说话，让他相信有人能够给予关心和帮助。不要轻易评价危机学生的经历和感受。帮助他理解当前的境遇，理解其他人的情感，鼓励他积极参与社交活动，多与家人、朋友联系，减少孤独感。

（4）提出并验证可变通的应对方式

危机学生往往自认为无路可走了，找不到方法解决眼前的问题，同时危机学生不相信有新的方法可以尝试，即使尝试之后如果失败会很失望。因此，要耐心地给危机学生提供可变通的应对方式，帮助个体判断和选择什么是最佳的应对方式，给予来访者以希望。但不宜一次性提供太多抉择，否则会让危机学生无法抉择，重新陷入混乱无序的状态。

（5）制订计划

与个体共同制订行动计划，帮助其走出危机，因为处于危机的个体往往不知道自己能做什么，内心迫切想改变眼前的困境。制订的计划应根据来访者自身的需求，强调计划是来访者自己的选择，唤起来访者的自主性和控制感。确定来访者对计划有能力实施和把握，同时，计划里应确保个体不是单独行动，而是身边有人陪伴，最好是有人能够持续提供支持和帮助。另外，制订计划注重切实可行和系统地帮助来访者。让来访者付诸实施的目的是恢复他们的自制能力，而不是依赖于支持者。通过计划保持个体忙碌和活跃的状态，尝试改变原来的生活步调。

（6）得到承诺

紧接着第五步，让个体复述计划，复述完毕后，让来访者确认是否能够做到计划中的内容，确认的过程中要给予理解、同情和支持，保证个体的承诺是诚实、直接和适当的。

综上所述，在这六步里，应注重建立信任的关系，在此基础上进行良好的沟通，帮助当事人恢复自信，重新燃起对生活的希望。同时，应注意保持个体心情的稳定，努力改善个体目前的人际关系。给予个体支持并不是为了认同他的错误观点和行为，而是稳定他的情绪，切忌不要采用说教的方式。综上所述，前三步主要是确定问题，保证个体的生命安全，给予个体情感的支持，主动倾听个体的心声而非鼓励个体采取行动；后三步是制订可变通的计划，得到个体的承诺，确保个体能够采取积极的应对方式，以个体的行动为工作重点。

☞ 素质提升

退缩到成长，差一个认知的距离

① 学习了遇到群体危机事件时，如何处理和帮助他人，但当个体遇到了不能承受或令痛苦的事件时，该如何处理呢？例如很多压力事件。现在让我们来回顾一下成长过程中出现痛苦的事件，并把它们写在下面，让我们可以清晰地看到是什么在影响自己。

事件一：____

事件二：____

事件三：____

事件四：____

事件五：____

（如还有未写完事件，可继续写在旁边空白处，请尽可能真实地面对自己。）

② 请结合之前课堂所学知识，如“情绪 ABC”理论，对自己的危机事件进行分析，将分析结果填写在下表里，并分享自己的感受。

表 12－2　我的危机事件

危机事件	情绪及行为表现	自动信念	不合理信念辩论	辩论后情绪及行为

③ 其实危险和机遇之间只差了一个我们合理认知的距离。当我们面临压力，会停滞不前，会退缩回避事件，但事件带给我们的影响不能够很好被认知和处理，就像在我们内心种了一颗定时炸弹的种子，当面临相同或相似的压力事件时，也就变成了危机事件。如通过以上分析还不能解决自己内心的痛苦，也可前来心理咨询中心找老师聊聊。

二、自杀及其预防

☞ 身边故事

大学生日记摘要

我从小在别人的比较之下生活，每个阶段都有一个优秀的人作为比较，总感觉我不如她（他），好像我从小就不如别人。我很自卑，我的自信心和勇气消失殆尽。现实中的一切令人失望。我是一个幻想很严重的人，把一切都想得那样美好，但是现实中的一切却令人失望。或许，一切都是命中注定。我好累好累，我的身体不正常了，四肢无力，每天晚上都失眠，感觉做什么事情都好累。感到世界一片黑暗，自己失去了继续生活的信心。我这个样子，有谁可以帮我？爸爸，妈妈，你们救救我吧！我到底该怎样才能走出阴影？我多么希望有人能倾听我内心的感受啊！我真的太累太难受了，我的思想已经走到死胡同里了，我自己不知道该怎么说，好苦闷，没有人会明白我这几个月是怎样在痛苦中挣扎的，不想再活着了。

☞ 故事点评

1. 心理分析

该同学从小到大一直生活在比较之中，比较就会有好和坏的分别，所以一直体验到不如别人优秀，慢慢地缺乏自信。该同学尝试对未来充满希望，相信一切都会好起来的，但是现实往往是让人失望的，一次次的希望换来的却是屡次的失望，随之出现失眠和身体疲劳感等亚健康状态。该同学努力地想找到解决问题的方式，但不知道该怎么做，也不知道向谁求助，最终导致她失去了对生活的兴趣，在痛苦中挣扎。

2. 故事的启发

大学生的自杀现象一直受到社会各界的关注。大学生从小到大的成长过程中，偶尔会有自杀的念头，表达出不想活了，但是仅仅停留在想法层面上，很少有人付诸行动。当个体自认为走入绝境，出现选择死亡，结束痛苦的极端事件时，令人扼腕叹息。大学生身上不仅承担了家庭父母的未来，还承担着社会和祖国的期望。没有等到顺利完成学业，实现报效祖国和社会的伟大理想，却仓促地结束自己年轻而宝贵的生命，令他们的家庭心碎，令周围的人为之惋惜。进入大学不仅仅是学习专业知识，同时也要注意培养良好的心理素质和较强的心理承受能力以及面对挫折和困难时的良好心态。当遇到以为是解决不了的困难时，你会选择如何应对？当处于困惑迷茫状态时，你是否坚信自己依然有美好的未来？

☞ 心理导航

1. 主题聚集

对于大多数经受巨大痛苦而想自杀的人来说，自杀前往往有以下征兆：

① 言语上的征兆。直接说“我想死”“我不想活了”；谈论与自杀有关的事或开自杀方面的玩笑；谈论自杀计划，包括自杀方法、日期和地点；流露出无望或无助的心情，“现在没有人可以帮助我”“我的生活毫无意义”“我再也受不了了”“我所有的问题马上就要结束了”；突然与亲友告别“如果我走了，不要想念我”“没有我，他们会过得更好”；谈论一些容易获得的自杀工具或者死亡的方法。

② 行动上的征兆。出现突然的、明显的行为改变（如中断与他人的交往或出现很危险的行为，反常的攻击性、闷闷不乐，从事高危险的活动等）；有过自伤行为；性格的突然改变；抑郁的表现；将自己最珍贵的东西送人；有条理地安排后事；频繁出现交通事故；饮酒或吸毒的量增加。

自杀很多时候是有征兆的，征兆越多或者持续的时间越长，就越需要干预和帮助。

2. 心理理论阐释

自杀干预的方法常有如下几种：

(1) 倾听

处于自杀边缘的个体迫切需要有人能够倾听他的感受和想法，因此，应努力了解自杀者的潜在情感，对个体的所有抱怨，不应忽视，应该给予接纳。同时，很多人会选择不经意的方式谈到自己的不满，内心往往情感体验比较深刻，通过倾听鼓励个体尽情宣泄情绪。

(2) 评估自杀风险

对个体的任何自杀想法都要认真对待，尤其注意是否有自杀计划，自杀计划越详细，自杀的风险越高。在自杀前，个体可能会情绪较为激动，也有可能会很平静，应根据上述自杀的征兆来评估是否会出现自杀。

(3) 直接询问自杀

已确认个体处于自杀高危当中，是可以直接询问自杀相关情况的。直接询问自杀念头非常重要。这会给处于危机中的个体讨论自杀问题的机会，也就给了干预者评估个体的自杀风险程度的机会，以及确定个体产生自杀危机原因的机会，并可以根据评估结果决定下一步如何提供帮助。

(4) 给予支持

处于自杀边缘的个体往往精神状态很混乱，需要有一个坚定有力的指导者，告诉他目前的问题并没有完全失控，还可以有别的办法解决，能够给个体带来信心。但是要注意，有些个体为了应付劝说者，暂时答应不自杀，让人误以为危机已经过去了，但是问题并没有解决，还会有自杀的风险，因此，应该注意示好的行为。

（5）不要试图让自杀者幡然醒悟

面对寻求自杀的学生时，很多人第一反应是告诉试图自杀者应该停止自杀的想法，提出各种理由唤起自杀者生的欲望，期待试图自杀者能够放弃死亡的计划，这种做法是很危险的。因为自杀者往往是在尝试各种办法无效后，才将死亡作为痛苦解脱的唯一方式，不会再相信有活下去的理由。应该帮助自杀者认识到自杀者选择去死，这样的决定是不可逆的；只要活着，就有机会解决存在的问题，而且强调情绪低落也是有周期性的，生活会越来越好的，努力帮助个体回想曾经开心幸福的经历，树立生活下去的勇气。

（6）充分利用合适的资源

帮助自杀者认识到自己拥有的资源，例如过去克服困难的经历，自身的智慧和勇气，以及外部的情感支持、人际支持等。必要的情况下，鼓励自杀者接受专业的心理治疗服务，因为一个人的力量是有限的，专业的帮助才能给个体带来痊愈的希望。

☞ 素质提升

当绝望不期而至

1. 目的

希望同学们能够识别有自杀倾向的个体，并运用咨询中的一些沟通技巧合理应对类似的极端事件。

2. 情景设置

午夜时分，一个电话惊醒了刚刚入睡的你。“我不想活了。”你的一个好朋友平静地说。

你：“你给我打电话，希望我为你做点什么呢？”

朋友（沉默了几分钟）：“只是希望在离开这个世界以前再找个人说说话。”

……

① 该情景是否属于危机情景？

② 若此刻由你来处理，你会采取哪些措施，以保证朋友的安全？

③ 你是否赞成通知老师？如果要通知，什么时候通知老师呢？

④ 你会采取哪些方法激起他或她的求生愿望呢？

参考文献

[1] 马建青．大学生心理健康教程［M］．杭州：浙江大学出版社，2012.
[2] 刘峰，蔡迎春．大学生心理健康——心灵成长之旅［M］．北京：清华大学出版社，2011.
[3] 姚萍．大学生心理健康与咨询［M］．北京：北京大学出版社，2010.
[4] 樊富珉，王建中．当代大学生心理健康教程［M］．武汉：武汉大学出版社，2006.
[5] 孙晓青，姚本先，王东华．美国大学生心理健康研究的现状、趋势及启示［J］．中国卫生事业管理，2008（6）：414－415，420.
[6] 谢宇，陈发祥．基于NVivo的我国高校心理健康教育政策研究［J］．黑龙江高教研究，2020，38（7）：145－149.
[7] 郭桂萍，曹洁．大学生心理健康教育［M］．3版．北京：北京师范大学出版社，2015.
[8] 方晓义，夏翠翠．大学生心理健康教育［M］．3版．北京：人民邮电出版社，2022.
[9] 柳静，王铭，孙启武，等．我国大学生心理咨询与危机干预的管理现状调查［J］．中国临床心理学杂志，2022，30（2）：477－482.
[10] 刘华山，江光荣．咨询心理学［M］．上海：华东师范大学出版社，2010.
[11] 汪元宏．大学生心理健康教育新编［M］．南京：南京大学出版社，2012.
[12] 樊富珉，费俊峰．大学生心理健康十六讲［M］．北京：高等教育出版社，2013.
[13] 李汉华．大学生心理健康教育［M］．北京：北京理工大学出版社，2011.
[14] 于宽荣．大学生心理健康［M］．北京：北京师范大学出版社，2014.
[15] 戴朝护．大学生心理健康［M］．北京：北京大学出版社，2011.
[16] 樊富珉．团体心理咨询［M］．北京：高等教育出版社，2005.
[17] 魏改然．大学生心理健康教育［M］．北京：化学工业出版社，2010.
[18] 吴建玲．大学生心理健康与心理素质训练［M］．广州：华南理工大学出版社，2007.
[19] 方圆，王路石，陈祉妍．2022年中国大学生心理健康状况调查报告［M］．//傅小兰，张侃．中国国民心理健康发展报告（2021—2022）．北京：社会科学文献出版社，2023.
[20]［美］William W. Eaton，M. Daniele Fallin. 公共精神卫生［M］．2版．李洁，梁笛，译．北京：人民卫生出版社，2021.
[21] 沈德立．大学生心理健康［M］．北京：高等教育出版社，2013.
[22] 刘国秋．大学生心理健康教育［M］．济南：山东人民出版社，2012.
[23] 徐亮，张平，王灿．为心灵开一扇窗——大学生心理健康教育［M］．天津：南开

大学出版社，2014.
[24] 邵速，陈功香，刘在花．大学生如何调适自我［M］．济南：山东科学技术出版社，2000.
[25] 解希静，贾丽．青少年自我意识的发展特点及教育对策［J］．黑龙江农垦师专学报，2002（1）：32－34.
[26] 马林芳，王建平．青少年的自尊感与培养［J］．教育探索，2000（10）：39.
[27] 张庆林，史慧颖．学校心理健康教育［M］．重庆：西南师范大学出版社，2001.
[28] 张进辅．现代青年心理学［M］．重庆：重庆出版社，2002.
[29] 杨世昌．大学生心理健康教程［M］．北京：科学出版社，2011.
[30] 王彩英，王兵，朱贵喜．当代大学生心理健康教育［M］．北京：科学出版社，2011.
[31] 励骅．大学生心理学［M］．合肥：合肥工业大学出版社，2011.
[32] 谈有花．大学生自我同一性危机及其干预［J］．前沿，2005（1）：164－167.
[33] 吴琪．略论大学生积极自我概念的培养［J］．宁波大学学报（教育科学版），2005，27（1）：58－60.
[34] 叶奕乾，何存道，梁宁建．普通心理学［M］．6版．上海：华东师范大学出版社，2021.
[35] 李梅，黄丽．大学生心理健康十二讲［M］．北京：北京师范大学出版社，2012.
[36] 姚斌．大学生心理健康与自我发展［M］．北京：北京师范大学出版社，2014.
[37] 杨眉．健康人格心理学［M］．北京：首都经济贸易大学出版社，2016.
[38] 郑安云，常江．大学生心理健康教育案例教学［M］．北京：高等教育出版社，2015.
[39] 班志刚，黄竹．大学生心理健康教程［M］．北京：中央编译出版社，2006.
[40] 黄希庭，郑涌．大学生心理健康教育［M］．3版．上海：华东师范大学出版社，2020.
[41] 刘晓明，杨平．大学生心理健康教育——体验·认知·训练［M］．北京：科学出版社，2010.
[42] 林崇德，申继亮．大学生心理健康读本［M］．北京：教育科学出版社，2005.
[43]［美］Robert D. Lock．把握你的职业发展方向［M］．5版．钟谷兰，曾垂凯，时勘，等译．北京：中国轻工业出版社，2006.
[44]［美］劳拉·E. 伯克．伯克毕生发展心理学：从青年到老年［M］．4版．陈会昌，等译．北京：中国人民大学出版社，2014.
[45] 刘世勇，周春燕，储祖旺．美国高校生涯辅导的特点及其启示［J］．中国地质教育，2007（4）：146－149.
[46] 刘晓君．大学生职业生涯规划的心理因素分析［J］．思想理论教育导刊，2005（6）：49－50.
[47] 王美锁，李俊杰．大学生的职业生涯规划与心理健康问题研究［J］．中国校外教育，2011（8）：28－29.

[48] 张红娜，张丽霞．基于胜任力模型的大学生就业研究［J］．企业导报，2010（9）：255－257.
[49] 连慧．大学生职业生涯规划现状分析及对策研究［D］．武汉：湖北工业大学，2011.
[50] 何泽彬．大学生职业生涯规划教育时效性研究［D］．重庆：西南大学，2010.
[51] 吴芝仪．我的生涯手册［M］．北京：经济日报出版社，2008.
[52] 叶琳琳．大学生心理健康教育与心理素质训练［M］．北京：北京师范大学出版社，2012.
[53] 季丹丹，陈晓东．现代大学生心理健康教育［M］．北京：清华大学出版社，2009.
[54]［美］理查德·格里格，菲利普·津巴多．心理学与生活［M］．王垒，王甦，译．北京：人民邮电出版社，2003.
[55]［德］克里斯蒂安·格吕宁．超级快速阅读［M］．郝湉，译．北京：中信出版社，2011.
[56] 李汉华．大学生心理健康教育［M］．北京：北京理工大学出版社，2011.
[57] 阚晓华．大学生心理健康及其学习倦怠的关系［D］．济南：山东师范大学，2010.
[58] 薛海姗．大学生学习素质的量表编制及现状测查研究［D］．福州：福建师范大学，2010.
[59] 马惠霞．大学生一般学业情绪问卷的编制［J］．中国临床心理学杂志，2008（6）：594－596，593.
[60] 夏玲，朱浩．高职高专学生心理健康教育［M］．合肥：中国科学技术大学出版社，2011.
[61] 许若兰．论大学生情绪管理和情绪教育［J］．成都理工大学学报（社会科学版），2003，11（4）：116－118.
[62] 叶小卉．浅谈大学生情绪管理能力的培养和教育［J］．中国电力教育，2008（23）：176－177.
[63] 薛永革．大学生情绪管理能力的培养［J］．思想教育研究，2008（4）：75－77.
[64] 刘春花．论大学生的不良情绪及其克服［J］．黑龙江高教研究，2000（6）：93－95.
[65] 李晓东．大学生人际交往能力现状的实证分析［J］．四川理工学院学报（社会科学版），2012，27（1）：101－105.
[66] 李岩．当代大学生人际交往的特点及心理障碍分析［J］．理论导刊，2006（11）：94－96.
[67] 夏纪林．大学生心理健康教程［M］．长春：吉林大学出版社，2005.
[68] 刘晓新，毕爱萍．人际交往心理学［M］．北京：首都师范大学出版社，2003.
[69]［澳］约瑟夫·P. 福加斯．社会交际心理学——人际行为研究［M］．张保生，李晖，樊传明，译．北京：中国人民大学出版社，2012.
[70]［美］戴尔·卡耐基．沟通的艺术［M］．北京：中国城市出版社，2007.
[71] 郑全全，俞国良．人际关系心理学［M］．北京：人民教育出版社，2011.
[72] 王军．人际交往心理学［M］．合肥：合肥工业大学出版社，2011.

[73] 王蕊．青年大学生孤独心理的审思与调适［J］．学校党建与思想教育，2022（20）：59－61.
[74]［保］基里尔·瓦西列夫．情爱论［M］．赵丹，译．合肥：安徽文艺出版社，2013.
[75]［美］埃里希·弗罗姆．爱的艺术［M］．赵正国，译．北京：国际文化出版公司，2004.
[76] 田飞．当前大学生恋爱问题的现状与思考［J］．中国科技信息，2005（12）：400.
[77] 何作发，杨国云．当前大学生恋爱观的误区及纠正方法［J］．湖北大学成人教育学院学报，2005，23（4）：51－53.
[78] 桑志芹．爱情进行时：爱情心理发展［M］．北京：高等教育出版社，2008.
[79] 吴鲁平．当代中国青年婚恋、家庭与性观念的变动特点与未来趋势［J］．青少年导刊，2000（2）：46－80.
[80] 渠淑坤．当代大学生恋爱心理困境与辅导［J］．北京教育（高教版），2001（10）：43－44.
[81] 张运生．大学生恋爱心理特点与教育［J］．中国健康教育，2004，20（8）：41－42.
[82] 宛蓉．大学生心理健康［M］．北京：北京师范大学出版社，2014.
[83] 夏翠翠．大学生心理健康教育［M］．北京：人民邮电出版社，2015.
[84] 戴朝护．大学生心理健康［M］．北京：北京大学出版社，2011.
[85] 李文霞，任占国，赵传兵．大学生心理健康教育［M］．北京：北京师范大学出版社，2013.
[86] 冯宪萍，张洪涛．大学生心理健康教育［M］．济南：山东人民出版社，2015.
[87] 王立，曹树春，李静．大学生心理健康教育理论与实践［M］．北京：高等教育出版社，2015.
[88] 陈选华．挫折教育引论［M］．合肥：中国科学技术大学出版社，2006.
[89] 赵冬梅，苟增强．当代大学生的压力分析及管理策略初探［J］．教育与职业，2010（24）：73－75.
[90] 阳红．大学生的心理弹性：压力事件、自我差异、社会支持、积极应对方式及学校适应的关系研究［D］．重庆：西南大学，2015.
[91] 杨瑞容．大学生挫折应对方式对心理健康的影响研究［D］．长沙：湖南师范大学，2012.
[92] 王敏，陈文斌．大学生挫折心理成因及教育对策初探［J］．教育探索，2013（6）：140－141.
[93] 张玉姝，刘国华．大学生压力与心理健康的关系：心理弹性的中介作用［J］．中国健康心理学杂志，2021，29（1）：137－141.
[94] 张丹，胡雪庆，刘勤学．大学生压力和睡眠质量：反刍思维和心理韧性的链式中介作用［J］．心理科学，2021，44（1）：90－96.
[95] 段鑫星，程婧．大学生心理危机干预［M］．北京：科学出版社，2006.
[96] 樊富珉，张天舒．自杀及其预防与干预研究［M］．北京：清华大学出版社，2009.

[97] 江光荣，夏勉．心理求助行为：研究现状及阶段-决策模型［J］．心理科学进展，2006 (6)：888－894.
[98] 荆月闵．大学生心理危机及干预对策研究［D］．北京：中国石油大学，2008.
[99] 李芳．大学生生命观教育研究［M］．北京：光明日报出版社，2013.
[100] 蔺桂瑞，杨芷英．大学生心理健康与人生发展——成长从关爱心灵开始［M］．北京：高等教育出版社，2010.
[101] 刘国华．大学生自杀预测与防范［M］．北京：中国书籍出版社，2015.
[102] 刘恩允．大学生生命教育研究［M］．北京：中国社会科学出版社，2012.
[103] 王玲．校园突发事件的危机干预［M］．广州：暨南大学出版社，2011.
[104] 肖水源，周亮，徐慧兰．危机干预与自杀预防（二）——自杀行为的概念与分类［J］．临床精神医学杂志，2005 (5)：298－299.
[105] 张将星，曾庆．大学生心理健康教育［M］．广州：暨南大学出版社，2013.
[106] 张进辅，赵玉芳，杨东，等．中国人成败归因的初步研究［J］．西南师范大学学报（自然科学版），2000 (4)：476－480.
[107] 骆莎．论大学生心理危机干预的现代转型［J］．思想理论教育，2020 (1)：107－111.
[108] 唐春红．基于生命意义感提升的大学生心理健康教育教学探赜［J］．学校党建与思想教育，2023 (4)：46－48.

图书在版编目(CIP)数据

大学生心理健康教程:课程思政版/陈发祥主编 .—合肥:合肥工业大学出版社,2023.7

ISBN 978-7-5650-6250-6

Ⅰ.①大… Ⅱ.①陈… Ⅲ.①大学生—心理健康—健康教育—教材 Ⅳ.①G444

中国国家版本馆 CIP 数据核字(2023)第 090305 号

大学生心理健康教程(课程思政版)

陈发祥 主编　　策划编辑 陆向军　　责任编辑 张 慧

出 版	合肥工业大学出版社	版 次	2014 年 10 月第 1 版
地 址	合肥市屯溪路 193 号		2023 年 7 月第 3 版
邮 编	230009	印 次	2023 年 7 月第 7 次印刷
电 话	人文社科出版中心:0551-62903205	开 本	710 毫米×1000 毫米 1/16
	市 场 营 销 部:0551-62903198	印 张	18.5　**字 数** 362 千字
网 址	press.hfut.edu.cn	印 刷	安徽昶颉包装印务有限责任公司
E-mail	hfutpress@163.com	发 行	全国新华书店

ISBN 978-7-5650-6250-6　　定价:42.80 元